잘라라, 기도하는 그 손을

책과 혁명에 관한
다섯 밤의
기록

책과 혁명에 관한
다섯 밤의
기록

잘라라, 기도하는 그 손을

사사키 아타루
지음

송태욱
옮김

자음과모음

차례

우리는 혁명으로부터 왔다 | '혁명'이라는 말에 대하여—'대혁명'으로서의 종교개혁 | 폭력 혁명이 '전부'인가 | 대혁명이란 성서를 읽는 운동이다 | 그리스도교 세계의 부패 | 수도원은 귀족의 사치스러운 사교장으로 전락했다 | 성 안나에의 서원, 수도사 루터의 탄생 | 루터의 고뇌—나는 신을 증오했다 | 루터는, 책을, 읽었다 | 책을 읽고 있는 내가 미친 것일까, 아니면 이 세계가 미친 것일까 | 기도와 시련으로서의 독서 | 루터, 이 언어의 사람 | 95개조의 의견서에 천사가 내려온다 | 그는 '그녀'를 만나러 왔다, 하얀 장미 한 송이를 들고 | 나, 여기에 선다. 나에게는 달리 어떻게 할 도리가 없다 | 『9월성서』—독일어를 가다듬다 | 내일 세상에 종말이 올지라도, 나는 오늘 한 그루의 사과나무를 심겠다 | 독일 찬송가의 창시자, 음악가 루터 | 법 혁명으로서의 루터 혁명 | 법의 '양심'을 고안해내다 | '법치국가'의 탄생—세속국가의 종교화 | 성서 박사이자 교황의 방해자 | 성급함이나 폭력은 신에 대한 신뢰의 결여를 드러내는 것이다—말에 의한 혁명 | '마틴 루터' 킹 목사 | 독일농민전쟁의 '승리' | 혁명의 본체는 텍스트다. 결코 폭력이 아니다 | 혁명에서 폭력은 이차적인 것에 지나지 않는다 | 문학이야말로 혁명의 근원이다 | 초조해하는 것은 죄다

셋째 밤 읽어라, 어머니인 문맹의 고아여
─무함마드와 하디자의 혁명

집어 들고 읽어라, 집어 들고 읽어라, 집어 들고 읽어라—'세계'의 멸망 안에서 | 대혁명과 '가톨릭 대항 대혁명' | 피로 더럽혀지지 않는 손 같은 건 없다, 하지만 그래도 | 에스파냐의 개혁, 에스파냐 신비주의의 투쟁 | 죽임을 당할 것인가, 광기를 무릅쓰고 읽을 것인가 | 두려워하지 마라, 나는 너에게 마치 펼쳐진 책처럼 될 것이다 | 무함마드의 '혁명' | 자신이 하는 일을 종교라고 생각하는 종교가 할 수 있는 일은 아무것도 없다 | 자힐리야, 여자들의 오욕 | 나는 시장을 헤매고 다니며 먹고사는 평범한 남자에 지나지 않는다 | 하디자의 구혼 | 고뇌하는 무함마드 | 대천사 지브릴과의 조우 | 신은 결코 당신을 욕되게 하지 않을 거예요—하디자의 비호 | 그리고 신의 계시가 내려졌다—'읽어라' | 너의 주는 더없이 고마우신 분이라, 붓을 드는 법을 가르쳐주신다. 사람에게 미지의 것을 가르쳐주신다 | 문맹이 '읽다' | 하디자가 없었다면 세계화도 없었다 | 여성의 옹호자, 무함마드 | 어머니인 문맹, 책의 어머니 | 이리하여 책은 수태했다 | 천사란 누구인가—읽을 수 없는 것을 읽는 것 | 대천사 지브릴은 무함마드의 목구멍을 찢고 | 신은 최초로 붓을 만들고 이렇게 명했다, '써라' | 꽃피는 이슬람 '문학' | 시의 언어는 황금보다 훌륭하다 | 문학이야말로 혁명의 힘이고, 혁명은 문학으로부터만 일어난다 | 덮어버릴 수 있을까? 이날 밤의,

그 천사와의 해후를 | 케이알에스 원, 여성과 창조성 | 법의 기원을 둘러싼 서구적 사고의 예외, 아버지가 되지 않은 무함마드 | 폭력은 선행하지 않는다, 폭력은 국가나 법의 기원도 근원도 아니다 | '부친 살해' 사고의 한계 | 나쁜 원리주의, 그 새로운 정의 | 최종 해탈자를 자처하지 마라 | 기적을 부정하는 부처 | 예수는 말한다, 그날 그 시간은 아무도 모른다 | 종말의 기한을 정하는 것은 악마다 | 원리주의자는 책을 읽을 수 없다, 그럴 용기도 없다 | 너는 죽는다, 반드시 죽는다, 절대 죽는다, 죽음은 피할 수 없다 | 나쁜 종말론은 자신이 살아 있는 동안 세계의 종말과 멸망이 일어나기를 바란다 | 종말과 절멸의 '절대적 향락' | '읽지 않는' 것은 사람을 죽인다 | 나치, 세계와 함께 자살하는 것 | 옴진리교나 나치와 동형의 사고를 전개하는 현대사상 | 전세도 여기고 내세도 여기다 | 자신이 죽은 뒤에도 세상은 계속된다 | 제발 부탁이니 사전 정도 찾아보는 게 어떨까―아감벤 비판 | 세계는 더 넓고, 더욱 오래 계속된다 | 현대문학의 항전, 끝나지 않는 '피네간의 경야' | 베케트, 영원히 계속되는 종반전 | 「고도를 기다리며」―그리고 다시 싸우기 시작했어 | 베케트는 웃으며 대답했다―공생이라네

넷째 밤 우리에게는 보인다
—중세 해석자 혁명을 넘어

12세기에 혁명이 일어났다—모든 유럽 혁명의 어머니인 혁명이 | 12세기 자본제의 배태 | 그들은 자신들을 근대라고 불렀다—루터도, 오컴의 윌리엄도, 12세기 법학자도 | '새로운 법'을 낳은 혁명 | '성스러운 사탄' 교황 그레고리우스 7세의 투쟁 | 교황 혁명은 성공했다 | 은밀한 다른 혁명—『로마법 대전』의 발견 | 법의 혁명, 『그라티아누스 교령집』의 결정적인 승리 | 범유럽 공통법으로서의 교회법, 그것은 무엇이었는가 | 살기 위한 법, 낳아 기르기 위한 법 | 법 바깥의 아이들, 그 참화 | 혁명은 아이들을 '수호하는' 것이어야 한다 | 국가의 본질은 '번식을 보증하는' 것이다 | 왜 유엔은 '공중에 붕 뜬' 것인가, 왜 세계 정부는 성립하지 않는가 | 근대국가의 기원, 그것은 해석자 혁명에서의 그리스도교 공동체다 | 근대 주권의 기원으로서의 교황 | 근대 관료제의 기원으로서의 교황청 | 실증주의, 근대과학의 기원으로서의 법 혁명 | 회사나 협동조합의 기원—허구로서의 법인 | 중세 해석자 혁명이 근대 자본제의 원형을 만들다 | 법 내셔널리즘의 문제 | 중세 해석자 혁명은 정보 기술 혁명이었다 | 번역, 편찬, 제본, 주석, 수정, 색인—그리고 법은 정보화했다 | 신화를 춤추는 것, 법률을 읽는 것—이것도 '텍스트'다 | 사람을 통치하는 텍스트, 그것은 좀 더 넓다 | 무엇에 무엇을 써도 그것은 문학이다 | 우리의 법은 춤추지 않으면 안 된다 |

통치의 정보화—법은 노래할 수 없고, 춤출 수 없고, 마실 수 없게 된다 | 정보와 데이터 베이스의 세계, 그것은 중세 해석자 혁명의 효과에 지나지 않는다 | 통치의 정보화가 폭력을 낳는다 | '모든 것'은 정보거나 그렇지 않으면 폭력이 된다 | 사람은 800년간 계속 말하고 있다—모든 것이 정보다 | 정보와 폭력 안에서 허우적거리는 세계, 탈출 방법은 | 우리에게는 보인다, 우리에게는 들린다 | 정보인가 폭력인가, 이런 양자택일은 몽상에 지나지 않는다 | '주권', 그것은 정보와 폭력의 이분법에서 석출되었다 | 혁명이란 정보도 폭력도 주권 탈취도 아니다 | 세속화, 유럽의 전략 병기 | 종교인가 세속화인가, 그것은 사고의 함정이다 | '신앙'이라는 개념은 포기되어야 한다 | 신앙이 사라진다, 읽기 그리고 쓰는 끝나지 않는 시공 | 대체 무슨 말을 하는 건가, 이 백인은 | 파시즘, 스탈린주의—예술의 힘을 억압하기에 그것은 외부에서 회귀한다 | 예술—그 선악의 피안 | 인간의 통치로서의 예술 | 정보 기기의 취급도 의례라는 것을 면할 수 없다 | 힘써 일한다, 교육은 훈련이며 의례다 | 모든 예술은 수태의 예술이다 | 기껏해야 800년이 뭐라는 거냐고 | 사임 요구

비닐로 만든 귀여운 풀인지도 모른다 | 세계는 늙었다―종말 환상의 긴 역사 | 문학은 끝
났다, 라고 사람들은 반복해서 말해왔다 | 그리스 문학과 철학, 그 0.1퍼센트의 승리 | 문
학이 탄생한 이래 90퍼센트는 '완전한 문맹' | 완전한 문맹인 여성 이야기 | 식자의 역사,
그것은 직접적으로 발달한 것이 아니다 | 인쇄술, 제지, 안경―독서의 물질적 기반 | 문자
를 읽을 수 없는 사람을 위한 책, '달력' | 달력, 수첩, 점 그리고 삽화가 들어간 책은 옛날
부터 팔렸다 | 혁명에 의한 독서열, 혁명의 실패에 의한 독서에서의 이탈 | 혁명은 끝났다,
문학은 끝났다, 라고 쓰여 있는 책을 누가 읽겠는가 | 17세기 프랑스, 코르네유나 라신 시
대의 식자율 | 17세기 잉글랜드, 셰익스피어나 밀턴 시대의 식자율 | 학문이야말로 혁명의
선구이자 우리의 적이다 | 1850년, 문학의 황금시대 문맹률은 어떠했는가 | 잉글랜드는
디킨스, 프랑스는 발자크, 플로베르, 보들레르 | 러시아제국, 완전 문맹률 90퍼센트 | 도
스토옙스키의 투쟁 | 러시아 문학의 승리 | 문학이 살아남고, 예술이 살아남고, 혁명이 살
아남다 | 20만 년 전, 호모사피엔스의 탄생 | 회화, 복식, 음악―7만 년 내지 3만 년의 역
사 | 농경, 목축, 자본의 축적에 의한 경제활동은 1만 년의 역사에 지나지 않는다 | 문학이
발명된 지 고작 5000년밖에 되지 않았다 | 문학은 이상할 정도로 젊은 예술이다 | 문학은
끝났다? 창피하니까 그런 말은 그만두라 | 5000년은 20만 년의 40분의 1, 여든 살 노인

의 입장에서 보면 두 살배기 어린아이 | 고생물학에 따르면 세계의 종말은 이미 왔다, 그
것도 다섯 번이나. 그래서? | 히로시마에 떨어진 원자폭탄의 천 배나 되는 위력을 가진 운
석이 15개나 떨어졌다. 아무도 죽지 않았다 | 세계는 멸망하지 않습니다. 유감스럽지만 |
메뚜기의 '무리살이형' | 블랑쇼의 위대함—'종말'의 절대적 거부 | 생물 종의 평균수명은
400만 년 | 네 살 된 남자아이가 찾아와 '이제 끝났다'고 말한다면 | 379만 년을 양보한다
고 해도 | 당신은 행해진다! 어떤 때라도! | 왜 발표하지 않으면 안 되는 건가요 | 발소리를
내지 않고는 배겨나지 못할 터다 | 그가 있어주어 다행이었다, 그가 거기에 있었다 | 프리
드리히 니체의 승리 | 미래의 문헌학은 대천사의 문헌학이다 | 발소리가 들려온다, 그것이
들려온다 | 말은 사라지지 않고 남았다 | 용기를 잃어서는 안 된다. 많은 것이 아직 가능
하다 | 380만 년의 영원이 우리를 기다리고 있다 | 깊어가는 이 전야 속으로

첫째
밤

문학의 승리

아무래도 올해는 장마가 늦어지는 듯 이제야 부슬부슬 비 내리는 밤이 찾아왔습니다. 담수의 광물 같은 향기로 가득한 흐린 대기를 빠져나와 이곳까지 찾아왔습니다. 국립경기장이나 도쿄체육관 주변은 도심 한복판인데도 하늘이 확 트여 있어 다소 신기한 느낌을 줍니다. 비를 긋는 우산 너머로 저무는 드넓은 잿빛 하늘을 올려다보며 걷는 것도 유쾌합니다. 프란츠 카프카는 "초조해하는 것은 죄다"라고 말했습니다. 카프카 같은 사람에게 '죄'라는 말이 주는 무게를 가능한 한 깊이 감안하여 우리도 그것을 흉내 내보기로 합시다. 성급함은 삼가고 천천히 나아가기로 합시다. 더구나 오늘은 첫날 밤이니까요. 내용도 분량도 가볍게 하고 나아갑시다.

저는 자신에 대해 뭔가 있는 듯 심각하게 말하는 것을 좋아하지 않습니다. 좋아하지 않는다기보다 어떤 이유가 있어서 지금까지 금욕해왔습니다. 그러나 모처럼의 기회이니 조금만 개인적인 이야기를 끼워 넣어 이야기하기로 하겠습니다. 사적인 일이라고 했지만 그다지 특별한 것은 아닙니다. 누구나 늘 그렇게 해온 것을 담담하게 해온 사람이라는, 단지 그런 걸 말할 뿐이고, 다음 날 밤부터는 그런 말은 전혀 하지 않을 테니 오늘 밤만 들어주면 좋겠습니다.

　바로 얼마 전 다양한—라이브 토크랄까 대담이랄까 강연이랄까—사람들 앞에서 이야기할 기회가 몇 차례 있었습니다. 그때 성별도 나이도 직업도 전혀 다른 몇 사람으로부터 똑같은 질문을 받고 좀 당황했습니다. 당신은 홀연히 나타났는데 지금까지 어디서 뭘 하고 있었느냐고 말입니다.

누구의 부하도 되지 않았고 누구도 부하로 두지 않았다

　이것은 답하기에 참 난처한 질문입니다. 살고 있었다고밖에 말할 수 없습니다. 읽거나 쓰거나 하는 일을 거의 혼자 해왔다고밖에. 많은 사람이 그렇게 하듯이 말이지요. 다만 이런 말은 할 수 있습니다. 상당히 오랫동안 잠자리에 들 때면 작가나 철학자의 두꺼운 전기를 읽는 게 습관이 되었는데 최근에야 거기에서 빠져나왔다고 말이지요. 그런 책을 읽으면 깨닫게 되는 게 있습니다. 갑자기 출현한 것처럼 보이는 사람은 한 가지 공통된 특징이 있습니다. 그것은 "누구의 부하도 되지 않았고 누구도 부하로 두지 않았다"는 것입니다. 누구의 명령도 듣지 않습니다. 물론 누구의 이야기도 전혀 듣지 않는다는 것은 아닙니다. 다만 이야기를 듣는 것도 재능, 듣지 않는 것도 재능이라는 것이지요. 고압적인 협박에는 굴하지 않는다는, 누구나 들어본 적이 있는 이야깁니다.

　이제 막 시단에 새로이 등장한 폴 발레리가 스승으로 우러러보던 스테판 말라르메에게 시작詩作의 충고를 구하는 편지를 쓴 적이 있습니다. 말라르메는 어떻게 답장을 썼을까요? "유일한 참된 충고자, 고독이 하는 말을 듣도록"이라는 것이었습니다. 아름다운 일화입니다. 자신이 하는 말도 듣지 말라는 얘깁니다. 누구의 '부하'도 되어서는 안 되고, 누구의 '명령'도 들어서는 안 됩니다. 르네 샤르나 콘스탄티노스 카바피스가 시로 쓰고 있는 듯한, 일종의 거절이라는 것이 거기에 있다고 생각됩니다. 확실히 해두기 위해 말합니다. 이것은 당연한 것이며, 저만 특권적으로 그렇게 해왔다는 게 아닙니다. 바로 지금 든 것처럼 예는 얼마든지 있습니다.

거절하는 자는 후회하지 않는다

여기서 카바피스를 인용해보겠습니다. 그가 말한 것처럼 "거절하는 자는 후회하지 않는다", "거절이야말로 정답"인지도 모릅니다. 아마도. 그러나 그 대신 "이 거절은 밑으로 질질 끌어내리고 있다, 그자를, 평생"이라는 것입니다. 그러므로 이 거절은 겉모양이 그다지 좋은 게 아닙니다.

지금까지 뭘 하고 있었느냐고요? 아무것도 하지 않았습니다. 누구의 말도 듣지 않고 말이지요. 그것이 답입니다. 그러나 거기에 다소 의식적인 선택이 있었다는 것도 사실입니다. 즉 아무것도 하지 않는 것을 선택했다는 것이지요. 무슨 말일까요?

우리 세대의 학생들은 어렸을 때 모두 영화를 사랑하고 미술을 사랑하고 음악을 사랑하고 댄스를 사랑하고, 그것에 대한 비평적인 언사를 쏟아냈습니다. 그것은 나쁜 일이 아닙니다. 물론입니다. 그러나 그것은 누군가가 지정한 것을 지정한 대로 사랑하고 비평했을 뿐입니다. 적어도 20대 무렵의 저에게는 어려서인지 아무래도 그렇게 생각되었습니다. 고상한 것이든 하위문화라 불리는 것이든 그것은 같았습니다.

그리고 언제부터인가 저는 다양한 것들을 버리기 시작했습니다. 미술관에 다니는 것을 그만두었습니다. 영화 보는 것도 그만두었습니다. 듣는 것을 그만두게 되리라고는 생각지도 않았습니다만, 음악 활동도 그만두었습니다. 텔레비전 보는 것을 그만두었습니다. 잡지 보는 것도 그만두었습니다. 스포츠 관람도 그만두었습니다. 어쩐 일인지 담배도 끊었습니다. 제가 그것들을 얼마나 사랑하고, 그것들에 열정을 쏟아부었는가 하는 것까지 여러분에게 전할 필요가 있다고는 생각지 않지만 말입니다. 그리고 다양한 정보를 차단하기로 했습니다. 친구가 하는 말밖에 듣지 않고, 친구가 권하는 것밖에 보지 않습니다. 그것도 이따금 있는 일입니다. 특별히 고집을 피웠다거나 한 것은 아닙니다. 하지만 어쨌든 제가 생각해도 묘한 것을 시작했구나 하고 생각합니다. 그러나 그것은 젊은 혈기 탓으로 돌릴 만한 것이 아니었습니다. 지금도 그렇게 살고 있습니다.

이 시대에 정보를 차단한다는 것

물론 제가 특별한 생각을 하고 있다, 특권적으로 고고했다고는 생각하지 않습니다. 누구나 그렇게 생각하는 것처럼, 그렇게 생각했을 뿐입니다. 나 자신만이 깨달았다고 생각해본 적은 없습니다. 사실 자신만이 깨달았다고 생각하는 것만큼 평범하고 꼴불견인 게 어디 있겠습니까? 하지만 조금은 힘들다는 생각을 한 적은 있습니다. 자신의 선택이라고 하더라도 정보를 차단하여 정보가 전혀 없다는 것은, 지금 시대에서는 어리석게 보인다는 것과 같은 것이기 때문입니다. 그러나 저는 어리석음을 선택했습니다. 무지를. 이것은 꽤 짊어지기 힘든 일이었습니다. 왜일까요? 정보가 없다는 것은 어떤 것일까요? 어리석게 보인다는 것보다 힘든 일이 있습니다. 자신이 정말 옳은지 어떤지를 알 수 없게 된다는 겁니다. 대체 이렇게 있어도 되는 것인가 하는 질문에 시달립니다. 정보가 말해주는 대로 행동하면 그 질문을 피할 수 있습니다. 그러므로 사람들은 정보를 모으고 무엇보다 먼저 정보통이 되려고 합니다. 게다가 정보를 무시하는 척하기 위해서 말이지요. 저는 싫었습니다. 그런 태도, 그리고 그런 태도를 가능하게 하는 모든 것을 거절했습니다.

반복합니다. 이것은 전혀 멋있지 않은 일입니다. 단지 철없는 바보로, 늘 칠칠치 못하게 웃으면서 싫증 내지도 않고, 저기 그게 뭔가요, 그게 누구인가요, 하고 묻는, 아주 이상한 놈으로 전락했다는 것에 지나지 않으니까요. 참으로 꼴사나운 이야깁니다. 저는 거의 아무것도 모릅니다. 곧 모든 것을 잊어버립니다. 그러나 저는 그것을 선택했습니다. 선택했다기보다 그렇게 하지 않을 수 없었다고 하는 편이 맞을 겁니다. 이 이야기는 나중에 다시 하겠습니다.

'모든 것'에 대해 '모든 것'을 말할 수 있다는 환상

다소 환경 탓이었는지도 모르겠습니다. 제가 대학에 입학했을 때는 상부에서 대학 개혁의 폭풍이 거칠게 불어닥치고 있었습니다. 그것을 가능하게 한 교육의 어떤 전형적인 면을 접하고 그것에 반발할 점이 있었는지도 모릅니다. 부분적으로는. 즉 대학의 교양학부 커리큘럼이 가장 빈곤한 의미에서의 '비평가'를 낳는 시스템이 되어 있었던 것입니다. 거기에 속하는 지인이나 친구가 많았습니다만, 그들의 이야기를 듣고 있으면 무척 기묘하게 생각되었다는 것을 기억하고 있습니다.

예컨대 화요일에 영국 낭만주의 시에 대해 발표해야 합니다. 다음 날에는 장 마리 스트로브와 다니엘 위예의 영화에 대해 발표해야 합니다. 목요일에는 석사 논문 수업이 있는데, 거기에서는 프랑스 현대사상, 예를 들면 레비나스에 대해 코멘트를 해야 합니다. 그리고 금요일에는 독일 현대 건축에 대해 토론해야 합니다. 이런 환경에서 무엇이 단련되겠습니까? '모든' 것에 대해 조금은 재치 있는 말 한마디를 해낼 수 있는 기술입니다. 눈을 칩떠 사방을 잘 둘러보는 것만을 연마할 뿐입니다. 적어도 저에게는 그렇게 보였습니다. 그곳은 축소 재생산의 장소일 수밖에 없다고 생각되었습니다. 다들 희희낙락하며 쇠약해져가고 있는 것처럼 보였습니다. 우쭐해하며 떠들면서 뭔가 깊은 불안에 젖어 있는 것처럼 보였습니다. 도저히 진심으로 세계를 즐기고 있는 것으로는 보이지 않았습니다.

왜 이런 이야기를 할까요? 이것이 제가 속해 있던 짧은 시대, 그리고 좁은 장소에 한한 것이 아니라고 생각하기 때문입니다. 온갖 것들, 그 '모든 것'에 대해 "그거야 알고 있지. 이러이러한 거잖아, 그건 그런 것에 지나지 않아"라고 반사적으로 말할 수 있게 되는 것. 그것에 의해 메타 레벨에 서서 자신의 우위성을 보여주려는 것. 이것이 사상이나 비평이라 불린 것이고, 지금도 그렇게 불리고 있습니다. 거기에서는 누구나가 '모든 것'에 대해 '모든 것'을 말할 수 있게 되고 싶어 하는 것 같습니다. 이것은 무척 기묘한 일입니다. 사상이나 비평이라는 좁은 원에서 한 발짝만 바깥으로 나가면 모든 것에 대해 뭐든지 알고 있고 설명할 수 있는, 전지전능에 가까운 그런 자아를 추구하고자 하는 환상을 가진 사람은 아무도 없으니까요. 제 친구였던 화가들, 댄서들, 기타리스트들, 피아니스트들, 가수들, 래퍼들은 아무도 그런 생각을 하지 않았습니다. 아무도.

정보를 모은다는 것은 명령을 모으는 일이다

지식이나 정보라는 게 이토록 사람들을 병들게 하고 쇠약하게 하는 것인가, 하는 생각을 했습니다. 저는 대학을 졸업한 사람

이 거의 없는, 부유하지 않은 지역인 도호쿠 지방에서 태어났고, 저
또한 고등학교를 중퇴한 사람입니다. 지식이나 정보에 대한 이런
사고를 전제하고 있는 사상이나 비평 방법에, 당시에는 아직 희미
했다고 하더라도 생생하게 위화감을 느꼈던 것은 그런 탓이었는지
도 모르겠습니다. 모든 것을 설명할 수 있는 자신에 도달하기 위해
지식과 정보를 얻지 않으면 안 되고, 매일 최신의 정보로 갱신하지
않으면 안 됩니다. 그러나 이렇게 겁에 질린 강박관념에는 사실 아
무런 근거도 없습니다. '모든 것'을 설명할 수 있는 자아를 지향하
며 '모든 것'의 환상 아래 살포되어 있는 정보를 악착스럽게 긁어
모으는 것. 그것이 뭐가 될 것인지, 저로서는 알 수 없습니다.

　질 들뢰즈의 강력한 말이 있습니다. "타락한 정보가 있는 게 아
니라 정보 자체가 타락한 것이다"라는. 하이데거도 '정보'란 '명령'
이라는 의미라고 말합니다. 그렇습니다. 다들 명령을 듣지 못하는
게 아닐까 하는 공포에 사로잡혀 있습니다. 정보를 모은다는 것은
명령을 모으는 일입니다. 언제나 긴장한 채 명령에 귀를 기울이고
있는 것입니다. 구체적인 누군가의 부하에게, 또는 미디어의 익명
성 아래에 감추어진 그 누구도 아닌 누군가의 부하로서 희희낙락
하며 영락해가는 것입니다. 멋지네요. 명령에 따르기만 하면 자신
이 옳다고 믿을 수 있으니까요. 자신이 틀리지 않다고 믿을 수 있을
테니까요.

'모든 것'과 '하나'를 둘러싼 나쁜 지知의 모습
— '비평가'와 '전문가'

좀 더 구체적인 이야기를 해볼까요. 사상, 비평, 학문, 지식이나 정보를 둘러싼 이런 분야에서는 두 가지의 전형적인 형상을 발견할 수 있습니다. 한쪽을 '비평가'라고 부르고 다른 한쪽을 '전문가'라고 부릅시다. 현재 대부분의 사회과학이나 심리학적인 지식을, 그것도 위에서 강림한 것 같은 그런 지식을 배경으로 하고 있는 '비평가'들은 '모든 것'에 대해 '모든 것'을 알고 있고 또 그렇게 말할 수 있다는 환상에 사로잡혀 있습니다. 그러므로 그들은 언제 무엇에 대해서도 재치 있는 코멘트를 할 수 있어야 한다는 초조감에 시달리게 됩니다. 그리고 '전문가'들은 '한 가지에 대해 모든 것을 알고 있다'는 환상에 매달립니다. 결국은 둘 다 환상에 지나지 않습니다. 그런데도 그들은 이 환상에 대한 신앙에서 벗어날 수 없습니다. 벗어나려고 하지 않습니다.

왜냐하면 정신분석가 자크 라캉이 말하는 것처럼 거기에는 '향락'이 있기 때문입니다. 라캉 자신의 말을 빌리자면 가장 '비참한' 향락인 '팔루스Phallus적' 향락이 말이지요. 다시 말해 자신을 하나의 '우뚝 솟은 전체'의 모습으로 제시하려는 향락입니다. '모든 것에 대해 모든 것을' 말하려는 '비평가'와 '하나에 대해 모든 것을' 말하려는, 즉 미리 누군가에게 지정받은 칸을 하나하나 주의 깊고 빈틈없이 칠하려는 '전문가'는 모두 결국 자신을 '완벽한 전체성'을 가진 '우뚝 솟은 만능인'으로서 내세우려고 합니다. 그리고 그

'모든 것'을 둘러싼 향락에 취해 있습니다. 군이 말하자면 그들은 '전체주의적' 환상에 사로잡혀 있는 것에 지나지 않습니다.

라캉에게서 중요한 것은, 그가 이런 향락을 철저하게 상대화하는 시점을 보여주고 있다는 것입니다. 이는 제가 이전에 낸 저서 『야전과 영원』*에서 이미 말했습니다. 라캉은 '모든 것에 대해 모든 것을', 그리고 '하나에 대해 모든 것을'이라는 욕망은 결국 '팔루스적 향락'으로 귀착하는 것에 불과하다고 말했습니다. 그는 사실 그것은 과격하게 보이고 아무것도 바꾸지 않으며 아무것도 산출하지 않는, 방종한 안일함에 푹 빠진 향락이라고까지 말했습니다.

꼴사납게도 정보에 토실토실 살이 찌고 시끄럽게 떠들어대는 비평가가 될 것인가, 초라하게 자기 진영에 틀어박혀 비쩍 말라가는 전문가가 될 것인가. 아니면 각 자리에 어울리게 그 두 개의 가면을 재빨리 교체하며 살아갈 것인가. 그 '가면의 솜씨 좋은 교체'에 속하는 것으로서 새로운 전문 분야를 자신이 만들어버리는 수법이 있습니다. 지금까지 비평의 대상이 되지 않았던, 새롭게 나온 것을 자신은 전문적으로 알고 있다고 비평가가 말하기 시작하는 것입니다. 이리하여 최악의 방식으로 자폐하고 자신의 시야가 좁아진 것도 깨닫지 못한 채 그 닫힌 세계 안에서 뭐든지 설명할 수 있는 전

---

* 『야전과 영원』은 라캉, 르장드르, 푸코를 각각 논한 3부로 구성된 사사키 아타루의 데뷔작. 박사 학위 논문을 단행본으로 출판한 것으로, 600페이지가 넘는 분량의 사상서임에도 매력적인 문체로 화제가 된 책이다. 이 데뷔작의 폭발적인 반응은 아사다 아키라와 아즈마 히로키의 데뷔작 이래의 일이라 한다—옮긴이.

지전능함을 발휘할 수 있게 되는 것입니다.

이런 태도는 국내외를 불문하고 보입니다. 비평가인가, 전문가인가, '새로움' '신세대'를 멋대로 휘두르는 비평과 전문성의 최악의 결탁인가―지知에 종사하는 한 우리에게는 이렇게 빈약하고 왜소한 선택지밖에 남아 있지 않은 것으로 보입니다. 현재라는 시대에서는.

거절할 수는 없는 걸까

하지만 그래도, 거기서 '명령 같은 건 모른다'라고 말할 수는 없는 걸까요? 그런 것은 알 바 아니라고 말할 수 없는 걸까요? 명령을 거절하는 것은 이미 불가능해진 걸까요? 그것이 무지와 어리석음으로, '아래로' '계속 끌어내리는' 것이라고 해도. 그런 정보라는 먹이를 계속해서 먹을 수밖에 없는 가축 같은 꼬락서니에 계속 굴종하는 것 외에 다른 방도는 없는 걸까요? 오만한 비굴함을 초래하는, 자신을 만능이라고 생각하는 취태醉態에 계속 빠지는 것 외에 다른 길은 없는 걸까요? 거절할 수는 없는 걸까요? 설사 그 거절이 릴케의 "나는 잘못한 것이 아닌 게 아닐까"라는 외침과도 비슷한 절창으로 통하는 고난의 길이라고 해도 그 길을 택하는 것은 현재 불가능해진 것일까요?―불가능하지 않다, 그럴 수는 없다, 그것은 할 수 있다, 저는 그것을 시도해보려고 생각했던 것입니다.

문학의 승리

아무것도 하지 않고 있는 것, 방황하는 것

······이상하네요. 어쩐지 결연한 듯이 들리고 마는 것 같네요. 거듭 말하지만 이것은 조금도 멋진 게 아닙니다. 전문가로부터 무시당하고 비평가로부터도 무시당합니다. '저놈은 아무것도 몰라'라고 말이지요. 두루 살피는 것이 좋다는 것에 가치를 두지 않고, 알고 있다는 것에도 가치를 두지 않고, 정보를 차단합니다. 그러면 단적으로 무엇을 해야 좋을지 모르게 됩니다. 어디로 가야 할지도 모릅니다. 명령을 듣지 않기 때문에 무엇을 따르면 좋을지도 모릅니다. 그렇다고 자신의 명령이라는 것은 들을 수 없습니다. 누군지도 모르는 다른 누군가의 정보를, 즉 명령을 따르기만 하면 편합니다. 왜냐하면 그 명령은 자신이 바꿀 수 없는 것이기 때문에. 자신으로부터의 명령은 자기가 바꿀 수 있습니다. 어차피 자신이니까요. 그러면 당연히 확실한 목표를 향해 똑바로 나아갈 수가 없게 됩니다.

지도 없이 이국의 숲을 비틀거리며 방황하는 것과 같은 것입니다. 어디로 가는지도 모른 채 발밑에서 나뭇가지가 툭툭 부러지는 소리를 불안한 마음으로 들으며, 문득 숲에서 요란한 소리와 함께 날아오르는 새들의 날갯짓에 허둥댑니다. 창피하고 어쩐지 불안하며 한심합니다. 하물며 고통스럽기까지 합니다. 외부의 기준이 아무것도 없다는 것은, 요컨대 다른 사람이 보면 아무것도 하고 있지 않은 것이나 마찬가지입니다. 이 시대에 아무것도 하지 않고 멍하니 있다는 것은, 용서받지 못하는 일을 하고 있는 게 아닐까 하는 죄책감 비슷한 것에 시달리게 합니다.

'철학자'란 오늘날에도 아직 가능할까

그래도 여전히 그렇게 한 것은 왜일까요? 그것은 책을 읽었기 때문입니다. 어느 시대나 누구나 그렇게 해온 것처럼 말이지요. 무슨 말을 하는 거냐고 의아해할지도 모릅니다. 하지만 얼핏 어이없고 미덥지 못해 보이는 이유가 어떤 사정권射程圈을 갖는 것인가 하는 것은 앞으로 하게 될 일련의 이야기의 일관된 주제가 되고, 나중에 저절로 밝혀질 것이라 생각합니다. 그러므로 여기서는 그저 책을 읽었기 때문이다, 라는 것만 말해두겠습니다. 글쎄요. 다양한 사람의 책을 들 수 있겠지만 여기서는 역시 니체입니다. 우선 하나 인용해보겠습니다. 그는 바로 이런 말을 했습니다.

'철학자'란 오늘날에도 아직 가능할까? 이미 알려져 있는 사항의 분량이 너무 방대하지 않을까? 그가 양심적일수록, 그가 모든 것을 시야에 넣는 것은 전혀 가능할 것 같지 않은 게 아닐까? 그의 최고 시기가 지나버린 뒤, 뒤늦게나마, 라는 것이라면 이야기는 또 달라지겠지만. 그 경우 적어도 그는 상처투성이고 변질되고 타락해버렸을 테니 그의 가치판단에는 이제 아무 의미도 없을 것이다. 반대 경우에 그는 한 사람의 딜레탕트dilettante가 될 것이다. 그는 주위에 무수한 안테나를 둘러치고는 있지만 그 대신 커다란 파토스Pathos를 잃고 자신의 존엄을 잃는다. 즉 자상하고 선량한 마음을 잃어버릴 것이다. 이것으로 충분하다. 그는 이미 사람들을 지도할 일도 없고 지휘할 일도 없다. 만약 그가 그것을 바란다면, 그는 명배우가, 일종의 알레산드로 디 칼리오스트로* 같은 철학자가 되지 않으면 안 될 것이다.

물론 제가 말해온 '비평가/전문가'의 대비와 여기서 니체가 말하는 두 철학자의 모습은 완전히 겹치지는 않습니다. "모든 것을 시야에 넣고" "무수한 안테나를 둘러쳤다"는 표현이 역시 '하나'와 '모든 것'을 둘러싼 수척해진 향락을 또렷이 보여준다고는 말할 수 있다고 해도 그는 '철학자'에 대해 말하고 있는 것이니까, 그것보다는 "이것으로 충분하다"라는 구절에 담긴 오래오래 허공에 토해진 것 같은 고통스러운 탄식을 우리는 정면으로 받아들이지 않으면 안 됩니다. 그의 이 탄식을, 그로 하여금 다른 돌파구도 찾을 수 없게 하는 이중의 막다른 골목을, 이 막다른 골목에서 일어나는 타락과 존엄의 상실을 당당히 감득하고 자신의 것으로 받아들이지 않으면 안 됩니다. 그가, 다름 아닌 바로 그가 이 둘 사이를 빠져나가 저편으로 갈 수 있었던 소수의 철학자 중 한 사람, 아마 가장 위대한 한 사람일 테니까요.

---

* 칼리오스트로는 이탈리아의 여행가이자 사기꾼charlatan으로, 신비주의자이자 연금술사였던 주세페 발사모의 별명이다―옮긴이.

현재를 좇는 자는 언젠가 현재에 따라잡힌다

좀 더 파고들기 위해 다시 인용해보겠습니다. 다음에 인용하는 글의 내용은 사실 다양한 곳에서 나옵니다. 거의 모든 책에 나온다고 해도 좋을 겁니다. 그러나 우연히 최근에 다시 읽었기 때문에 여기서는 니체의 『서광*Morgenröte*』을 인용하겠습니다. 이렇습니다.

오오, 여러분, 세계 정책의 대도회에 사는 가련한 이여! 여러분, 젊고 재능이 넘쳐 명예심에 고통 받고 있는 사람들이여! 여러분은 모든 사건에 ─ 항상 뭔가가 일어나므로 ─ 한마디 하는 것을 의무라고 알고 있다! 여러분은 이런 식으로 먼지를 일으켜 떠들어대면 역사의 수레바퀴가 된다고 믿고 있다! 여러분은 늘 귀를 기울이며 늘 한마디 던질 수 있는 기회를 엿보고 있으므로 진정한 생산력을 완전히 잃어버린다! 설사 여러분이 아무리 큰일을 간절히 바란다고 해도 회임懷妊의 깊은 과묵은 결코 여러분에게 찾아오지 않는다! 시대의 사건이 여러분을 겉겨처럼 따라간다. 여러분은 사건을 따르고 있다고 생각하는데도.

제한과 미. 그대는 아름다운 교양을 가진 인간을 찾는가. 그렇다면 그대는 마치 아름다운 지방을 찾을 때처럼 역시 제한된 전망과 광경을 감수하지 않으면 안 된다. 분명히 전경全景적 인간들도 있다. 확실히 그들은 전경적인 지방처럼 교훈적이고 훌륭하다. 그러나 아름답지 않다.

그런 것입니다. 덧붙여야 할 말을 잃어버릴 만큼 훌륭한 말입니다. 우리는 먼지를 일으키며 떠들어대서는 안 됩니다. '모든 것'을 한눈에 조망할 수 있는 전경을 찾으려고 생각해야 하는 것도 아닙니다. 비트겐슈타인은 "현재를 좇는 자는 언젠가 현재에 따라잡힌다"라고 말했습니다만, 바로 현재를 좇으려고 하는 이런 초조함에서 절대적으로 잃게 되는 것이 있습니다. 모든 것을 알고 모든 것을 자기 '아래'로 조망하려고 하면 반드시 손끝에서 달아나는 것이 있습니다.

세계를 낳는 것 — 개념conceptus과 수태conceptio

여기서 한 가지, 뒷날의 이야기들을 위해서 주석이 필요할까요? 니체는 온갖 책에서 이 '회임', '임신'이라는 은유를 사용합니다. 실제로 확인해보면 알 수 있습니다. 거의 모든 책에 나오는 것 같습니다. 예컨대 "임신 상태보다 장중한 상태가 있을까?", "이 장중함 안에서 우리는 살아가야 한다. 살아갈 수 있다! 그리고 기대되는 것이 사상이든 행위든—우리는 모든 본질적인 완성에 대해 임신이라는 관계 이외의 관계를 갖지 않는다"라고. 이 역시 단순히 예로만 두고 그냥 지나치기에는 너무 아까울 만큼 멋진 말입니다. 임신, 회태懷胎, 수태. 이런 은유를 그는 반드시 '침묵', '과묵'과 연결시켜 말합니다. 또는 휴식이라든가 양생이라든가, 어쨌든 소요는 피하지 않으면 안 된다는 말과 함께. 여기서 왜 니체가 이런 은

유를 반복하는지 생각해보지 않을 수 없습니다.

들뢰즈는 철학이란 개념concept의 창조라고 말했습니다. 그렇다면 개념이란 무엇일까요? 그것은 애초에 '잉태된 것conceptus'이라는 뜻입니다. '개념으로 한다, 개념화한다conception'라는 말도 '임신conceptio'이라는 말에서 유래합니다. '마리아의 수태'는 'conceptio Mariae'라고 합니다. 그러므로 그리스도는 마리아의 개념화conceptio에 의해 산출된 개념인 것입니다. 또한 여기서 중요한 것 두 가지가 있습니다. 통상 신학 문헌에서 첫머리가 대문자로 쓰인 말Verbe은 그리스도를 가리킵니다. 또한 그리스도교 세계 전체를 '그리스도교 공동체corpus Christianum'라고 합니다만, 전통적으로 이것은 세계로 크게 확산되는 '그리스도의 신체corpus Christi' 자체라고 여겨지고 있습니다. 구성원을 멤버라고 하는데, 이것은 애초에 사지四肢, membrum라는 의미입니다. 따라서 그리스도교 공동체의 성원(멤버)들은 구체적인 그리스도 신체의 사지인 것입니다. 즉 말인 그리스도는 마리아의 개념이고, 그 개념은 '세계' 자체의 신체입니다. 개념, 임신, 그것은 세계를 다시 낳는 것입니다.

쓰는 것, '여성이 되는 것' ― 니체 · 라캉 · 들뢰즈

돌연 그리스도교 비유가 나온 것에 놀라는 사람이 있을지도 모릅니다만, 이것은 그리스도교에서 가장 좋은 부분이라고 저는 생각합니다. 무신론자로 여겨지는 철학자들이 이 비유를 사용하는 것에 대해 사실 놀랄 만한 이유는 전혀 없습니다. 그 이유는 앞으로 차차 이야기하게 되겠지요. 어쨌든. 따라서 질 들뢰즈가 '쓰는 것'과 '여성이 되는 것'의 연결을 강조하며 "쓰는 이유 중에서 가장 좋은 것은 남자라는 것의 부끄러움이 아닐까"라고 묻는 것은 이치에 맞는 것입니다.

이전의 저서(『야전과 영원』)에서 자세히 논했으므로 상세하게 다루지는 않겠습니다만, 자크 라캉이 『앙코르Encore』에서 여성의 향락과 대타자의 향락, 즉 유일신의 향락을 중첩시킨 것도 알기 쉬운 이치입니다. 현대사상이라 불리는 분야에서 이 부분을 가장 철저하게 지적할 수 있었던 이는, 다름 아닌 라캉입니다. 또한 니체가 회임 은유를 여러 번 반복하고, 그 위대한 『차라투스트라는 이렇게 말했다Also sprach Zarathustra』의 마지막 부분이 "나의 아이들이 온다, 나의 아이들이"라고 눈물에 젖은 차라투스트라의 모습으로 끝난 것도 당연하다고 말할 수 있겠지요.

그렇습니다. 철학이란, 그리고 쓰는 것이란 '여성이 되는 것'입니다. 물론 라캉이 엄중하게 말하는 것처럼, 생물학적으로 여성이라고 해서 팔루스적 향락을 자동적으로 면하는 것은 아닙니다. 그러나 그것 자체가 남성 중심주의적인 이론이라고 지적되는 일도 많은 정신분석 이론의 가장 첨예한 이론가였던 라캉이 페미니스트인 크리스테바나 이리가라이를 제자로 두고 버틀러 등에게도 적잖은 영향을 주고 있는 이유를 사람들은 좀 더 생각해봐야 합니다.

회임은 도박이다

이야기를 원래의 이야기로 돌리겠습니다. 무지를 비난당하더라도 여전히 현재를 좇고 현재에 쫓기는 것을 거절하고, 정보를 차단하고, 비평가도 전문가도 되지 않겠다고 하는 것, 이것은 도박입니다. 그렇다고 해서 회임한다고는 말할 수 없습니다. 창조성과 미가 찾아온다고도 말할 수 없습니다. 게다가 거기에 소음에서 벗어난 조용한 생활이 기다리고 있는 것도 아닙니다. 아무런 할 일이 없고, 아무런 보상이 없고, 뭘 해야 좋을지 모르고, 실오라기 하나 걸치지 않은 무위가 고난의 모습으로 나타나는 것이니까.

들뢰즈가 정보에 대해 극히 비판적이고 미디어와 거리를 두는 방식이 절묘했다는 것은 잘 알려져 있습니다. 그는 쾌활한 남자였는데도 사람들 앞에는 거의 나서지 않았습니다. 그러나 이를 달관한 고고함이라거나 평온한 은자의 생활이라고 생각해서는 안 될 것입니다. 들뢰즈의 자살이 비참한 것이라고는 생각하지 않습니다. 그러나 니체의 최후가 어떤 것이었는지는 다들 알고 있을 겁니다. 그는 발광하여 때로는 자신의 똥을 입에 넣을 만큼 착란 상태에 빠졌고, 정신병원에서 고독하게 죽었으니까요.

책을 읽었다, 읽고 말았다

그러나 사고하고 쓰는 행위에 도전하려고 할 때 저에게는 니체의 말이 잊히지 않았습니다. 그의 책을 읽었다기보다 읽고 말

있습니다. 읽고 만 이상, 거기에 그렇게 쓰여 있는 이상, 그 한 행이 아무래도 옳다고밖에 생각되지 않은 이상, 그 문구가 하얀 표면에 반짝반짝 검게 빛나 보이고 만 이상, 그 말에 이끌려 살아갈 수밖에 없습니다. 그 한 행의 검은 글자, 그 빛에. 그러므로 저는 정보를 차단했습니다. 무지를 택하고, 어리석음을 택하고, 양자택일의 거부를 택하고, 안테나를 부러뜨리는 것을 택하고, 제한을 택했습니다. 또는 보답 없는 것을, 무명을, 음지를 말이지요. 그렇다고 해서 미에 도달했느냐고요? 그거야 보시는 대로 심히 의심스럽지만 말이지요.

정말 사람들이 놀랄 정도로 저는 무지합니다. 당연히 알고 있어야 하는 것, 당연히 읽었어야 하는 것을 아무것도 모릅니다. 『야전과 영원』이라는 첫 책을 냈을 때의 일입니다. 이런저런 사람들이, 예컨대 이 부분은 일본의 누구누구를 비판하고 있네요, 라고 말했을 때는 깜짝 놀랐습니다. 그 사람들의 책을 전혀 읽지 않았기 때문입니다. 멋대로 프랑스어로 책을 읽고, 멋대로 쓰고, 멋대로 여기저기로 가져가고, 멋대로 여기저기에서 거절당하고, 어딘가에서 멋대로 받아주어 책을 냈을 뿐입니다. 완전한 무지, 완전한 어리석음 안에 있는 것이지요. 지금도.

우습다고 생각합니다. 저 역시도. 조금은. 니체가 그렇게 말했으니까, 그게 옳다고밖에 생각되지 않으니까 그렇게 살겠다고! 너 바보야? 하고 술자리에서 친구가 대놓고 놀린 적도 있습니다. 그러나 이것은 앞으로도 길게 논하게 되겠지만, 텍스트라는 건 그렇게 마주 보는 것입니다. 그렇게 마주 볼 수밖에 없습니다. 읽는다는 것은 그런 일입니다.

그륀베델, 읽는 것의 광기

그렇다면 이런 물음을 던지지 않을 수 없습니다. 책을 읽는 다는 것은 대체 어떤 일인가. 여기서 한 가지 예를 들겠습니다. 언어학, 그리고 오리엔트학과 티베트학의 권위자로 알베르트 그륀베 델이라는 사람이 있었습니다. 그는 1922년 만반의 준비를 하여『투스키아』라는 책을 내며 강호에 물음을 던집니다. '투스키아'는 에트루리아를 가리킵니다. 에트루리아는 기원전 1세기 무렵까지 이탈리아 중부에 있던 나라로, 인도·유럽어족에 속하지 않는 독자적인 언어를 갖고 있었습니다. 고대 이집트의 문헌에 보이는 '바다의 민족'이 바로 그들을 가리킨다는 설도 있고, 또 고대 로마의 왕중 몇 사람은 에트루리아인이었다는 설도 있습니다. 에트루리아는 로마에 흡수되어 이 세상에서 사라집니다. 그리고 그 언어는 수수께끼로 남았습니다. 그륀베델은 이 학문의 제1인자로서 이 수수께끼 언어에 도전합니다. 약간 생각해보고자 하는 것은, 로마제국과 그 역사는 유럽의 역사 분야에 종사하는 지식인에게 어렸을 때부터 품어온 판타지의 원천이라는 점입니다.

어렸을 때 그들이 침대의 불빛 아래서 탐독했던 책은 로마사 책입니다. 위대한 로마사를 수놓은 다채로운 영웅들인 카이사르, 한

니발, 스키피오. 그들의 영웅담에 감동하여 역사를 연구하기로 마음먹었습니다. 역사의 탐구자로서 최초의 동기가 발화한 지점이라고 해도 좋습니다. 에트루리아는 로마 고대사 최대의 수수께끼이고, 에트루리아를 병합하는 것이 대로마제국 건설의 첫걸음이었으므로 그륀베델이 어떤 것을 걸고 연구를 시작했는지, 우리도 조금은 상상할 수 있습니다. 그는 실증적인 학자이므로 논리적으로도 방법론적으로도 완벽하다고 할 만큼 정밀한 절차를 밟아 연구를 진행하고, 방대한 작업 끝에 에트루리아어로 된 모든 텍스트의 번역을 해나가고 『투스키아』를 쓰며, 결국 에트루리아어를 해독했다고 선언했습니다.

이리하여 그륀베델의 명성은 땅에 떨어지게 됩니다. 왜일까요? 그가 해독했다는 텍스트가 모두 일종의 악마나 주술에 관한 황당무계한 환상이나 온갖 성적 도착의 거대한 일람표 같은 것이었기 때문입니다. 그것은 학술적으로도 상식적으로도 전혀 받아들일 수 없는 내용이어서 그륀베델이 자신의 망상을 투영한 것으로밖에 생각되지 않았습니다. 지금도 에트루리아어는 그 일부밖에 해독되지 않았습니다. 하지만 그는 자신의 일이 옳다고 믿은 채 죽었습니다. "나를 미치광이 취급하는 학회는 나를 질투해서다"라고 말하면서요. 어떻게 된 걸까요?

읽을 수 없는 책을 읽는다, 타인의 꿈을 꾼다

누구나 말하고 또 누구나 생각하는 것이지만, 번역이란 철저한 독서입니다. 한 자도 소홀히 할 수 없는, 벌거벗은 '읽기'의 노정입니다. 게다가 미지의 언어를 번역하는 일은, 예컨대 우리가 영어나 프랑스어를 번역하는 것과는 전혀 다른 일입니다. 사전은커녕 문법조차 알 수 없습니다. 전혀 의미를 알 수 없는 글자가 늘어서 있고, 거기에서 어떻게든 의미를 건져내려고 합니다. 손으로 잡거나 발판이 될 만한 요철 하나 없는 판판한 절벽을 일상복을 입은 채 기어오르려는 것과 같은 일입니다. 이 이상의 '읽기'는 있을 수 없습니다.

그러나 그 벌거벗은 형태의 '읽기'라는 게 대체 무엇이었을까요? 그렇습니다. 그륀베델 자신의 무의식을, 그 욕망을 텍스트에 직접 접속하는 것이었습니다. 찌르듯이. 어쩌면 찔리는 듯이. 그는 아마 그 텍스트를, 어렸을 때부터 품어온 동경과 사랑을 모조리 털어놓는 거울처럼 보고 말았을 겁니다. 거기에 비친 자신의 무의식을 그대로 본 것입니다. 그렇습니다. 그는 미쳐버리고 말았겠지요. 아마도.

그러므로 이런 것입니다. 책을 읽는다는 것은 자칫하면 정신이 이상해질 정도의 일입니다. 왜 사람은 책을 성실하게 받아들이지 않을까요? 왜 책에 쓰여 있는 것을 그대로 받아들이지 않는 걸까요? 왜 읽고서 옳다고 생각했는데도 그대로 받아들이지 않은 채 '정보'라는 필터를 꽂아 무해한 것으로 만들어버리는 것일까요?

아시겠지요. 미쳐버리기 때문입니다. 이야기가 비약한다고 느끼는 분들도 있으리라는 것은 잘 알고 있습니다. 하지만 이야기를 좀 더 들어주시기 바랍니다. 점점 이해하게 될 것입니다.

적어도 반복해서 읽는다

또 하나의 예를 들어보겠습니다. 현존 최대의 작가 중 한 사람인 후루이 요시키치가 최근 어느 인터뷰에서 멋진 말을 했습니다. 현재의 자신이 이해할 수 없는 것은 가치가 없다는 풍조가 정착해버렸다고 서두를 말하고 나서 이렇게 말했습니다. 문학 같은 건 함정투성이여서 멍청하게 이해하면 큰일인 작품이 많다, 고 말이지요. 문학이라는 것에 대해서는 나중에 다시 정의하기로 하겠습니다만, 정말 그의 말대로입니다. 멍청하게 이해하면 큰일입니다. 그륀베델이 "알았다!"라고 절규한 순간 무슨 일이 일어났을까요? 카프카나 횔덜린이나 아르토의 책을 읽고 그들이 생각하는 것을 완전히 '알아'버렸다면, 우리는 아마 제정신으로는 있을 수 없을 겁니다. 서점이나 도서관이라는 얼핏 평온해 보이는 곳이 바로 어설프게 읽으면 발광해버리는 사람들이 빽빽 들어찬, 거의 화약고나 탄약고와 같은 끔찍한 장소라고 느낄 수 있는 감성을 단련하지 않으면 안 됩니다. 니체의 "나는 일개 다이너마이트다"라는 대사를, 뭔가 과장되고 멋이나 부린 농담이나 그 비슷한 것쯤으로 흘려듣는 만만한 태도에 우리는 아무래도 너무 익숙해져버린 것 같습니다. 정말 그렇다면 대체 어떻게 할 생각인 걸까요?

후루이 요시키치는 이어서 또 한마디 합니다. 자신으로서는 이제 두 손 들고 말 것 같은 것을 말하고 있어, 요컨대 읽어도 전혀 머리에 들어오지 않아 '어쩐지 싫은 느낌'이 드는 것이야말로 '독서의 묘미'며, 읽고 감명을 받아도 금방 잊어버리는 것은 '자연스러운 자기 방어'라고 말합니다. 그러므로 다 읽으면 잊어버리고, 그래서 반복해서 읽는 거라고 말이지요. 이런 것을 가볍게 말해버리는 사람이 동시대에 살고 있으며 글을 쓰고 있다는 것을 늘 염두에 두지 않으면 안 됩니다.

읽어도 전혀 모르겠다, 머리에 들어오지가 않는다, 지루해서 왠지 싫은 기분이 든다고 하는 것, 다들 뭔가 자신의 능력이 뒤떨어져 있다는 말을 들은 것 같은 기분이 들어 화를 내거나 책을 내팽개치거나 하는 것입니다. "번역이 나빠"라고 한다거나 "좀 더 쉽게 쓰란 말이야"라며 다른 사람 탓을 하거나 "좀 더 공부해야겠는걸", "좀 더 쉬운 책은 없을까"라는가, 초급이 있어야 중급이 있고 중급이 있어야 상급이 있다는 듯한 지知의 서열 문제로 생각합니다. 그런 일종의 열등감이나 분노를 이용하여 엉터리 같은 입문서나 비즈니스 책이나 팔아치우며 독자를 착취하는 패거리가 끊이지 않습니다.

다시 한번 말하겠습니다. 이것은 착취입니다. 하지만 사실은 그런 문제가 아닙니다. 읽을 수가 없습니다. 다른 사람이 쓴 것은 읽을 수가 없는 겁니다. 읽어버리면 미쳐버리고 맙니다. 이건 아주 간단한 일입니다. 이렇습니다. 당신의 꿈을 그대로 보면 저는 미쳐버릴지도 모릅니다. 당신이 아침에 일어나 문득 자신이 눈물을 흘리고 있다는 것을 알게 되는, 그리운 고향의 풍경이나 할머니 꿈을 꾸었다고 합시다. 멀리 저편에 흐릿하게 흔들리는 추억과도 같은 그 꿈을. 그러나 제가 그것을 그대로 직접 또렷이 보았다면, 또는 제 꿈을 당신이 보았다면.

여러 가지로 이야기해왔습니다만 쓴다는 것, 읽는다는 것은 무의식적으로 접속한다는 것입니다. 그러므로 카프카의 소설을 읽는다는 것은 거지반 카프카의 꿈을 자신의 꿈으로 본다는 것입니다. 그렇다면 거기에서 '자연스러운 자기 방어'가 작동하는 것도 당연하겠지요. 그것은 본질적인 난해함이나 무료함이지, 결코 난해한 체하는 것도 아니고 번역이 나쁜 것도 아니며 재미있게 읽을 수 없는 자신이 열등한 것도 아닙니다. 알아버리면 미쳐버립니다. 정당하게도 어딘가에서 그것을 느꼈기 때문에, 우리의 무의식에서 읽을 수 없는 것처럼, 모르는 것처럼 검열하고 있는 것이지요. 바로 그렇기 때문에 그것이 '독서의 묘미'가 되는 것입니다.

역시 니체를 인용할까요. 니체 왈, "자신이나 자신의 작품을 지루하다고 느끼게 할 용기를 가지지 못한 사람은 예술가든 학자든 하여튼 일류는 아니다." 자, 우리는 이미 여기까지 왔으므로 이 한마디는 이해할 수 있겠지요. 알아버리면 미쳐버릴지도 모르는 정도의 것이 아니면 일류라고 부를 수 없습니다. 방어기제를 가동시키고, 따라서 기묘한 무료함이나 난해함을, '기분 나쁜 느낌'을 느끼게 하지 못하는 것은 책이라고 부를 수 없습니다. 그런데 거기까지 사람을 몰아넣지 않고 안이하게 진행된 책이 과연 읽을 가치가 있는 것인지 어떤지. 그런 책을 읽는 것보다는 카프카의 무의식에 자신의 무의식을 비춰보고 자신의 무의식과 함께 변혁시키는 위험한 모험을 시작하는 것이 훨씬 더 즐겁지 않을까요.

그러므로 다들 읽는 것이 무서운 겁니다. 그것은 정상적인 겁니다. 필터를 끼워 정보로 환원된 것만 상대하면 무서울 것은 아무것도 없으니까 안심할 수 있습니다. 그러한 정보라면 한 번 읽으면 됩니다. 또는 저장해두고 검색기만 돌리면 됩니다. 그러나 지금 말한 의미에서 '읽는다'는 것을 행사하려고 하면 그렇게는 안 됩니다. 바로 앞에서 후루이 요시키치도 말했습니다만 니체도, 쇼펜하우어도, 나쓰메 소세키도, 스탕달도, 롤랑 바르트도, 헨리 밀러도, 그리고 마르틴 루터도 똑같은 말을 했습니다. "책은 적게 읽어라. 많이 읽을 게 아니다"라고요.

다시 말해 책이란 되풀이해서 읽는 것이라는 겁니다. 싫은 느낌이 들어서, 방어 반응이 있어서, 잊어버리니까, 자신의 무의식에 문득 닿는 그 청명한 징조만을 인연으로 삼아 선택한 책을 반복해서 읽을 수밖에 없습니다. 왕왕 대량으로 책을 읽고 그 독서량을 자랑하는 사람은, 사실 똑같은 것이 쓰여 있는 책을 많이 읽고 있다는 것을 깨닫지 못합니다. 즉 자신은 지를 착취하고 있다고 생각하지만, 실은 착취당하는 측에 있다는 것을 깨닫지 못합니다. 읽은 책의 수를 헤아리는 시점에서 이미 끝입니다. 정보로서 읽는다면 괜찮겠지만, 그것이 과연 '읽는다'는 이름을 붙일 만한 행위일까요. 그렇게 정보로 환원되는 것밖에 상대하지 않으니 당당하게 받아들이지 않아도 되는 것입니다.

왜 '예藝'인가

아아, 한 가지 여기서 미리 양해를 구하겠습니다. 저보다 나이가 어린 친구가 있는데, 그는 정평 있는 준재로 여겨지는 미학 연구자입니다. 그는 아주 어렸을 때부터 항상 '예芸'가 아니라 '예藝'라고 씁니다. 섬세한 문장가이기는 하지만 약아빠진 글을 쓰는 사람은 아닙니다. 왜일까, 거드름이 지나치지 않나, 하고 오랫동안 의아하게 생각했었는데 후루이 요시키치의 책을 읽고 뒤늦게나마 납득할 수 있었습니다. 즉 예藝와 예芸는 의미가 정반대입니다. 예藝는 초목을 심는다는 뜻입니다. 예芸는 풀을 베고 잡초를 뽑는다는 의미입니다. 이제 와서 새삼 부끄럽기는 하지만, 그렇다면 저 역시 그렇게 쓰고자 합니다. 이 책에서도 '예藝'를 사용하기로 합니다. 이 책에서 그렇게 해야 하는 이유는 저절로 명확해지리라고 생각합니다.

그럼 본론으로 돌아갈까요? 저는 어머니 쪽이 쓰가루 출신이어서 "무당이냐?"라는 놀림을 가끔 받습니다. 저는 몇 권 안 되는 책을 반복해서 읽기 때문에 입에 붙어 거의 원문 그대로 술술 나옵니다. 반복적으로 읽는다는 것은 정면으로 받아들일 수밖에 없게 된다는 것을 의미합니다. 그리고 그렇게 살아갈 수밖에 없게 된다는 것을 의미합니다. 정말 어리석은 일이지요. 그러나 우리에게는 이런 어리석음이 결여되어 있습니다. 글쎄요. 이 책도 바라건대 무지와 어리석음의 책이 되었으면 좋겠습니다. 그것이 가능하다면 말이지요. 이미 마지막까지 읽고 나서 돌아오지 않으면 사실상 납득이 가지 않는 표현밖에 할 수 없는 것을 입에 담아버렸으므로, 이대로는 약간 되풀이해서 읽을 수밖에 없는 책이 되고 말 것 같습니다. 곤란한 일이지요.

책을 읽는다는 것은 어떤 것인가 하는 이야기였습니다. 상세한 사정을 밝혀 논하는 것은 너무 논제에서 벗어나기 때문에 간단히 말하겠습니다만, 역시 프로이트가 모더니즘 문학에 끼친 영향을 여기서 한 가지 떠올려보지 않으면 안 되겠지요.

뵈르네의 방법과 프로이트의 자유연상
— 정신분석과 문학

프로이트 정신분석에서 나오는 무의식이라는 기묘한 말에 대해서는 사실 종교개혁에서 유래하는 자상한 어구 해석을 덧붙일 수 있습니다. 정신분석의 사정권이 얼마나 넓은지를 생생하게 보여주는 어구 해석을 말이지요. 그러나 이번에는 그런 기회가 아닙니다. 그러므로 그것은 놔두기로 하지요. 아무튼 여기서 제가 무의식과 문학이나 철학 또는 독서라는 것을 직접적으로 관계 짓는 것을 수상하게 여기는 분들도 많을 거라고 생각합니다. 물론 프로이트 자신도 그가 전가의 보도로 휘둘러온 오이디푸스의 부친 살해 이론을 이용하여 몇 개의 문예평론을 썼고, 이른바 비평 이론이나 문학 이론에도 정신분석이 깊은 영향을 남기고 있습니다. 하지만 아무래도 사사키 아타루는 정신분석 이론으로 외부에서 문학을 재단할 뿐이지 않는가 하는 인상을 가지는 분도 있을 거라고 생각합니다. 하지만 그렇지 않습니다.

프로이트가 10대 때부터 애독했던 작가에 루트비히 뵈르네라는 사람이 있습니다. 그의 수필에 「사흘 만에 독창적인 작가가 되는 법」이라는 것이 있습니다. 이것은 요컨대 사흘간 방에 틀어박혀 생각한 것을 뭐든지 종이에 적으라는 것입니다. 그러나 그것은 얼핏 보는 것보다 꽤 어려운 일입니다. 뭐든지, 라는 것은 아무리 부끄럽고 보기 흉한 일이라도, 불쾌한 일이라도, 무의미하게 느껴지는 일이라도, 쓰기에 괴로운 일이라도 써야 하는 일이니까요. 무의식의 검열과 억압을 떨쳐내고 쓰고, 쓰고, 마구 써대고 있으면 뭔가가 보이게 됩니다. 마치 초현실주의의 자동기술 같다고 생각할지도 모릅니다. 하지만 그 반대입니다. 자동기술이 정신분석의 영향하에 있고 그 정신분석이 뵈르네의 방법에 기반하고 있으니까요.

이 뵈르네의 방법은 프로이트의 정신분석 기법의 하나인 '자유 연상법'의 기원 가운데 하나라고 여겨지고 있습니다. 그도 소파에 누운 환자에게 말합니다. 아무리 부끄러운 일이라도, 말하기 힘든 일이라도, 자신의 마음에 떠오른 일이면 뭐든지 말하라고. 거기에서 그의 '해석'은 시작됩니다. '독해'가요. 물론 읽는 사람인 프로이트는 쓰는 사람이기도 했습니다. 매일—전기적 연구에 따르면 매일처럼이 아니라 정말 '매일'인데—편지, 일기, 논문, 수필을 대량으로 썼는데, 그것을 보면 대체 잠은 언제 자는지 정말 질릴 정도입니다.

저는 그 정도로 독일어를 음미할 능력이 없습니다만, 예컨대 일본의 정신과 의사로 독일어로 저작도 쓰는 기무라 빈의 말에 따르면, 그의 산문은 정말 "입맛이 다셔질" 만큼 아름다운 문장이라고 합니다. 문체적인 면에서 분명히 니체의 영향이 보인다는 사람도 있습니다. 또한 그가 받은 여러 영예 중에 가장 자랑스럽게 생각한 것은 괴테문학상 수상이었습니다. 그러므로 그는 애당초 그런 사람이었던 것이지요. 읽는 사람이고 쓰는 사람이며, 그렇게 읽고 쓰는 기예art가 '법'이나 '향락' 그리고 '통치'에 완전히 물들게 되었다는 것에 가장 민감한 사람이기도 했습니다. 애초에 정신분석이란 종교개혁 이후의 '목회', 즉 그리스도교가 사람들을 통치하는 데 사용한 근본적인 기술인 '영혼의 인도'를 계승한 것이니까요. 아니, 이 논점에 대해 파고드는 것은 그만두기로 하지요. 아직 우리는 마르틴 루터의 이야기조차 하지 않았습니다.

조이스와 프로이트, 같은 '환희'라는 이름으로

나머지는 여러분도 아실 테니 그 방증으로서 몇 가지 에피소드를 드는 것만으로 충분할 것 같습니다. 리처드 엘먼의 방대한 전기에는 확실히 쓰여 있는데, 제임스 조이스는 자신이 프로이트와 이름이 같다는 것을 의식하고 있었습니다. 즉 '환희' 또는 '향락'이라는 같은 이름을 가진 두 남자가, 과장해서 말하자면 세계를 바꾼 것입니다. 아니, 과장이 아닙니다. 제임스 조이스는 어느 파티에서 융이 "너는 누구냐?"라고 묻자 "낭비벽과 음주벽이 있는 아무짝에도 쓸모없는 남자입니다"라고 빈정거리는 투로 대답했습니다. 이것은 프로이트에 대한 반발인지, 융에 대한 반발인지 좀 헤아리기 어려운 점이 있기는 합니다. 라캉이 만년의 '세미나'에서 조이스에게 특별히 집착하는 것도 이 두 사람 사이에서 본질적인 관계를 찾아냈기 때문입니다. 아니면 이렇게 표현해보기로 하지요. 조이스는 또 한 사람의 프로이트라고 말이지요.

애초에 정신분석이란 처음부터 일종의 문학 운동이기도 합니다. 조금 뒤에 말하게 될 넓은 의미에서의 '문학' 운동입니다. 헨리 밀러도 스스로 정신분석을 하기도 했습니다. 환자로서가 아니라 분석가로서 말이지요. 포크너를 비롯하여 모더니즘에 속한 다양한 작가나 시인에게 강력한 영향을 끼친 수법인 '의식의 흐름'은 오히려 윌리엄 제임스에게서 유래한 것입니다. 하지만 이는 '무의식의 흐름'이라고 할 만한 것으로, 프로이트가 더 많은 문학자에게 충격을 준 것은 사실입니다.

프로이트는 버지니아 울프에게 바쳤다, 하얀 수선화를

그런데 모더니즘 작가들 중에서도 가장 위대한 사람은 버지니아 울프입니다. 말할 것도 없이 프로이트의 영어 표준판을 낸 제임스 스트레이치는 버지니아 울프에게 구혼한 적이 있는 작가이자 비평가인 리튼 스트레이치의 동생입니다. 또 표준판을 출판한 호가스 출판사는 울프 부부가 세운 출판사입니다. 물론 그들은 E. M. 포스터나 존 메이너드 케인스와 함께 이른바 '블룸스버리 그룹'에 속해 있었습니다. 그리고 만년의 프로이트가 그곳으로 찾아옵니다.

재미있는 에피소드가 남아 있는데, 프로이트는 초면의 버지니아 울프에게 하얀 수선화를 내밀었습니다. 나르키소스, 나르시스의 꽃이지요. 프로이트에게 악의가 있었던 것으로 보이지는 않습니다. 그러나 이것이 비위에 거슬렸는지, 버니지아는 일기 등에 꽤 신랄하게 프로이트를 헐뜯는 내용을 씁니다. 원숭이처럼 쭈글쭈글한 늙정이 같으니라고요. 하지만 그녀는 그 후에도 내내 프로이트에 대해 신경 쓰고 있었습니다. 실제로 첫 대면 때부터 그녀는 프로이트의 저작을 꼼꼼히 읽습니다. 물론 그 이전에 전혀 몰랐다고 생각되지는 않습니다. 그녀의 여러 저작은 프로이트와의 해후 이전의 것도, 이후의 것도 프로이트적인 발상이 없었다면 있을 수 없었을 것입니다.

예컨대 『물결*The Waves*』(1931)이라든가 『댈러웨이 부인*Mrs. Dalloway*』(1925), 그 밖의 뛰어난 단편들. 아니, 설마라고 생각하겠지만 분명히 확인하고 넘어가지요. 프로이트 자신도 그 함정에 빠질 때가 있습니다만, 경직화한 정신분석 이론을 그대로 울프의 문학에 낙하산식으로 적용하는 어리석음은 몇 번이고 피하지 않으면 안 됩니다. 그러한 손쉬운 비평 이론·문학 이론으로 전락해버린 정신분석에는 전혀 흥미가 없습니다. 버지니아 울프의 문학은 버지니아 울프의 것입니다. 프로이트는 결코 쓸 수 없습니다.

『야전과 영원』에 실린 저의 라캉론도 그렇게 외부에서 낙하산식으로 문학 등에 내리치는 이론으로서의 정신분석에 대한 하나의 항의로 썼습니다. 문학자로서의 프로이트가 20세기 굴지의 작가들, 그리고 그 특권적인 한 사람과 일종의 생산적인 긴장 관계에 있었다는 것만을 지적하고자 합니다.

버지니아 울프는 단언한다,
최후에는 고독한 싸움이 우리를 기다리고 있다

그런데 그 버지니아 울프가 다음과 같은 글을 썼습니다.

우리가 그 책에 다가가는 도중에 아무리 꼬불꼬불 구부러지고 빈둥빈둥하고 우물쭈물하고 어슬렁어슬렁하더라도 최후에는 고독한 싸움이 우리를 기다리고 있다. 그 끝에 어떤 거래가 가능하다고 해도, 그 전에 작자와 독자 사이에서 처리하지 않으면 안 되는 하나의 일이 있다.

최후에는 고독한 싸움이 우리를 기다리고 있다. 책을 읽는다는 것은 이 정도의 일입니다. 그렇다면 이 수필의 제목이 뭐일 것 같습니까? '그 책'이란 무슨 책이라고 생각합니까? 『로빈슨 크루소^{Robin-}』입니다. '로빈슨 크루소'라는 제목의 책에 대해 쓴 수필입니다. 여기서 그런 소년소녀용의 낡아빠진 책에 대해 뭘 그렇게 정색을 하느냐고 버지니아 울프에게 반문하는 사람이 있다면 좀 반성해야 합니다. 아까부터 그런 말을 하고 있습니다. 그렇다면 다시 읽어보기로 하지요. 『로빈슨 크루소』를 다시 읽어보자는 겁니다.

『로빈슨 크루소』, 고독한 나락

물론 이 소설에 대해서는 여러 가지 것들이 이야기되었습니다. 방대한 주석이 있고, 아무렇지 않게 다시 읽으면 주인공의 제국주의자 같은 모습에 질리게 되는 점도 있습니다. 그러나 역시 여기에는 뭔가 깜짝 놀랄 만한 순간이 배태되어 있습니다. 기억에 의존하여 말하겠습니다만, 다시 읽은 것도 사실 몇 해 전이니 잘못되었다면 거기에 저 자신의 무의식의 검열이 나타났다고 생각하고 그냥 웃고 넘어가주시기 바랍니다.

로빈슨은 해변에서 발자국을 발견합니다. 그리고 놀랍니다. 나 말고 다른 사람이 있는 건가? 아니, 내 발자국인지도 모른다. 나는 우스꽝스럽게 내 자신의 발자국에 겁먹고 있는 건지도 모른다. 하지만 다음 날 또 그 장소에 가봤더니 발자국은 말끔히 지워져 있습니다. 무슨 일일까요?

이것은 '혼자 본 것은 사실 본 것이 아니다'라는 것입니다. 뭔가 확실하다고 생각되는 것을 여러 가지 봐도 거기에 그 확실성을 공유해주는 타인이 없습니다. 그 타인이 그 확실성을 부정했다고 한다면, 중립적인 입장에 서줄 제3자가 필요해집니다. 그러나 무인도이니 그런 사람도 바랄 수 없습니다. 자기 이외의 사람이 없다, 그러므로 자신의 지각이 자신에 의해서만 보증된다. 그것은 사실 지각되지 않은 것과 같습니다. 그러면 생생하게 눈앞에 펼쳐진 광경과 자신의 망상을 구별하는 선이 갑자기 긁혀 점선처럼 되었다가 완전히 사라져버립니다. 이렇게 하여 문득 공포가 느껴지는 것입니다. 무의식의 공포가.

나카이 히사오가(저는 그의 압도적인 영향 하에 있다는 것을 숨기지 않겠습니다. 일일이 지적하는 것은 읽는 데 번잡하기에 삼가겠습니다만, 이후의 이야기도 많은 부분 그에게서 얻은 견해에 의거하게 되겠지요) 말한 것처럼, 지각과 사고의 구별이 되지 않는 것은 정신분열병(통합실조증)의 본질이니까요. 그러므로 정신분열병 환자는 '죽어!'라고 자신을 매도하는 생각을 지각으로써 외부에서 오는 소리로 듣고 맙니다. 이것이 환청입니다. 자신이 상상한 신기한 요정을 지각으로써 눈앞에서 보게 됩니다. 이것이 환각입니다.

이렇게 하여 로빈슨 크루소의 이 순간에는 세계의 있는 그대로의 모든 것이 지각과 사고의 양쪽이기도 하고 그 쌍방 사이기도 하는 '뭔가'로 밀려납니다. 공포의 나락이라는 이 순간은 역시 '로빈 슨 크루소' 안에 있습니다. 희미하기는 합니다만 확실히 있습니다. 그 무인도 해변의 눈부신 햇빛에. 물론 그것이 주제가 되는 것은 아 닙니다. 주제는 아니지만, 역시 거기에 그것이 있습니다. 그렇다면 그것은 바로 버지니아 울프와 같은 위대한 작가가 '고독한 싸움'을 걸기에 충분한 문학이라는 것이 되겠지요.

버지니아 울프는 무섭다

그 싸움에서 우리는 하얀 종이의 표면에 비치는 광기와 그 것을 읽지 않겠다고 하는 자신의 방어기제에 동시에 저항하지 않 으면 안 됩니다. 끈기 있게, 자신과 자신에게서 밀려나온 그 무수한 것을 최대한 쥐어짜 삐걱거리게 합니다. 그것이 읽는다는 것입니 다. 차례로 넘기는 책의 한 페이지 한 페이지마다 우리는 실오라기 하나 걸치지 않은 무의식의 벌거벗은 형태로 도박을 하는 것입니 다. 들뢰즈는 삶 자체를 노래하는 문학이나 예술에 종사하는 사람 들 중에 자살하는 자가 왜 많은가 하고 물었습니다만, 그 이유는 저 절로 분명해집니다. 읽고 또 쓰는 그 한 행 한 행에 어렴풋이 자신 의 생사를 걸고 있는 것이니까요. 다시 한번 버지니아 울프의 말을 인용해보겠습니다. 그녀는 무서운 사람입니다. 시원시원하게 이런 말을 써버리니까요.

하지만 아무리 바람직하다 하더라도 어떤 목적을 달성하기 위해 독서하는 사람이 있을까요? 그것(독서) 자체가 즐거워서 그것(독서)을 하는 즐거움은 세상에 없는 걸까요? 목적 자체인 즐거움이라는 건 없는 걸까요? 독서는 그런 것 가운데 하나가 아닐까요? 적어도 나는 때로 다음과 같은 꿈을 꿉니다. 최후 심판의 날 아침, 위대한 정복자, 법률가, 정치가 들이 그들의 보답―보석으로 꾸민 관, 월계관, 불멸의 대리석에 영원히 새겨진 이름 등―을 받으러 왔을 때 신은 우리가 옆구리에 책을 끼고 오는 것을 보시고 사도 베드로에게 얼굴을 돌리고 선망의 마음을 담아 이렇게 말하시겠지요. "자, 이 사람들은 보답이 필요 없어. 그들에게 줄 것은 아무것도 없다. 이 사람들은 책 읽는 걸 좋아하니까."

독서의 즐거움은 신도 선망하게 한다

즐겁지요. 독서는 즐겁습니다. 하지만 신으로 하여금 선망하게 하는 즐거움이란 대체 어떤 걸까요? 최후의 심판, 세계의 종말에도 벌이나 보답을 필요로 하지 않는, 불멸의 영광도 필요로 하지 않는 즐거움이란 대체 무엇일까요?『야전과 영원』에서 약간이기는 하지만 상론한 적이 있으므로 더는 말하지 않겠습니다. 하지만 그렇다 해도 버지니아 울프는 늘 이런 말을 합니다. 신기한 열렬함을 느끼게 하는, 그러나 굉장히 평온한 말투로. 그리고 우리는 이런 문장을 진지하게 받아들이지 않으면 안 됩니다. 왜 느닷없이 신이 나오는 거지, 그리스도교도밖에 알 수 없는 게 아닌가, 문화의 차이란 게 있는 거 아닌가 하고 빠른 말로 지껄여대며 초조함에 빠져 이를 억압하려고 해서는 안 됩니다. 눈을 뜨지 않으면 안 됩니다. 어쩐지.

애초에 '문학'이란 무엇인가

기본적인 것을 좀 복습하면서 나아가기로 하지요. 질문은 이겁니다. 애초에 문학이란 무엇인가?

문학이란 영어로 literature입니다만, 라틴어 litteratura가 이식되는 것은 프랑스어 littérature가 먼저이고 거기에서 다시 영어에 도입되었습니다. 프랑스어 littérature가 처음으로 등장한 것은 12세기, 그리고 영어 literature가 나타난 것은 14세기입니다. 어원은 라틴어 '문자littera'입니다. 프랑스어로 되었던, 당초에 이것은 먼저 쓰는 것, 쓰는 방법 그리고 읽고 쓰는 데 필요한 문학적 학식 일반을 의미했습니다. 다음으로 어떤 문제에 대해 공간公刊된 저작의 총체를 의미했습니다. 지금으로 말하면 '문헌'이나 '서지'에 가깝겠지요.

예컨대 "페스트에 대해서는 방대한 '문학'이 있다"라는 용례가 보입니다. 현재 통용되고 있는 의미에서의 '문학', 즉 아름답다거나 오락을 위한 언어예술 작품으로서의 '문학'이라는 의미는 18세기가 되어야 나타납니다. 17세기에 출현한 '미적인 문학'이라는 의미를 갖는 벨 레트르belles lettres라는 어휘도 있습니다만, 그것은 얼마 지나지 않아 '문학'이라는 말에 흡수되었습니다. 다시 말해 이러한 미적인 것에만 관련되는 '문학'은 역사적, 지리적으로 굉장히 좁게 한정된 용법일 수밖에 없었습니다.

로크, 흄, 뉴턴, 애덤 스미스 — 그들 '문학자들'

좀 더 분명하게 말하지요. '문학'이란 읽고 쓰는 기법 일반을 말했습니다. 지금 이 의미는 리터러시literacy라는 말이 맡고 있습니다만 원래는 문학이 바로 그런 의미였습니다. 이것이 어떤 의미를 지니는지 생각해보겠습니다. 예컨대 철학자 존 로크와 데이비드 흄, 그리고 물리학자 아이작 뉴턴을 공통의 한 분야로 부른다면 당시 사람들은 뭐라고 불렀을까요? 당연히 '문학'이고, 그들은 '문학자'였습니다. 전혀 놀라운 게 아닙니다. 그들은 문헌이나 자연법칙을 '읽고' 그리고 책을 쓰는 데 아주 뛰어났으니까요.

여기서 놀란다는 것은 우리가 얼마나 좁은 문학 개념에 틀어박혀 있는지를 말해주는 것에 지나지 않습니다. 과학은 물론이고 철학, 수필, 역사학 그리고 경제학을 비롯한 사회과학이 문학과 구별된 것은 그 후의 일입니다. 예컨대 18세기 최대의 경제학자, 게다가 '경제학의 아버지'라 불리는 애덤 스미스의 출세작은 『도덕감정론Theory of Moral Sentiments』(1759)입니다. 하지만 그 전에 그가 에든버러에서 무엇을 가르쳐 명성을 얻었는지, 아니 이 저작 이후에도 계

속 가르쳤던 과목이 무엇이었는지 아십니까? 수사학과 문학이었
습니다. 그는 문학 선생님이었고 문학자였던 것입니다. 문학부의
선생님이었다는 게 아닙니다. 학생의 노트가 남아 있는데, 키케로
를 비롯한 고전을 다양하게 인용하며 마키아벨리나 스위프트 등도
자유자재로 예로 들며, 어떻게 써야 하는가에 대해 자세하고 실제
적인 주의를 주었습니다.

'문학' — 성전을 읽고 쓰는 기예[art]

라틴어의 용례를 좀 더 거슬러 올라가면 다음과 같은 것이
밝혀집니다. 즉 문학이란 "성전을 읽고, 성전을 편찬하고, 또 그것
에 대한 주석을, 신학서를 쓰는 기법"이라는 것입니다. '신에 대한
문학', '성서에 대한 문학', '그리스도교 문학'이라는 용례가 여럿
존재합니다. 어쩐 일인지 그리스도교도가 쓴 그리스도교에 대한
현대 소설이 그리스도교 문학으로 불리는 일이 내외를 불문하고
있는 것 같은데, 통상 그리스도교 문학이란 예를 들어 나중에 성서
로 통합되는 편지, 묵시록, 복음서, 행전, 찬가 등의 읽기, 쓰기, 번
역 그리고 편집을 가리키는 말입니다. 또한 교부문학이라고 하면
유스티노스, 에이레나이오스, 오리게네스, 에우세비오스 등 초기
그리스도교의 교부들이 읽고 쓴 행위와 그 문서를 의미합니다.
물론 아주 초기의 그리스도교에서 라틴어의 '문학'이라는 어휘
가 사용되었던 것은 아니지만, 원칙적으로 성전을 읽고 쓰고 번역

하고 편찬하는 기법을 '문학'이라고 부를 수 있습니다. 다시 말해 법이나 규범, 제도와 관련된 텍스트를 둘러싼 기예art도 문학이라 부를 수 있습니다. 무엇이 정전正典이고 외전이며 위전인가를 선택하거나 책을 한 권으로 편집하거나 번역하거나 사본을 만들거나 주석서를 쓰거나 하는 것을 모두 포함합니다. 그러니 '우리가 문학이라 부르는 것'이 현실에서 얼마나 협애한 것인지, 그러나 동시에 '우리가 문학이라 부르는 것'이 실제로는 얼마나 광대한 영역을 차지하고 있는지 아시겠지요. 물론 유대교의 정전을 정한 야무니아 회의에서 시작하여 마르키온과 아타나시우스로부터 카르타고 회의를 거쳐 멀리 토리엔트 공회의(1545~1563)까지 내려가는, '성전이란 무엇인가, 무엇이 정전인가'라는 논의에 대해 논할 시간도 능력도 저에게는 없습니다만, 다음과 같은 것은 확실히 말할 수 있습니다—문학은 넓다. 훨씬 더 넓다.

마르코와 마테오를 생각해보지요. 그들은 성서를 썼습니다. 읽고 쓰기가 가능했던 것입니다. 정확히 말하자면 그들의 이름을 붙인 문필가 집단이 있었습니다. 그들은 '우리가 문학이라 부르는 것'에 종사하는 '우리가 문학자라 부르는 자'였던 것입니다. 그들이 이룬 것, 그것은 성서를 쓰는 것, 즉 법을 쓰는 것, 규칙을 쓰는 것이었습니다. 그러므로 책을 읽고 쓰는 것이란, 즉—아니, 이제 슬슬 시간이 다 되었네요. 이야기를 더 계속하면 내용이 너무 방대해지기 때문에 슬슬 접기로 하겠습니다.

그것은 아직도 문학이라 불리지 않으면 안 된다,
좀 더 넓은 의미로

버지니아 울프도 다소 좁은 근대적 문학 개념 안에 있습니다. 그것은 앞에서 인용한 말이 보여주는 대로입니다. 그러나 역시 글을 읽는 것 그리고 쓴다는 것은 일종의 광기를 내포하고 있고, 따라서 기묘한 방황과 열광과 열락을 내포하며, 그리고 신도 선망하게 하는 것이었을 겁니다. 그녀가 말하는 대로 말이지요. 그리고 그것은 아직도 문학이라 불리지 않으면 안 됩니다. 더 넓은 의미에서. 훨씬 더 넓은 의미에서. 반反=정보로서의 문학, 회태懷胎로서의 문학, 그리고 세계를 변혁하는 것으로서의 문학. 따라서 끝을 모르는 문학. 여기서는 이렇게만 말해두겠습니다.

이제 날도 저물어 조용해졌네요. 신기한 고요함이네요. 이제 비도 그친 걸까요? 오늘밤에는 이쯤에서 마무리하겠습니다. 가벼운 서두로서는 충분하지 않았나 싶습니다.

2010년 6월 15일

둘째
밤

루터,
문학자이기에
혁명가

한여름이네요. 장마가 한창인 궂은 날씨에다 이렇게 푹푹 찌기까지 하니 정말 견딜 수가 없습니다. 하지만 이 시기만 벗어나면 티 하나 없이 맑고 아주 신선한 여름이 빛나고 있을 거라는 뜻이기도 합니다. 어렸을 때부터 저는 여름을 좋아해서 컨디션도 조금씩 좋아지는 것 같습니다. 벌써 매미가 울고 있나요? 아무래도 이렇게 더우면 울지도 않는데 순간적으로 환청처럼 귀에 어른거려 곤란합니다.

그럼 저번 밤에 한 이야기를 떠올리면서 시작하기로 할까요.

저번에는 비평가와 전문가라는 두 가지 지知의 나쁜 형상에 대해 이야기했습니다. 프리드리히 니체의 도움을 받아 그가 말한 '변질하여 가치판단의 힘을 잃어버린 철학자'와 '칼리오스트로 같은 철학자'라는, 역시 긍정하지 않을 수 없는 두 가지 형상과 반항하면서 말이지요. 주의하세요. 그저 지적하는 것만으로 이 두 가지를 초월할 수 있다고 생각하지 않기를 바랍니다. 저 또한 꿈에도 그렇게 생각하지 않습니다. 저도 자신의 좁은 소견을 깨닫지 못하는 전문가인 척하며 이야기하는 순간이 있을지도 모릅니다. 또는 말할 자격이 없는 것을 말하고, 어리석은 비평가연하며 아주 경박한 말을 하는 때가 있을지도 모릅니다.

다소 앞질러 말하자면, 앞으로 저는 독일어 원전의—바이마르 판으로 전 127권인가요—루터 전집을 읽지 않았는데도 루터에 대해 말하고, 아랍어 문법책과 사전이 책장 구석에서 먼지를 뒤집어쓰고 있는데도 무함마드에 대해 말하는 위험을 무릅쓰려는 것이니까요. 전공을 가졌으면서도 뭔가 강한 가치판단을 잃어버리지 않은 석학이 고맙게도 아직 이 세상에 있습니다. 소수이지만 말입니다. 그런 분들의 기탄없는 정당한 비판이라면 언제든지 경청할 생각입니다.

그런데 우리는 또 이런 지知의 존재 방식의 연장선상에 있는 문제로서 읽는 것에 대해, 그리고 문학에 대해 이야기했습니다. 조금이라도 '문학'이라는 말의 의미를 확대하고, 읽고 쓰는 기예로서의 그 중요성을—그리고 그것이 사람의 생사를 가르는 가공할 만한 것이라는 것도—지적했다고 생각합니다. 특히 그것을 읽는 것에 대해서는 말이지요. 하지만 그렇게 간단히 납득하기를 바라지는 않습니다. 더욱 추궁해보기로 합시다. 왜 이런 말을 할 수 있는지를. 한 발짝 한 발짝 역사적 사실에 발을 들여놓음으로써 이를 논증해가려고 합니다.

읽는 것 그리고 쓰는 것. 이것이 정보를 둘러싼 착취의 구도를 파괴하고, 모든 분야에 걸친 답답한 닫힌 영역을 답파하여 현 상황을 추인하는 조치를 거절한 끝에 인류사적 규모의 중요성을 갖게 되는 것은 어떻게 해서인가. 그것을 위해서는 뭔가에 대해 말하는 것을 피할 수 없는가. 그것은 혁명입니다. 우리는 혁명에 대해 말해야 합니다. 이것은 일관되게 논증할 수 있는 것입니다. 그럼 시작할까요.

우리는 혁명으로부터 왔다

우리는 혁명으로부터 왔습니다. 혁명으로부터 태어났습니다. 혁명이라는 말을 듣고 우리가 떠올리는 그 혁명보다 저 멀리에 있는 혁명으로부터. 더 오래되고 더 광대한, 그리고 우리의 상상을 초월한 혁명으로부터. 이야기가 너무 확산되어 끝없어지는 것을 우려합니다. 따라서 오늘 밤은 서구의 혁명에만 한정하겠습니다. 사람들은 거기서 적어도 여섯 혁명을 경험했습니다. 호칭이야 논자마다 다르지만 일단 열거하기로 합시다. 중세 해석자 혁명, 대혁명, 영국혁명, 프랑스혁명, 미국혁명, 러시아혁명. 12세기에 시작되었고 20세기까지 끝없이 계속되는 혁명의 계보가 존재합니다.

물론 이는 저의 독창적인 게 아닙니다. 모든 인물이 모든 혁명에 대해 똑같이 논하는 것은 아닙니다만, 해럴드 조지프 버먼과 그의 스승 오이겐 로젠쉬톡-후시, 피에르 르장드르*와 그의 스승 가브리엘 르브라, 이 네 명을 들기로 하겠습니다. 또 그들 주위에 있는 역사가와 법학자들도. 특히 중요한 것이 최초의 두 혁명입니다. 중세 해석자 혁명과 대혁명이라는, 통상 '혁명' 안에 들어가지 않는다고 여겨지기에 진정한 혁명이라는 이름에 걸맞은 두 혁명.

■ 피에르 르장드르^{Pierre Legendre, 1930~}

그는 프랑스의 법제사가자 정신분석가다. 자신의 연구 영역을 '도그마 인류학'이라 명명하고, 제도성의 관점에서 주체의 형성을 고찰하는 독자적인 이론을 개척하고 있다. 1957년 파리1대학에 박사논문 「그라티아누스에서 인노켄티우스 4세, 1140년에서 1254년에 이르는 고전 교회법에의 로마법의 침투」를 제출, 법제사와 로마법의 교수 자격을 획득했다. 거의 같은 시기에 자크 라캉 밑에서 정신분석 연구를 시작했으며, 나중에 '학파 분석가' 자격을 얻어 파리 프로이트파에서 독자적인 위치를 차지했다. 이 파가 해산한 후에는 특정한 그룹에 속하지 않는 프리랜스 분석가가 되었다.

그는 릴대학, 파리10대학을 거쳐 1968년 파리1대학 법학부 교수. 1977년 이후 고등연구실습원^{EPHE} 종교학 부문 연구주임을 겸임했다. 저작의 근간을 이루는 '강의' 시리즈는 이때의 강의에 의거한 것이다. 1959년부터 1964년에 걸쳐 가봉, 세네갈 등의 산업정책에 고문으로 참여, 또한 유네스코 전문 직원으로 주로 서아프리카 및 중앙아프리카에서 활동했다. 이 경험이 서양화의 여러 효과, 산업 세계에서의 종교적인 것, 보편적 구조로서 규범성의 귀추 등 훗날의 연구에 중요한 의미를 가지는 문제들을 파악하는 계기가 되었다.

1960년 이후 법제사를 둘러싼 실증 연구 및 방법론적 고찰과 병행하여 프랑스 근대관료제의 역사를 대상으로 아주 치밀하고 총체적인 조사를 실시했다. 그 중요한 성과로서『1750년에서 오늘날에 이르는 행정의 역사』(1968년, 개정판『프랑스에서 국가의 역사적 보물고』, 1992)가 있다. 1974년에 공간된『검열관에 대한 사랑』과 함께 비범한 사상가로서의 모습을 드러냈다. 법학과 정신분석의 식견을 배경으로 정치적인 사랑, 법과 성적 분할, 권력과 신체성, 제도와 환영幻影이라는 일련의 주제를 독자적인 시점에서 검토한 이 시기의 저작은 고전적인 가치를 인정받은 지 오래다.『제2강 진리의 제죽』(1983)을 시작으로 자신의 고찰을 '강의'라는 시리즈로 집성하는 작업을 전개했다. 전체 9권에 이른다고 예고된 이 시리즈 중 이미 7권이 간행되었다.『제3강 거울을 가진 신』(1993)에서는 앞에서 말한 '도그마 인류학'이라는 명칭을 제안했다. 그 개념을 보여주는 저작으로서『서양에서 도그마의 물음』(1999),『'텍스트'로서의 '사회'』(2001)가 있다. 그리고 제작에 관여한 다큐멘터리 영화에 서양의 인류학적 특질을 다룬 〈서양적 인간의 제조〉(1996), 국립행정학원ENA을 주제로 한 〈국가의 거울〉(2000), 매니지먼트와 세계화의 관계를 둘러싼 〈세계의 영유〉(2006)가 있다.

현재 파리1대학 명예교수, 고등연구실습원 명예연구주임. '40개의 기둥 도그마 인류학회' 주임으로 있다.

_ 이 글은 옮긴이가 일본 위키피디아를 참조하여 정리한 것이다.

'혁명'이라는 말에 대하여 — '대혁명'으로서의 종교개혁

나중에 다시 논하겠습니다만, 현재에서 보아 그 혁명성을 가장 이해하기 힘든 것이 12세기의 중세 해석자 혁명, 또 다른 이름인 '교황 혁명'입니다. 그러므로 16세기의 '대혁명'에 대해 먼저 말하기로 하겠습니다. 버먼은 이를 '독일혁명'이라고 부릅니다. 일본어로는 통칭 '종교개혁'이라 불리는 것입니다. 그러나 이를 '혁명'이라는 이름으로 부르는 것은 그렇게 진기한 주장은 아닙니다. 혁명은 보통 영어로 'revolution'이라고 합니다. 이 말이 일반적이 된 것은 프랑스혁명의 어느 유명한 에피소드에서입니다. 1789년 바스티유 감옥이 습격을 받았을 때 당시 프랑스 국왕 루이 16세가 "반란révolte이다"라고 말하자 측근인 라 로슈푸코 리앙쿠르 공작이 "아닙니다, 폐하. 이건 반란이 아니라 혁명révolution이옵니다"라고 했다는 극적인 장면입니다.

프랑스에서 'révolution'이라는 어휘가 처음으로 등장한 것은 의외로 이른 1559년입니다. 일반화한 것은 방금 말한 것처럼 훨씬 나중의 일입니다. 루터가 종교개혁을 시행한 것은 1517년이므로 이는 그 이전에 일어난 사건입니다. 그렇다면 그것을 혁명이라는 이름으로 부르는 것은 견강부회일까요? 아닙니다. 종교개혁은 독일어로도 영어로도 머리글자를 대문자로 쓰는 'Reformation'이라고 합니다. 라틴어로는 'Reformatio'입니다. 보시는 대로 '종교'라는 말은 한 글자도 들어 있지 않습니다. 그렇다면 '대개혁'이라고 하면 될까요? 앞에서 거명한 사람들이라면 그렇지 않다고 말했을 것이고, 저도 아니라고 생각합니다. 왜일까요?

12세기 중세 해석자 혁명, 별칭으로 교황 혁명은 "유럽에서 최초의 혁명 이념"을 내세우고 있습니다. 그것은 "혁명의 슬로건", "상징적인 기도 문구이고 은유"(르장드르)였습니다. 그 슬로건, 기도, 은유란 어떤 것이었을까요? 'Reformatio totius orbis'라고 합니다. 번역하면 '세계 전체에 형태를 다시 주는 것'이 됩니다. 요컨대 '세계혁명'이라는 뜻입니다. 그러므로 'Reformatio'를 혁명이라고 번역할 만한 충분한 이유가 있는 것입니다. 버먼이 이를 '독일혁명'이라고 부른다는 것은 바로 앞에서 말했습니다만, 역시 원어를 보면 독일이라는 말은 한마디도 없습니다. 그렇다면 이를 '대혁명'이라고 번역하지 못할 이유도 없습니다. 이것도 제가 지어낸 것 같은 느낌이 들겠지만 그렇지 않습니다. 루터가 일으킨 것을 혁명이라고 부르는 역사학자는 여러분이 생각하는 것보다 훨씬 많습니다.

여기서 한 가지 확인하고 넘어가겠습니다. 'Reformation'이라는 독일어를 루터는 한 번도 사용하지 않았다는 것을 지적하며 그것만을 이유로 루터는 개혁자가 아니었다, 아니 종교개혁 자체가 그렇게 내실 있는 것이 아니었다는, 터무니없는 말을 하는 사람도 있습니다. 확실히 '프로테스탄트'라는 말도 루터가 만든 것은 아니었으니까요. 하지만 그러한 논리가 통한다면 예수 그리스도 자신도 그리스도교라는 새로운 종교의 개조開祖라고 말할 증거는 아무것도 없습니다. 예수에게는 유대교의 한 분파 우두머리라는 자각밖에 없었습니다. 당연히 '그리스도교'라는 말도 사용하지 않았습니다. 그렇다면 과연 예수 그리스도는 그리스도교의 창시자가 아니라는 이야기가 되는 걸까요?

폭력혁명이 '전부'인가

본론으로 돌아갑시다. 특히 버먼은 여섯 혁명을 동질의 것으로 취급합니다. 저는 거기에 다른 의견을 갖고 있습니다. 'Reformation'과 'Revolution'이라는 어휘의 차이를 넘어 거기에는 뭔가 확실한 이질성이 있는 것 같습니다. 그것에 대해서는 서두르지 않고 천천히 보도록 하겠습니다. 그러나 '혁명'이라는 말을 입에 담은 이상, 미리 이것을 말해두지 않으면 안 됩니다. 우리가 '혁명'이라는 말을 듣고 떠올리는 것은 무엇일까요? 폭력이고 유혈이며 참극입니다.

영국혁명의 일부를 이루는 명예혁명은 영어로 'Glorious Revolution'이라고 합니다. 이 'Glorious'라는 말은 신학적으로는 신의 빛이나 영광에서 유래하기 때문에 '신의 영광의 혁명'이라고 번역하면 아무리 뭐라고 해도 다소 지나친 감이 있습니다. 그렇지요. '빛나는 혁명', '영광스러운 혁명'이라고는 번역할 수 있습니다. 왜 그렇게 불리는 걸까요? 무혈혁명이었기 때문입니다.

엄밀히 말하자면 제임스 2세를 지지하는 가톨릭이 많았던 아일랜드나 스코틀랜드 등에서는 전투가 일어났고, 애초에 이 사건 자체가 잉글랜드에 대한 네덜란드의 대규모 군사행동으로 다시 파악

할 수도 있습니다. 고등학교 세계사 교과서에 쓰여 있는 대로, 이는 특히 프랑스 왕 루이 14세를 중심으로 한 국제관계상의 흥정을 앞질러 오라니에 공작 빌렘 또는 오렌지 공작 윌리엄이 이끄는 네덜란드군의 전격적인 상륙작전이기도 했기 때문입니다.

그래도 잉글랜드에서는 피를 흘리지 않았습니다. 그것이 '영광'이라고 생각되었던 것입니다. 나중의 프랑스혁명, 미국혁명, 러시아혁명에서는 모두 피를 흘렸습니다. 당연한 것처럼. 많은, 너무 많은 피를 흘렸습니다. 그래서 우리는 혁명에 대해 생각할 때 폭력의 기억을 환기하지 않을 수 없습니다.

하지만 그래도, 이런 질문을 던져봅시다. 혁명은 일의적으로 폭력혁명일 수밖에 없는 걸까요? 폭력혁명이 유일한 혁명이고, 혁명의 '전부'일까요? 다른 혁명은 있을 수 없는 걸까요? 혁명의 다른 형식이 있을 수 있었고, 있을 수 있고, 앞으로도 있을 수 있는 게 아닐까요?

좌익이건 우익이건—보수혁명이라는 말이 있으니까요—모두 이 점을 눈여겨볼 수 없었습니다. 그러므로 볼썽사납게 좌고우면 할 수밖에 없게 되었습니다. 그들은 폭력혁명이 아니면 혁명이 아니라고 생각하고 있습니다. 폭력이야말로 급진적이라고 생각하고 있습니다. 따라서 폭력을 입에 담지 않으면 안 되고, 그렇게 하지 않으면 급진적으로 간주되지 않을 거라고 겁내고 있습니다. 그러면서도 또 폭력혁명을 직접적으로 주창하면 놀랄 만큼 무참했던 학살의 역사에 이름을 올리게 되지 않을까 하고 겁내고 있습니다.

그러므로 아이러니컬한 표정을 핑계로 한 참혹한, 말 그대로 '우왕좌왕'하고 있는 것입니다. 우리는 보게 되겠지요. 혁명의 본뜻이 그런 데 있는 게 아니라는 것을. 아무리 멀고 먼 데서 깜박거리는 희미한 빛 같은 덧없는 가능성이라고 해도, 우리는 다른 혁명을 목적으로 살아가는 것을 몇 번이고 거듭하고 다시 다른 혁명에 걸 수 있다는 것을. 가능했고, 가능하고, 가능할 것이라는 것을.

대혁명이란 성서를 읽는 운동이다

돌아갑시다. 그 혁명으로. 물음은 이렇습니다. 마르틴 루터가 일으킨 '대혁명'이란 무엇인가.

한마디로 하지요. 대혁명이란 성서를 읽는 운동입니다. 루터는 무엇을 했을까요? 성서를 읽었습니다. 그는 성서를 읽고, 성서를 번역하고, 그리고 수없이 많은 책을 썼습니다. 이렇게 하여 혁명이 일어났습니다. 책을 읽는 것, 그것이 혁명이었던 것입니다. 반복되지 않으면 안 됩니다. 이것 역시 저의 독창적인 것이 아닙니다. 일반적인 역사학자의 책에도, 프로테스탄트 신학 연구자의 책에도 쓰여 있는 것, 즉 상식에 속하는 것입니다.

한 가지 보조선을 쳐두기로 할까요. 최근의 루터 연구 또는 종교개혁 연구는 이른바 '신앙의 영웅으로서의 루터상'을 상대화하는 방향으로 나아가고 있습니다. 츠빙글리나 칼뱅뿐 아니라 그 밖에도 무수한 무명의 개혁자가 있었고, 민중이나 제후 그리고 교회 내부에서도 다양한 개혁으로의 물결이 저변에 흐르고 있었습니다. 따라서 루터는 그중의 하나에 지나지 않았습니다. 제가 입수한 문헌의 대부분도 그러했습니다. 그러나 그런 문헌을 읽으면 읽을수록 어쩐 일인지 역설적이게도 루터의 위대함이 두드러지는 인상을 받습니다. 그것은 저의 자의적인 판단이 아닌 것 같습니다.

그리스도교 세계의 부패

그러면 루터가 살았던 16세기는 12세기의 중세 해석자 혁명, 즉 교황 혁명의 성과가 완전히 사라지고 있었습니다. 12세기의 혁명에 의해 정비된 제도적 일관성을 가진 '그리스도교 공동체'로서의 '교회'는 이미 부패하여 거의 기능부전에 빠져 있었습니다. 고위 성직자 자리는 '기득권'이 되어 있었습니다. 그런 교회직에 취임하면 영지 또는 재산에서 수익을 얻을 수 있었으니까요. 그 수익을 얻을 권리와 그 권리에 의한 수입을 '성직록聖職祿'이라고 합니다.

요컨대 아버지의 영지를 그대로 상속받지 못하는 귀족의 차남이나 삼남이 연줄이나 재력으로 이를 사들여 능력도 사명감도 없는 채 성직에 취임했습니다. 신학 문헌 같은 것은 읽은 적도 없고 성서조차 읽지 않았으며, 심지어 글자도 읽지 못하는 사람들까지도. 나중에 다시 상세히 말하겠지만, 여기서 교회라는 것은 우리가 생각하는 '내면의 신앙'을 위해서만 존재하는 장소가 아닙니다. 민중의

'목회' 즉 '영혼의 안내'를 위한 제도였습니다.

구체적으로는 빈곤 대책, 결혼 제도, 교육, 풍기 단속, 계약 소송 등 '삶의 제도'를 담당하는, 버젓한 정치제도였던 것입니다. 그것은 교구를 단위로 했고, 지금도 유럽에는 그만큼 그물망처럼 구석구석까지 들어가 있는 조직은 없다고 합니다. 그런데도 금전을 위해 복수의 성직록을 갖는 것이 횡행했습니다. 거리적으로도, 정신적으로도 완전히 떨어진 교구를 한 사람이 담당하는 것이므로 당연히 '목회'는 소홀해집니다.

민중의 불만은 심해질 뿐이었습니다. 예컨대 1506년 슈트라스부르크 주교가 된 빌헬름 폰 혼슈타인은 28년의 재임 기간 중 놀랍게도 고해나 설교를 단 한 번도 하지 않았습니다. 15세기 후반 마인츠 대주교였던 디터 폰 이젠부르크가 미사를 집전한 것은 평생 단한 번뿐이었습니다. 도대체 돈만을 위해 주교가 된 남자가 자기 교구의 부정이나 범죄를 밝혀낼 수 있었을까요? 그렇게 생각할 수 있는 근거는 어디에 있을까요? 그들은 처음부터 위로부터의 강압적 명령으로 인한 부수입에, 그 안일함에 푹 빠져 있었습니다.

또한 수도원 제도라는 게 있었습니다. 이를 '그리스도교 최대의 발명'이라고 하는 연구자도 있습니다. 상세히 설명할 시간은 없습니다만, 요컨대 수도원은 그리스도교에 내재하는 혁명적 잠재력을 봉인도 하지만 그보다는 오히려 비호하는 장소였고, 또한 중세 그리스도교의 영성이나 철학의 위대한 달성을 담당한 제도였습니다. 한 예를 들어보겠습니다.

사람이 세속의 지배자들에게 복종할 의무를 지는 것은 정의의 명령이 그것을 요구하는 범위 안에서다. 따라서 이런 지배자가 권력의 정상적인 권원權原을 갖지 않고 그것을 참칭하는 것이라면, 또 그들이 불공정한 행위를 명령한다면, 그들의 신민은 비방이나 뭔가 특수한 위험을 피하는 것이 문제인 특별한 경우를 제외하고는 그들에게 복종할 의무가 없다.

유럽 역사상 처음으로 명확히 저항권을 정의했다고 말하는 논자도 적지 않은 이 문구는 대체 누구의 글인지 아십니까? 물론 정식 명칭을 '설교자 수도회'라고 하는 도미니크회에서 훈련을 받은 성 토마스 아퀴나스입니다.

수도원은 귀족의 사치스러운 사교장으로 전락했다

수도원 제도는 이런 문구를 가능하게 하는 장소였습니다. 그럴 터였지요. 하지만 이 시대에는 수도사가 농민에게 토지를 빌려주고 빚을 담보로 그 농민의 딸을 욕보이는 등의 일이 벌어졌습니다. 그것이 어느 정도 일반적이었는지는 알 수 없습니다. 그러나 그것을 풍자하는 판화 등이 발견되는 것을 보면 제법 있었던 일이었겠지요.

수도원은 원래 학문과 노동과 금욕과 명상의 장소입니다. 그러나 부패한 수도원은 이제 귀족들이 사치스러운 생활을 하는 소굴,

패셔너블한 사교장으로 전락해갔던 것입니다. 오늘날에도 많이 존재하는, 부르주아지가 모이는 넓은 의미에서의 '자기 계발'을 위한 '연구회'나 '이업종 교류회', 완전 회원제의 사교클럽 또는 고액의 입회금을 받는 트레이닝 짐의 요가나 필라테스 등의 모임을 생각하면 됩니다. 이름을 들으면 일반인이라도 짐작이 가는 위대한 성인들의 이름이 들어간 수도회의 상황이 이랬습니다.

또한 15세기 말 교회는 미신이나 마술을 단속한다며 민중들 사이에 퍼져 있던 신앙의 형태를 탄압했습니다. 그 대신 정통 교회에 의한 성스러운 수행의 공덕을 얻고 싶으면 고액의 금전을 지불해야만 했습니다. 요컨대 '성스러운 것의 독점 판매'라는 것이지요. 이는 민중에게 부당한 굴욕이었습니다. 왜냐하면 이는 그리스도교 자체가 금하고 있는 '성스러운 것의 매매'라는 중대한 죄를 의미했기 때문입니다. 이런 명백한 모순을 초래한 채 희희낙락하며 착취만 하는 정치제도에 대한 불신이 퍼져나가는 것은 당연했겠지요.

거듭 확인하자면 민중은 세금을 내고 있었던 것입니다. 나중에 말하겠지만, 이런 교회의 성직자 위계제도는 관료제의 기원이므로, 이것은 바로 정치와 관료제의 부패 그 자체였던 것입니다. 속유장贖宥狀, 이른바 면죄부는 수많은 부패 중의 하나에 지나지 않습니다.

성 안나에의 서원, 수도사 루터의 탄생

한창 이런 때였습니다. 마르틴 루터가 성서를 읽은 것은. 그는 부모의 반대를 무릅쓰고 동의도 받지 않은 채 수도사가 되었습니다. 여행 도중 거센 폭풍우를 만나 벼락을 맞을지도 모른다는 공포에 벌벌 떨던 그는 마리아의 어머니인 성 안나에게 가호를 빌며 목숨만 살려준다면 수도사가 되겠다고 맹세했습니다. 여담이지만 예수만이 아니라 마리아도 원죄에서 벗어나게 해주기 위해 15세기에는 안나도 성령에 의해 처녀로 수태했다는 신앙이 퍼져 있었습니다. 예수를 임신한 마리아를 임신한 안나, 그 안나와의 약속을 지키기 위해 루터는 성 아우구스티노 수도회에 들어갑니다. 그리고 성서를 읽기 시작한 것입니다.

루터의 고뇌 — 나는 신을 증오했다

한이 없으므로 신학적인 논의에는 개입하지 않기로 하고, '탑 안에서의 체험'이라는 그의 고뇌 체험을 특권시하는 것도 새삼스러운 일이라고 생각합니다. 다만 우리가 볼 때 기묘한 생각, 그렇지요. 자크 라캉이 "역설적이게도 무신론이란 성직자밖에 짊어질 수 없는 것이다"라고 말했습니다만, 루터도 그런 생각에 접했다는 것만은 확인해둡시다. 그는 이렇게 말했습니다.

나는 죄인을 벌하는 정의의 신을 사랑하지 않았다. 아니, 증오했다. 그리고 모독이라고는 말하지 않아도 신에 대해 분노를 안고 있었다. 가련한, 영원히 상실된 죄인을, 죄 때문에, 십계명에 의해 온갖 종류의 재앙으로 우리를 압박하는 것만으로 신은 만족하시지 않는 걸까?

최후의 심판이라는 게 있습니다. 그때 죄를 지은 사람은 심판을 받습니다. 그 죄를 해소하기 위해서는 그것을 고백하고 참회해야 합니다. 그런 행위에 의해 죄가 상쇄된다고 했습니다. 그러나 자신의 모든 죄를 기억하고 있어서 그 모든 것을 하나도 빠짐없이 고백할 수 있을까요? 그것은 불가능하지 않을까요? 참회하는 걸 잊어버린 죄, 상쇄되지 않은 죄가 남지 않을까요? 실제로 젊은 루터는 거의 강박신경증적으로 기억을 계속 파헤쳐 고백하는 걸 잊어버린 일이 있다고 하면서 하루에 몇 번이고 고해실로 되돌아갔습니다.
 하지만 이런 노력은 허사입니다. 무의미합니다. 최후의 심판에서는 전원이 지옥에 떨어지게 됩니다. 항상 신의 기억이 인간의 기억보다 윗길이기 때문입니다. 신은 전지전능하고 우리를 보고 있기 때문입니다. 참회하는 걸 잊어버린 죄를 신은 이미 알고 있는 것입니다. 그렇다면 최후의 심판이라는 것은 구제도 뭐도 아니게 됩니다. 단적으로 신에 의한 전 인류의 학살입니다. 그런 신을 사랑할수 있을까? 도대체 단순한 학살자인 신을 섬겨야 하는 의무가 있을까?―루터는 여기까지 생각했던 것입니다. 여기에 분명히 적혀 있네요. 신을 미워한다고 말이지요. 신에게 분노를 품고 있다고 말이지요. 이것을 무신론이라고까지 말해버린다면 정확하지 않겠지만, 아무튼 분명히 이단입니다. 나중에 그가 선고받은 것처럼, 이것은 '엄청난 이단'인 것입니다.

그런데 이것을 어떻게 극복했는지는 여러분도 아실 겁니다. 우리의 논지에서 벗어난 것이므로 여기서는 간단히 복습만 해두기로 하겠습니다. 루터는 지금 말한 고백 같은 인간의 적극적인 행동에 의해 인간의 죄 없음, 즉 '올바름'이 보증되어 구제가 이루어지는 것이 아니라고 생각했습니다. 그것은 "신앙에 의해서만^{sola fide}" 보증됩니다. 적극적인 인간의 행동이 아니라 인간이 수동적으로 받아야 할 신의 은총에 의해서만 보증된다고 생각했던 것이지요. 물론 이를 정밀하게 논하면 그것만으로 한 권의 책이 되고 말기 때문에 상세한 데까지 들어가지는 않겠습니다. 교과서적인 이해뿐이어서 죄송합니다만, 그가 얼마나 철저하게 사고한 인간이었는지 그 일단만이라도 이해해주었으면 합니다. 다음으로 넘어가겠습니다.

루터는, 책을, 읽었다

떠올려봅시다. 우리는 무엇을 논하고 있었던 걸까요? 책을 읽는다는 것은 어떤 것인가, 읽고 쓰고 번역한다는 것은 어떤 일인가, 하는 것에 대해서였습니다. 루터는 무엇을 했을까요? 성서를 읽었습니다. 그의 고난은 여기에 있습니다. 바로 여기에. 무슨 일일까요?

그는 알았던 것입니다. 이 세계에는, 이 세계의 질서에는 아무런 근거도 없다는 것을. 성서에는 교황이 높은 사람이라는 따위의 이야기는 쓰여 있지 않습니다. 추기경을, 대주교 자리를, 주교 자리를 마련하라고도 쓰여 있지 않습니다. 황제가 높은 사람이라고도 쓰여 있지 않습니다. 교회법을 지키라고도 쓰여 있지 않습니다. "십계명을 지켜라"라고 쓰여 있을 뿐입니다. 수도원을 지으라고도 쓰여 있지 않습니다. 공의회를 열라고도, 그 결정에 따르라고도 쓰여 있지 않습니다. 성직자는 결혼해서는 안 된다고도 쓰여 있지 않습니다. 면죄부는 논할 계제도 못 됩니다. 몇 번을 읽어도 그런 것은 쓰여 있지 않기 때문입니다. 오히려 그 반대 이야기가 쓰여 있습니다.

책을 읽고 있는 내가 미친 것일까,
아니면 이 세계가 미친 것일까

　　루터는 이상할 정도로 — '이상해질 정도'로 — 철저하게 성서를 읽고 또 읽었습니다. 그렇게 돈이 있었던 것도 아니었을 텐데 (아마 돈을 빌리지 않았을까요), 성서의 일부분을 일부러 여백이 많은 종이에 베껴 쓰게 하여 몇 번이고, 몇 번이고 메모를 해가며 되풀이해서 읽기까지 했습니다. 라틴어도 그리스어도 히브리어도 공부하여 몇 번이고 몇 번이고 읽습니다. 데이터베이스에서 단번에 검색하는 정도의 일이 아닙니다. 되풀이하고 되풀이해서 몇 번이고 읽어도 그런 것은 쓰여 있지 않습니다.

이 세계의 질서에는 아무런 근거도 없습니다. 게다가 그 질서는 완전히 썩어빠졌습니다. 다른 사람은 모두 이 질서를 따르고 있습니다. 이 세계는 그리스도교의 가르침에 따른 것이고, 따라서 이 세계의 질서는 옳고 거기에는 근거가 있다고 생각하고 있습니다. 모든 사람이. 루터를 제외하고. 교황이 있고 추기경이 있고 대주교가 있고 주교가 있고 수도원이 있고, 모두 따르지 않으면 안 된다고. 하지만 아무리 읽어도 성서에는 그런 것이 쓰여 있지 않습니다.

책을 읽고 있는 내가 미친 것일까, 아니면 이 세계가 미친 것일까?

그것은 바로 이런 것입니다. 책을 읽는다는 것이 얼마나 가공할 만한 것인가. 그것에 대해서는 전날 밤에 이야기했습니다. 시인 스테판 말라르메가 신문 따위와 책은 격이 다르다고 말했습니다. 왜냐하면 책은 "많이 접어져 있기" 때문이라고 말이지요. 도대체 무슨 얼빠진 소리냐고 생각할지도 모르겠습니다. 그러나 이것은 본질적인 것입니다. 책이라는 것은 한 장의 종이를 여러 번 접고 재단하여 만듭니다. 하지만 그렇게 많이 접어 '책'이 되면, 급하게 한 장의 종이로 만든 문서나 두 장으로 접어서 펼친 서류와 달리 몇 번 읽어도 알 수 없게 됩니다. 몇 번 읽어도, 몇 번 눈을 집중해도 모든 지식을 자기 것으로 했다는 확신이 별안간 완전히 사라져버립니다. 신기한 일입니다만 이것은 사실입니다. 반복합니다. 책은 읽을 수 없습니다. 읽을 수 있을 리가 없습니다. '책'으로 만들자마자 몇 번 읽어도 알 수 없게 됩니다. 그런 책만이 책입니다.

기도와 시련으로서의 독서

루터가 말했습니다. 읽는다는 것은 무엇인가. "기도이고 명상이고 시련이다." 전날 밤에 수많은 위대한 문학자가 소수의 책을 되풀이해서 읽는 것이라고 말했다고 지적했습니다. 또 '모든 것'을 알고 있다고 믿어버리면 니체가 말한 대로 '회임'은 찾아오지 않는다고. 루터도 같은 말을 했습니다. 되풀이해서 읽으라고 충고하고 나서 그는 이렇게 말을 잇습니다.

그러나 이에 질려 한 번도, 두 번도 이미 충분히 읽었고 들었고 말했다. 뭐든지 근저에서부터 알고 있다는 식으로 생각하지 않도록 주의하라. 그런 생각을 갖는 자는, 때 아닌 때에 열매를 맺는 과일 같은 것으로, 절반도 익지 않은 채 떨어져버릴 것이다.

그는 읽었습니다. 그리고 불현듯 깨달았습니다. 이 세계는 이 세계의 근거이자 준거여야 할 텍스트를 따르고 있지 않다는 것을. 이 세계의 성립 근거를 찾아 아무리 성서를 읽어도 거기에는 아무것도 쓰여 있지 않았습니다. 무서운 일입니다. 책은 읽을 수 없는 것이니까, 자신이 틀렸을지도 모릅니다. 주위 사람들은 다들 이 세계에는 준거가 있다고 생각하고 있습니다. 자신만 미쳤는지도 모르는 일입니다. 그륀베델처럼요. 저는 이를 '준거의 공포'라고 부른 적이 있습니다. 아무리 읽어도 정말 그것이 그 책에 쓰여 있었는지 완전한 확신을 가질 수 없습니다. 책이란 그런 것입니다. 책에 그렇게 쓰여 있었다, 그렇게 생각한다, 정확한 근거를 보여준다, 그렇게 생각한다, 하지만 그것은 전적으로 그저 자신의 망상일지도 모릅니다. 책이라는 거울에 비친 자신의 무의식이 만들어낸 망상에 지나지 않을지도 모릅니다. 이런 준거의 공포에 사로잡히면서, 그래도 자신이 틀렸다고 생각되지 않는다면 추궁해야 합니다— 반복하겠습니까? 책을 읽고 있는 내가 미친 것인가, 아니면 이 세계가 미친 것인가, 하고 말입니다.

반복합니다. 책을 읽고 텍스트를 읽는다는 것은 그런 정도의 일입니다. 자신의 무의식을 쥐어뜯는 일입니다. 자신의 꿈도 마음도 신체도, 자신이 살고 있는 세계 일체를, 지금 여기에 있는 하얗게 빛나는 종이에 비치는 글자의 검은 줄에 내던지는 일입니다. 더군다나 이것은 성전입니다. 성전을 바꿔 읽는 일입니다. 왜냐하면 바꿔 쓰는 일이기도 하기 때문입니다. 거기에는 버지니아 울프가 말한 '고독한 싸움'밖에 기다리고 있지 않습니다. 그러나 역시 루터는 아무래도 자신이 미쳤다고는 믿을 수 없었습니다. 아무리 눈을 비벼도 거기에는 그렇게 쓰여 있고, 또는 그렇게 쓰여 있지 않았습니다. 그렇다면…… 이보다 더 중요한 일은 있지 않으므로 몇 번이고 말합니다. 책을 읽는다는 것은 그런 것입니다. 정면으로 받아들일 수밖에 없게 된다는 것입니다. 그리고 그렇게 쓰여 있다고밖에 믿을 수 없다면 그렇게 할 수밖에 없다는 것입니다. 그렇다면 그는 어떻게 했을까요? 아세요?

루터, 이 언어의 사람

그는 언어의 사람입니다. 그는 읽고 썼습니다. 그는 번역하고 설교했습니다. 그는 노래하고 논쟁했습니다. 앞에서 말한 것처럼 루터 전집은 127권입니다. 그는 언어를 단순한 기호이자 현실의 반영에 지나지 않다고 생각하지 않았습니다. 그는 이렇게 말했습니다. "신에게서 말하는 것은 행하는 것이고 언어는 행위다." 그렇습니다. 그도 계속해서 그렇게 말하고 쓰게 됩니다.

95개조의 의견서에 천사가 내려온다

먼저 루터는 그 유명한 95개조의 의견서를 냅니다. 이는 행운이었습니다. 예컨대 종이의 생산량 상승이나 안경의 보급, 그리고 활판인쇄의 등장, 이러한 일련의 사회적 정비가 준비되고 있던 이 시기가 아니었다면 그는 죽임을 당할 뿐이었겠지요. 그러나 그는 내기에 이겼습니다. 이 의견서는 놀랄 만한 기세로 유럽 전역으로 퍼져나갔습니다. 번역되고 인쇄되어 순식간에. 확실히 당시에는 저작권이 없었으므로 무단으로 계속 인쇄될 수 있었습니다. 그 대신 유통이 없었습니다. 그러므로 역시 기적적인 일이었다고 말하지 않을 수 없습니다. 1517년입니다. 문맹률이 95퍼센트, 따라서 식자율은 단 5퍼센트에 불과했습니다. 95개조의 의견서 원문은 라틴어로 쓰여 있었으므로 그대로 읽을 수 있었던 사람은 1퍼센트도 안 되었겠지요. 그래도 그것은, 루터 자신이 말하기를 "마치 천사 자신이 사자使者가 된 것처럼" 퍼져나갔던 것입니다.

또한 그는 "인쇄술, 그것은 신이 내려주신 최대의 은총이다"라고도 말했습니다. 책의 출판과 유통에 종사하는 사람들 모두에게 말하고 싶습니다. 당신들은 천사와 같은 일에 종사하고 있다고 말이지요. 이것을 잊어서는 안 됩니다. 긍지를 잃어서는 안 됩니다. 천사 같은 일이라는 건 대체 어떤 것일까요? 그것은 또 무함마드 이야기를 할 때로 돌아가는 일이 되겠지요.

장뤼크 고다르가 1990년대 초에 말했습니다. 현대는 정보사회라고 해도 사실은 전달이 늦어졌다고 말이지요. 옛날 유럽에서는 오스만투르크군이 침공해오면 즉각적으로 그 소식이 유럽의 변방까지 전해졌다고 합니다. 그 당시에 비하면 분명히 현대는 정말 중요한 일이 전해지지 않게 되었습니다. 저도 그렇게 생각합니다. 우리는 늦어지고 있습니다. 늦어지고 무뎌지고 있습니다. 정보를 얻으려는, 빨리 얻으려는 초조함, 죄인 초조함에 의해서요.

그는 '그녀'를 만나러 왔다, 하얀 장미 한 송이를 들고

간단히 말하지요. 이러저러한 우여곡절을 거쳐 루터는 가톨릭교회에서 파견된 요한 에크와 라이프치히 논쟁을 벌입니다. 여기서 루터는 하얀 장미 한 송이를 들고 나타납니다. 하얀색은 순결의 색 그리고 천사의 색이기도 합니다. 이때의 모습은 라이프치히에 속요로 남아 있습니다. "신부님, 신부님, 어디 가나요? 하얀 장미 한 송이 들고 멋진 애인 만나러 가나요?" 다소 놀리는 듯한 노래라고 생각하지요? 그런데 그렇지도 않습니다. 그는 성 안나를 만나러 왔으니까요. 그날의 약속을 거듭 지키기 위해서 말이지요.

그런데 신학적으로 누가 옳은가 하는 것은 이 토론에서 문제가 되지 않습니다. 왜냐하면 요한 에크는 루터가 스스로 이단임을 보여주는 실언을 하도록 유도하기만 하면 되었기 때문이지요. 루터는 "얀 후스는 옳다", "교회도 잘못을 저지른다"라는 치명적인 말을 해버립니다. 당연하지요. 책에 그렇게 쓰여 있다면. 그렇게 믿을 수밖에 없었다면 말이지요. 그리하여 루터는 대이단임을 선고받습니다. 이단에도 단계가 있는데, 당연히 대이단은 최대의 이단입니다.

나, 여기에 선다. 나에게는 달리 어떻게 할 도리가 없다

루터는 "설사 보름스 시내 지붕의 기와가 모두 적이 되어 습격해온다고 해도 나는 간다"라고 말하며 합스부르크 제국의 전성기를 창출한 황제 카를 5세가 기다리는 보름스 국회의 소환에 응합니다. 거기서 주장을 철회하라는 요구를 거절하고 이렇게 말합니다. 무척 유명한 대사인데 인용해보겠습니다.

성서의 증언이나 명백한 이유를 가지고 따르게 하지 못한다면, 나는 계속 내가 든 성구를 따르겠다. 나의 양심은 신의 말에 사로잡혀 있다. 왜냐하면 나는 교황도 공의회도 믿지 않기 때문이다. 교황이나 공의회는 자주 잘못을 저질렀고, 서로 모순된 것이 명백하기 때문이다. 나는 내 주장을 철회할 수 없고 그럴 생각도 없다. 양심에 반하는 일을 하는 것은, 확실하기는 해도 득책得策은 아니기 때문이다.

신이시여, 저를 도와주소서. 아멘.

나, 여기에 선다. 나에게는 달리 어떻게 할 도리가 없다.

중요한 것은 이것이 '준거'에 대해 말하고 있다는 점입니다. 자기 자신이 읽은, 그렇게 쓰여 있다고밖에 믿을 수 없는 말을 근거로 한다는 선언입니다. 거기서 물러서게 하려면 성서의 전거를, 명확한 근거를 보여달라는 것입니다. 그의 싸움은 말의 싸움이고, 어떤 말을 성구로 할 것인가, 어떤 말을 법으로 할 것인가 하는 싸움이며, 준거의 싸움이었습니다. 이것은 명백하게 이렇게 표현되어 있습니다. "나는 내가 든 성구를 계속 따르겠다." 따라서 "나에게는 달리 어떻게 할 도리가 없다."

여기서 그가 '법의 바깥'에 놓이도록 선고받은 것은 유명합니다. 어쩐 일인지 요즘에는 '법의 바깥'이라고 하면, 곧장 상스럽게 흥분하여 이상한 말을 하는 철학자가 많은 것 같습니다. 그런데 근세 최대의 '무법자outlaw', 즉 법의 바깥에 있었던 자는 루터입니다. 그리고 그 루터는 말의 사람이었습니다. 이것을 소홀히 해서는 안 됩니다.

『9월성서』— 독일어를 가다듬다

루터는 성서를 독일어로 번역하는 일에 착수합니다. 1522년 9월 『신약성서』의 독일어 번역, 통칭 『9월성서』가 출판됩니다. 초판 2000부라고도 3000부라고도 하는데, 12월에는 재판이 나옵니다. 가격은 소 한 마리 값이었다고 합니다. 그런데도 믿을 수 없는 기세로 팔려나갔습니다. 다음으로 차례차례 저작을 써나갑니다. 제국의 언어, 보편어인 라틴어가 아닌 독일어로 저서를 쓰는 것은 '바보 같은 짓이다'라는 비난을 받았습니다. 그래도 독일어로 썼습니다. 독일어로 써도 식자율은 5퍼센트였으므로 두려움이 앞설 만큼 절망적인 상황이었습니다. 그러나 루터는 언어로 호소하는 일을 그만두지 않았습니다. 이리하여 16세기 최대의 저작가, '문학자'가 됩니다.

16세기 초까지 독일어 서적 간행 종수는 단 40종에 불과했습니다. 그런데 루터가 등장하자마자 1523년에는 498종에 이릅니다. 그중 418종은 루터와 그의 적대자에 의한 것이었습니다. 사실 1519년 루터 책의 출판 부수는 독일 전체 출판물의 3분의 1, 1523년에는 5분의 2에 달했습니다. 좀 더 넓게 잡아도 1500년부터 1540년까지 독일의 전체 서적의 3분의 1을 차지합니다. 참고로 말하자면 『9월성서』는 1534년까지 85쇄를 찍어냈고 10만 부가 팔렸습니다.

그러나 식자율이 5퍼센트였으므로 많은 이가 읽을 수 없었습니다. 당연히 루터는 설교의 달인이었고, 그 설교도 민중에게 큰 영향을 끼쳤습니다. 루터에 의해 설교는 가장 중요한 의식, 즉 성사聖事에 버금가는 중요성을 갖게 되었다는 역사가도 있을 정도로 루터파 수도사들은 열심히 민중 안으로 들어가 설교를 했습니다. 그러나 그것만이 아니었습니다. 글을 읽을 수 없는 사람도 루터의 책을 샀습니다. 책을 사서 읽을 수 있는 사람에게 읽어 달라고 했습니다. 또는 '집단 독서'라고 하여 많은 사람이 한곳에 모여 루터가 번역한 성서나 그의 저작을 낭송하고 함께 들었습니다. 또한 아주 정교하게 그려진 그림이 들어간 목판화 전단지가 살포되었습니다. 거기에는 노래하거나 간단히 낭송할 수 있는 운이 들어간 텍스트가 쓰여 있었습니다. 이렇게 해서 민중 속으로 급속히 침투해 들어간 것입니다.

당연히 다음의 것을 지적해야 합니다. 성서를 번역하고 또 고도高度의 내용을 쓰기에 부적합한 언어로 여겨졌던 독일어를 구사하여 대량의 저작을 써냄으로써 그는 무엇을 한 것일까요? 민중의 졸렬한 언어에 지나지 않은 것으로 여겨지던 독일어를 잘 가다듬어 근대 독일어, 즉 우리가 앞에서 정의한 의미에서의 독일 '문학' 창시자가 되었던 것입니다. 물론 근대 독일어 전체가 그 한 사람에 의해 정초되었다고까지는 말할 수 없습니다.

자세한 사정을 들여다보면, 그의 독일어 권위에 의해, 예를 들어 저지독일어Niederdeutsch가 억압되었다고 운운하는 것은 얼마든지 지적할 수 있습니다. 그러나 어쨌든 40년간 독일어로 나온 책의 3분의 1을 썼던 사람이니까요. 또한 그가 독일 문학에 끼친 방대한 영향은 없었던 것으로 할 수 없습니다. 진정한 의미에서 독일어가 독립할 수 있게 되기까지는 아직 시간이 필요했습니다. 나중에 말하겠지만, 30년 전쟁의 참화도 있었으니까요. 그래도 후대의 독일 문학 그리고 독일 철학의 정수, 그 엄청난 위대함을 생각하려면 루터라는 남자가 가진 '문학'의 힘, 즉 읽고 쓰고 번역하고 편찬하고 설교하는 힘이 어느 정도였는지 알자는 것입니다.

내일 세상에 종말이 올지라도, 나는 오늘 한 그루의 사과나무를 심겠다

이 책 여기저기에서도 독일 '문학'을 인용했고 또 앞으로도 하게 되겠지요. 다음과 같이 루터가 했다고 전해지는 말이 있습니다. 루터가 했다고 전해진 말이라는 것은 루터 자신이 말했다는 확증이 없다는 뜻입니다. 그러나 전설로 전해지는 것은, 다들 루터가 이런 말을 했다고 해도 이상하지 않다고 생각했다는 것이기도 합니다. 이렇습니다. "내일 세상에 종말이 올지라도, 나는 오늘 한 그루의 사과나무를 심겠다." 그가 적어도 독일 문학이라는 사과나무를 심었다는 것은 틀림없습니다. 물론 그것뿐만이 아닙니다.

독일 찬송가의 창시자, 음악가 루터

루터는 음악을 무척 사랑하고 중요시했습니다. 그가 말하길, "음악은 가장 아름답고 가장 고귀한 신의 선물 가운데 하나입니다." 그 자신은 성가대에서 음악 훈련을 받았고 스스로 작곡도 했는데, 그 독일어 찬송가는 지금도 교회에서 불리고 있습니다. 테너 가수로서도 뛰어났고 가수 길드의 열성적인 지지자기도 했습니다. 루터가 등장할 때까지 교회에서 찬송가가 불리는 일은 거의 없었습니다. 애초에 가사가 라틴어고 신자는 노래할 수 없었으니까요. 루터는 독일 코랄(찬송가)의 창시자기도 했습니다. 신자들이 입을 맞춰 자신들이 이해할 수 있는 독일어로 낭랑하게 찬송가를 부릅니다. 이는 바로 루터 신학의 '만인사제萬人司祭'라는 이념이 체현되어 있는 광경이라고 할 수 있겠지요. 그때까지 노래 또는 춤이 교회나 공의회에서 다양한 논의를 불러일으켰고, 부정적으로 취급되는 일도 드물지 않았다는 것을 생각하면, 이것은 무척 흥미로운 일입니다. 아울러 츠빙글리나 칼뱅 등 다른 개혁파 대표자들도 음악에 부정적이거나 거의 관심을 기울이지 않았습니다.

그렇지요. 클래식 음악을 사랑하는 분들은 이미 알고 있는 사실이겠지만, 바흐는 루터와 연고가 있는 아이제나흐에서 태어나 루터와 같은 성 게오르크 학교 출신입니다. 바흐의 장서 중에 '루터 저작집'이 두 종류나 발견된 것을 보면 확실히 영향을 미쳤던 것으로 보입니다. 바흐의 교회 음악은 루터 없이는 있을 수 없었습니다. 알베르트 슈바이처가 바흐 연구서에서 "바흐에게 음악은 예배였다"라고 한 것도 알기 쉬운 이치입니다.

이는 나중에 말할, 루터가—구빈救貧을 그 관할 아래에 두는—

교회법을 부정한 그 구멍을 메우는 작업의 일환이었다고도 말할 수 있습니다. 그런데 루터는 1520년 비텐베르크 빈민구제법이라는 법률을 공포하고 이렇게 선언합니다. "지금부터 이 도시에 가난한 자는 한 사람도 없다. 구걸을 하는 자는 한 사람도 없다." 실제로 이 법률은 효력을 발휘합니다.

또한 공교육에 끼친 그의 방대한 영향도 지적해두어야 합니다. 중요한 것은 그가 여성에게도, 즉 소녀에게도 교육을 해야 한다고 분명히 말한, 아마 유럽 역사상 최초의 '문학자'였다는 사실입니다. 독일 공교육의 성과는 아주 많은 세월이 지난 시대에 의외의 장소에서 나타납니다. 프로이센-프랑스 전쟁에서 프랑스군이 패한 이유 가운데 하나로 들고 있는 것은 3분의 1이 문맹이었다는 것입니다. 그렇다면 프로이센군의 문맹률은 어느 정도였을까요? 단 3퍼센트였습니다. 교육개혁자 루터를 파고들면 또 책 한 권 분량이 되고 맙니다. 그러므로 그의 말 하나만 인용함으로써 그것을 대신하고자 합니다. 이렇습니다.

"아버지에게 할 수 있는 일은 한정되어 있다. 아이가 되고 싶어 하는 것을 위해 가장 적합하다고 생각되는 교사를 찾아내 땅바닥에 무릎을 꿇고 자기 아이를 부탁하는 일이다."

법 혁명으로서의 루터 혁명

그런데 그보다 중요한 것이 있습니다. 다소 복잡한 이야기가 되겠습니다만, 천천히 알기 쉽게 이야기하도록 하겠습니다. 우리는 법이나 법학이 철학이나 사상과 관계없는 것으로 생각합니다. 종교와도 관계가 없는 것으로 생각합니다. 이는 법학과 신학의 분리라는, 유럽에서 출현한 현상이 세계로 수출되었기 때문인 것에 지나지 않습니다. 잘 생각해보면 당연한 일입니다만, 중세 이래 유럽의 법과 제도는 그리스도교에 준거한 것이었습니다. 그러나 이런 사실이 잊히고 지금은 유럽의 법제사가 중에서도 그것을 제대로 알지 못하는 사람이 더 많습니다. 신학자 루터의 혁명은 당연히 법의 혁명이었습니다. 그러므로 '종교개혁'이 아니라 절대적인 '혁명' 그 자체였습니다. 이런 사실이 잘 보이지 않게 된 것입니다. 물론 우리의 현행 법률도 유럽의 법을 계승한 것이므로 무관하지는 않습니다.

그렇습니다. 대혁명은 법의 혁명이기도 했습니다. 이는 아주 광대한 범위에 이른 것입니다. 즉 저번에 강조한 것처럼 교회는 '그리스도교 공동체' 자체고 그리스도교 세계 자체입니다. 그렇다면 교회법은 단지 성직자의 내규에 지나지 않은 게 아닙니다. 이는 그리스도교 세계 전체를 통치하는 법이었습니다. 그 교회법을 루터는 완전히 부정했던 것입니다. 그는 법학 석사 학위를 갖고 있었고, 앞에서 구빈법에 대해 언급한 것처럼 자신도 법의 초안을 쓰기도 하고 공포하기도 했으며, 법 교육에 종사했습니다. 그는 확실히 법학에 대한 소양이 있었던 사람입니다.

하지만 이제 여러분도 아시다시피 어쨌든 그는 열렬한 성격의 소유자였습니다. 교황이나 교회 제도와 함께 교회법까지도 완전히 불필요한 것이라고 거의 매도에 가까운 표현으로 힐난하며 이를 포기해야 한다고 말했던 것입니다. 교회법의 관할 아래에 있었던 것은 성직자와 교회 재산에 관계되는 사항만이 아니었습니다. 세례, 교육, 구빈, 혼인, 가족, 이단이나 마술의 금지, 성범죄, 고아나 노인의 보호 그리고 계약 문제 등 민법에 관련된 대부분의 것이 그 관할 아래에 있었습니다. 이 교회법에 대해서는 또 다른 날 다시 논하지 않으면 안 될 것 같습니다. 하여튼 루터는 이런 사항을 어떻게 할 생각이었을까요? 호쾌하게도 아무것도 생각하지 않았습니다. 성서만 있으면 정비된 법 같은 것은 필요하지 않다고까지 생각했습니다. 너무 호쾌합니다. 역시 그렇게 말할 수만도 없는 일이지요.

이에 대해서는 종래의 법제사法制史에서는 무시되어왔습니다만, 이 교회법의 구멍을 메우기 위해 16세기 프로테스탄트파의 법학자들은 엄청난 노력을 기울이게 됩니다. 교회법에도, 로마법에도 정통했던 루터의 오른팔 필리프 멜란히톤의 연구와 저작을 효시로 하여 대혁명은 법의 혁명으로서의 실질을 착실히 갖추어나가게 됩니다. 그보다는 법의 혁명으로서의 실효성을 갖지 않으면 대혁명은 확실히 실패로 끝났을 것입니다. 유럽 역사상 최초로 치밀한 형법을 대규모로 체계화하는 것을 필두로 하는, 루터파 법학자들의 2세기에 걸친 노력을 모두 망라하는 것은 도저히 불가능합니다.

하지만 어떠한 법의 변혁이 이루어졌는지, 우리의 논지에서 중요한 사항만 간결하게 말하기로 하겠습니다. 이미 눈치를 챈 분도 있으시겠지만, 루터의 사상 안에 법학과 무척 궁합이 잘 맞는 부분이 있습니다. 그는 텍스트의 사람이고 '문학'의 사람입니다. 그러므로 멜란히톤—의외인지도 모르겠습니다만 멜란히톤은 위대한 법학자기도 하여 100년 후에도 그가 쓴 법학 교과서가 대학에서 사용되었습니다—이나 올덴도르프 등의 루터파 법학자들이 바로 그것을 계승했습니다. 다시 말해 우선 실정법을 극명하게 성문화함으로써 자의적인 인민 지배를 피하려고 한 것입니다.

또한 모든 법을 『구약성서』에 있는 '십계명'에 명시적으로 준거하게 함으로써 근거를 부여하려고 했습니다. '준거'를 중요시한 루터의 사상에서 이런 법학적 사고가 나오는 것은 아주 잘 이해가 됩니다. 사실 이것은 12세기 혁명에서 강조된 로마법의 '쓰인 이성 Ratio scripta'이라는 사고의 연장선상에 있으며, 그것의 한없는 철저화라고도 부를 수 있습니다. 뭐 이상할 것은 없습니다. 지금 든 세 사람 모두 로마법에도 정통하기 때문이지요. 이 두 가지를 축으로 하여 법학 전체를 실증주의적으로 정밀화하고 체계화해나가는 작업이 이루어집니다. 근대 독일 법학이라고 하면 그 엄밀함, 그리고 아카데미즘을 중시하는 딱딱한 태도로 유명합니다. 이것 자체가 루터파의 법의 혁명에서 직접 유래한다고 해도 과언이 아닙니다.

법의 '양심'을 고안해내다

그 외에 루터의 '양심' 강조가 있습니다. 앞에서 보름스 제국의회의 말에도 있는 것처럼, 그는 '양심'이라는 것을 아주 중요시합니다. 루터 사상의 가장 중요한 개념으로서의 '양심'. 올덴도르프가 생각하고, 그리고 200년 후에 칸트가 간결하게 정식화한 대문제의 해결이 여기에서 도출됩니다. 그 문제란 이렇습니다. 칸트가 말하길, "법의 적용 방법을 정한 법은 없다." 어느 사건에 어떤 법을 어떻게 해석하여 적용하면 좋을까요? 법 자체에는 이것이 쓰여 있지 않습니다. 그렇다면 무척 곤란합니다. 법이 있으면 안심이라고 생각했는데, 법이라는 것의 본성에서 볼 때 법의 운용 방법 자체를 법에 적어놓는 것은 불가능합니다. 이제 어떻게 해야 좋을지 모르겠지요. 이는 '법에서의 준거 공포'라고도 해야 할 문제로, 무척 중요한 일입니다.

이는 『야전과 영원』에서 논한 적이 있으므로, 이쯤에서 일단락 짓겠습니다. 어쨌든 법을 어떻게 적용할지, 그때의 기준이 되는 것은 무엇인지 하는 물음에 루터파 법학은 '양심'이라고 대답한 겁니다. 재판관의 양심적인 판단이지요. 서구의 현행법이 루터파에 가장 많이 빚지고 있는 것이 이 부분입니다. 법을 구체적인 사례에 '공정하게' 적용한다는 것은 '양심에 따라' 판단한다는 것이라고 생각됩니다.

현행 영미법뿐만 아니라 일본의 법률에서도 재판관이나 재판원의 '양식', '양심' 또는 '상식'에 의한 재량이 요구되고 있습니다. 일본 헌법 제76조 제3항에도 "모든 재판관은 그 양심에 따라 독립적으로 그 직권을 행사하고 헌법 및 법률에 의해서만 구속된다"라고 분명히 쓰여 있는 것처럼 말이지요. 이 사고는 사실 루터에게서 유래한 것입니다.

음, 어떻게 할까요? 사실 '양심'을 정신분석과 연결하면 굉장히 흥미로운 이야기를 할 수 있습니다. 게다가 경솔하게도 『야전과 영원』에서 빼먹고 논하여 무척 후회했던 문제인데, ……지금 이야기를 돌리는 것은 상당히 괴롭습니다. 다른 기회에 하지요. 아쉽습니다.

'법치국가'의 탄생 — 세속국가의 종교화

독일에서 '법치국가Rechtsstaat'의 정의도 루터 신학에서 힌트를 얻은 멜란히톤이 창안한 것입니다. 교회법의 구멍을 메우기 위한 루터파 법학자의 노력은 이것으로 귀착하게 됩니다. 다시 말해 루터파의 해결책은 이렇습니다. 그들은 교회법의 관할 하에 있던 사항을 세속국가 법률의 관할 하로 이행시키기로 했던 것입니다. 그러므로 세속국가는 지금까지 교회법이 그랬던 것처럼 학문적으로 체계화된 법에 의해 통치되지 않으면 안 되게 됩니다. 루터 신학과 군주권은 접합되고, 성과 속의 세계를 일거에 지배하는 법이 요구되게 된 것입니다. 프로테스탄트 국가, 프로테스탄트 도시는 교회법의 관할 하에 있던 사항을 떠맡게 됩니다. 즉 '성스러운 법'이 '속된 법'으로 이관된 것입니다.

여기서 확실히 지적해두어야 합니다. 이것을 간략하게 '법의 탈종교화', '법의 세속화'라고 생각해서는 안 됩니다. 루터는 그런 것을 생각도 하지 않았겠지요. 아마 그런 면도 있었을 겁니다. 하지만 그것보다 이것은 곧 교회법 아래에 있으며 독자성을 갖고 있던 속권俗權의 '세속법'이 '성스러운' 것이 되었다는 것을 의미하는 것입니다. 이는 교회법이 타도되고 세속법으로 통일되었다는 사태 이상으로, 세속법이 더욱 '그리스도교화'하고 '종교화'했다는 것을 의미합니다. 즉 '국가가 종교적이 되었다'는 것을 의미하는 것입니다. 이 과정을 추진하고, 법안을 기초한 것은 모두 신학자였다는 것을 잊지 않아야 합니다.

버먼도 르장드르도 분명히 지적하고 있습니다만, 따라서 거기에서 유래하는 유럽법은 결코 불편부당한 것이 아닙니다. 객관적, 중립적, 보편적인 것이 아닌 것이지요. 이는 아무리 강조해도 지나치지 않습니다. 그리고 이 신학자에 의한 법 혁명은 우리의 근대법 전반에 걸쳐 심대한 영향을 끼쳤습니다. 이 의견에 반대하는 역사가가 아무리 이야기를 작게 하려고 해도 여기서 가족법, 교육법, 복지법이 근본적으로 변용되어버렸고, 그것이 현대로도 계승되고 있다는 것을 부정할 수 없겠지요. 대혁명에서의 법 혁명, 이는 전혀 남의 일이 아닌 것입니다.

성서 박사이자 교황의 방해자

마르틴 루터는 말합니다. "나는 아이제나흐 근교 멜라 출신 농민의 아들이지만, 그래도 성서 박사가 되어 교황의 방해자가 된 것을 인정하겠습니다." 멜라 출신 농민의 아들이 책을 읽습니다. 성서 박사가 됩니다. 그리고 책을 씁니다. 그래서 '교황의 방해자'가 되고 그리하여 예술, 문학, 정치, 법, 신앙, 종교, 그 모든 것이 변했습니다. 대혁명은 성취되었습니다. 반복합니다. 그는 무엇을 했을까요? 책을 읽었습니다. 성서에 그렇게 쓰여 있었으니까, 그것을 부정하지 않으면 죽이겠다고 해도 그런 건 알 바 아니었던 것이지요. 책을, 텍스트를 읽는 것은 광기의 도박을 하는 일입니다. 그리고 그렇게 읽어버린 이상 그것에 목숨을 버리지 않으면 안 되고, 따르지 않으면 안 됩니다. "나, 여기에 선다. 나에게는 달리 어떻게 할 도리가 없다."

문득 떠올랐으므로 갑자기 말하겠습니다. 작가 고토 메이세이가 "왜 소설을 쓰는가?"라고 자문하고는 "소설을 읽어버렸으니까"라고, 사람을 무시하는 듯한 그 사람 특유의 넉살 좋고 이상한 느낌으로 답했습니다. 이는 사실 똑같은 일입니다. 읽어버린 것입니다. 그러므로 쓰는 것입니다.

아무리 읽어도 그렇게 쓰여 있습니다. 그리고 달리 어떻게 해볼 도리가 없습니다. 그렇다면 그것을 할 수밖에 없습니다. 쓸 수밖에 없습니다. 고독한 싸움일지라도, 그륀베델 같은 광기의 위험이 있더라도. 책을 읽는다는 것을 그 정도까지 예민하게 생각하면, 책을 읽고 다시 읽는 것만으로 혁명은 가능하다는 이야기가 됩니다. 당연히 운때라는 것도 있습니다.

성급함이나 폭력은 신에 대한 신뢰의 결여를 드러내는 것이다
─ 말에 의한 혁명

루터는 좋은 때를 타고났습니다. 중세 해석자 혁명의 담당
자들도 그런 점이 있으니까요. 하지만 그래도 더 중요한 것은 정치
적 혁명과 텍스트를 읽고 쓰고 번역하고 편집하고 말한다는 것의
근본적인 관계입니다. 폭력과의 관계가 아니라요. 그렇습니다. 루
터의 말을 좀 더 인용해보겠습니다.

어느 날 루터가 있던 비텐베르크에서 폭동이 일어났습니다. 혁
명의 민중이 폭도로 변하는 것을 보고 루터는 그것을 제지합니다.
그리고 그들에게 연설합니다. 참고로 말하자면 여기서 "태양과 별
이 우리를 속입니다"라는 것은, 이단으로 생각되고 있던 점성술을
말합니다. 연설은 이렇습니다.

남자들은 술과 여자로 몸을 망칠 염려가 있다.
그렇다면 술을 금지하고 여자를 죽이라고 할 것인가?
태양과 별이 우리를 속인다고 한다면,
그것을 하늘에서 떼어내야 하는가?
그런 성급함이나 폭력은 신에 대한 신뢰의 결여를 드러내는 것이다.
나는 기도하고 설교하는 것밖에 하지 않았다.
그러나 신이 나를 통해 얼마나 많은 것을 성취하셨는지를 생각해
보라.
말이 그 모든 것을 이루었던 것이다.

여기서 루터가 '읽은 것'을 "기도이고 명상이며 시련이다"라고 말했다는 것을 떠올립시다. 의미는 분명하다고 생각됩니다. 그는 성급함이나 폭력을 부정하고 말의 힘을 믿고 있습니다.

'마틴 루터' 킹 목사

떠올려봅시다. 아시다시피 킹 목사의 이름은 루터에게서 따온, 완전히 같은 이름입니다. 'Martin Luther King, Jr'이니까요. 그렇지요. 말이 그 모든 것을 이룬 것입니다. 정말 그렇다면, 정말 그랬었다면 얼마나 좋았을까요.

독일농민전쟁의 '승리'

루터의 경력에서 '흠'으로 알려져 있는 독일농민전쟁에 대해 이야기해야겠지요. 분명히 그는 농민의 저항운동을 부추기는 듯한 말을 많이 했습니다. 그러나 실제로 폭동이 일어나자 그것을 탄압하는 측으로 돌아섰습니다. 그는 농민의 지지를 잃었고, 그 후부터 루터는 기본적으로 제후 및 도시 주민을 대상으로 일을 해나갑니다. 꼼꼼하게 시간 축에 따라 그의 언동을 살펴보면, 아무래도 루터는 사태의 급속한 진전을 따라가지 못했다는 느낌이 듭니다. 분명히 상황 파악이 이상하고 그답지 않게 동요하고 있습니다. "카이사르의 것은 카이사르에게"라고 성서에 쓰여 있으니까요. 성서에는 속권에 저항하라고도 쓰여 있지 않으니까요. 그러나 위의 말에도 있는 것처럼, 원래 폭력혁명을 바라는 사람은 없습니다. 루터는 텍스트를 바꿈으로써 변혁을 행하려고 한 사람입니다. 우리는 "폭력혁명만이 혁명이다"라는, 18세기 이후의 부르주아혁명에만 적합한 편향된 사고로 루터를 소급해서 보고 있는지도 모른다는 가능성을 다소 감안해야 할지도 모릅니다. 그는 농민의 폭력에 의한 반란도 격렬하게 비판하고 있지만, 동시에 제후의 탄압을 비판하는 문구도 남기고 있습니다.

독일농민전쟁은 1524년에 발발했고, 그 이듬해에는 독일 전역으로 확대됩니다. 철저한 탄압의 결과 10만 명이 피를 흘렸습니다. 모든 것을 잃었고 아무것도 남지 않았다고 합니다. 많은 역사가들이 루터의 배신도 있었기에 모든 것은 허사로 돌아갔고, 그들은 어쩔 수 없이 개죽음을 당했다고 말합니다. 그러나 이것은 잘못입니다. 이를 '1525년 혁명'이라 부르는 버먼이 말하는 것처럼, 독일농민전쟁은 성공한 대혁명의 일환이라고 생각할 수 있습니다.

혁명의 본체는 텍스트다, 결코 폭력이 아니다

독일농민전쟁은 12개조의 요구라는 텍스트의 천명으로 시작됩니다. 이는 완전히 루터적인 것입니다. 다시 말해 성서에서 정당한 준거를 찾는 것입니다. 이 요구의 마지막에서는, 이 요구가 신의 말, 성서에 반하는 것이 증명된다면 기꺼이 요구를 취소한다고 분명히 말하고 있습니다. 요구의 내용은 이렇습니다. 자의적인 수탈 절차를 정지하라, 농노제를 폐지하라, 제후에 의한 수렵이나 어로漁撈의 자의적인 제한을 철폐하라, 농지의 임대 기간을 엄수하되 의논하지 않고 단축하지 마라, 산림에 들어갈 수 있는 권리를 반환하라, 멋대로 사유화한 공유지를 반환하라, 성문법에 의한 정당성 있는 재판을 행하라, 교회가 억지로 빌려준 돈의 이자를 받지 마라, 합법적인 이유 없이 부당하게 빼앗은 토지를 돌려주라 운운. 당연하고 정당한 요구들뿐입니다. 부당하게도 이것이 받아들여지지 않았으므로 전쟁이 시작된 것입니다. 명문화된 텍스트가 선행합니다. 95개조의 의견서가 있었던 것처럼 12개조의 요구가 있습니다. 이것은 전적으로 정당하고, 전적으로 루터적인 방식으로 성서에서 합법적인 근거를 찾으려는 것입니다.

그런데 이 전쟁에서 흘린 피는 무익했을까요? 아닙니다. 전쟁이 종결된 이듬해인 1526년 슈바이엘에서 제국의회가 개최됩니다. 거기에서 농민의 요구에 대한 '대위원회'가 설립되었고, 논의 끝에 황제에게 보고서가 제출되었습니다. 이 보고서가 12개조의 요구를 원안으로 삼은 것이었던 것입니다. 그리고 실제로 수많은 부당한 징세가 폐지되었고 농노제도 폐지되었으며, 이동의 자유나 토지의 반환이 제기되었습니다. 물론 이런 제안이 모두 제국의 법안이 되어 속권의 구석구석까지 실시된 것은 아니었습니다. 그러나 틀림없는 사실이 하나 있습니다. 즉 농민의 요구가 정당하다고 인정받았다는 사실입니다. 그 후 제국도시도, 반란을 탄압한 제후도 농민의 요구를 실현시킵니다. 농민전쟁의 패배는 대혁명의 실패를 의미하지 않습니다. 그들 민중의 봉기는 뒤에 아무것도 남기지 않았던 게 아닙니다. 쓸데없는 죽음이 아니었던 것입니다. 너무나, 너무나도 많은 희생을 치렀다고는 해도 말이지요.

그러나 텍스트는 통과되었습니다. 텍스트가 다시 쓰였던 것입니다. 정당한 근거를 가진 텍스트를 제출한다, 근거가 명시되지 않으면 언제든지 철회하겠다고 그들은 선언했습니다. 그리고 그것은 통과되었습니다. 이것이 '현실'입니다. 혁명은 폭력으로 환원되는 것이 아닙니다. 폭력이 선행하는 것이 아닙니다. 먼저 근거를 명시한 텍스트가 선행합니다. 텍스트를 다시 쓰는 것이 선행하는 것입니다.

혁명에서 폭력은 이차적인 것에 지나지 않는다

루터파는 1555년 아우구스부르크의 종교화의宗敎和議에서 용인되었습니다. 그 종교화의가 있고 63년 후에 30년 전쟁이 일어납니다. 30년 전쟁의 강화조약인 베스트팔렌 조약의 문구는 사실 아우구스부르크의 종교화의와 거의 같습니다. 그것이 통과되기까지 30년의 유럽 내전이 필요했던 것입니다. 대혁명에서 30년 전쟁까지 독일 인구는 1200만 명에서 800만 명으로 줄었습니다. 3분의 1이 죽은 것입니다.

그래도 결코 폭력이 선행한 것은 아닙니다. 모든 법은 주권자의

자의에 기초한 폭력적인 것이라는 편향된 의견이 끊이지 않지만, 텍스트는 폭력으로 환원되지 않습니다. 폭력을 가진 자의 의지만이 법이 되는 것은 아닙니다. 혁명에서 새로운 텍스트를 통과시키기 위해 이차적인 수단으로 폭력이 휘둘러져왔다는 것입니다. 혁명은 절대적인 자유를 요구하며 법을 분쇄하는 것이 아닙니다. 그런 법을, "우리가 법이라 부르는 것"(르장드르)을 다시 쓰는 것입니다.

르장드르를 흉내 내어 말하자면, 예컨대 러시아혁명은 그 점에서 형법/민법 · 공법/사법으로 구성된 유럽법의 전당을 크게 뒤흔들지 못하고 유혈만 많았다는 점에서 대혁명의 이름에 걸맞지 않다는 이야기가 됩니다. 반복합니다. 혁명에서 폭력은 이차적인 것에 지나지 않습니다. 원한다면 그 반대로 말해도 좋습니다. 텍스트를 고쳐 쓴다는 것이 얼마나 가공할 만한 일인가를.

시인 하인리히 하이네는 사상의 힘을 모욕하지 말라고 경고했습니다. 대학교수의 조용한 서재 안에서 나온 철학적 개념이 한 문명을 파괴해버리는 일도 있다고 말이지요. 하이네는 칸트의 『순수이성비판』은 유럽의 이신론理神論의 목을 잘라버렸고, 루소의 책은 로베스피에르를 매개로 앙시앵레짐Ancien Régime, 구체제을 파멸시킨 피투성이의 무기라고 했습니다. 그리고 하이네는 피히테나 셸링의 낭만주의적 관념이 언젠가 엄청난 결과를 초래할 것이라고 예언했습니다. 정치학자 아이자이어 벌린은 이 예언은 반드시 모두 빗나간 것은 아니었다고 하면서 이렇게 말합니다. "그런데 만약 대학교수가 진실로 이 운명을 결정할 힘을 발휘할 수 있다면 그 힘을 빼앗을 수 있는 것도 다른 대학교수뿐이지 않을까?" 마르틴 루터 박사가 대학교수였다는 것은 새삼 지적할 필요도 없을 것입니다.

대혁명에서 30년 전쟁까지 130년 동안 독일 인민의 3분의 1이 죽었습니다. 제2차 세계대전 때 제3제국의 전사자는 독일 인민의 몇 분의 1이었는지 아세요? 20분의 1이었습니다. 놀랄 만한, 정말 놀랄 말한 유혈이었습니다. 확실히 해두기 위해 말하겠습니다. 물론 30년 전쟁의 책임까지 모두 루터에게 지우는 것은 무리고, 130년간의 단속적인 내전과 제2차 세계대전을 비교하는 것도 기묘한 이야기긴 합니다. 그러나 그 참화란 것이.

하지만 그래도, 우리가 이 대혁명에서 집중해야 하는 것은 혁명의 과정에서 폭력에 의해 권력을 탈취하는 것이 선행한 것이 아니었다는 것입니다. 텍스트를 읽고, 다시 읽고, 쓰고, 다시 쓰고, 번역하고, 천명하는 것. 그 과정에서 폭력적인 것이 나타나는 일은 있습니다. 저는 그것을 부정하지 않습니다. 하지만 그래도 혁명에서는 텍스트가 선행합니다. 혁명의 본질은 폭력이 아닙니다. 경제적 이익도 아니고 권력의 탈취도 아닙니다. 텍스트의 변혁이야말로 혁명의 본질입니다.

그렇다면 이론적으로는 아직 무혈혁명이 가능할 것입니다. 반드시. 왜 질 들뢰즈와 펠릭스 가타리가 돌연 "왜 혁명의 다른 형식이 가능해졌다고 생각하지 않을까?"라고 말한 것인지 그 이유를 생각해봅시다. 그리고 가타리와 네그리가 그들의 공저에서 단호히 "평화란 혁명의 한 상태다"라고 선언했는지를. 과거의 혁명이 아무리 피로 물들었다고 하더라도 혁명의 본질은 폭력이나 주권 탈취가 아니라 텍스트를 다시 쓰는 것이라는 개념에 우리는 아직 도달하지 못한 것입니다.

문학이야말로 혁명의 근원이다

됐나요? 텍스트를, 책을, 읽고, 다시 읽고, 쓰고, 다시 쓰고, 그리고 어쩌면 말하고, 노래하고, 춤추는 것. 이것이 혁명의 근원이라고 한다면 어떻게 될까요? 아무래도 이렇게 됩니다. 문학이야말로 혁명의 근원이다, 라고. 루터는 문학자였습니다. 말의 인간이었습니다. 그러므로 사상 최대의 혁명가였습니다.

혁명이 문학적 몽상에 의해 이루어지는 일은 절대 없습니다. 혁명은 '문학적'인 것이 아닙니다. 다릅니다. 결코 다릅니다. 문학이야말로 혁명의 본질입니다. 혁명은 문학으로부터만 일어나고, 문학을 잃어버린 순간 혁명은 죽습니다. 왜 우리는 이렇게 문학을 폄하하고 문학부를 대학에서 추방하려고 할까요? 왜 문학자 스스로가 문학을 이렇게까지 업신여길까요? 그것은 바로 문학이 혁명의 잠재력을 아직도 갖고 있기 때문입니다. 그 때문에 그들은 그것에 겁을 먹고 있는 겁니다. 왜 우리가 이토록 정보의 틈새에서 괴로워하고 있을까요? 그것은 자신을 통치하는 텍스트라는 것이 무미건조한 정보이자 서류인 어느 시공에 갇혀 있기 때문입니다.

초조해하는 것은 죄다

모르겠지요? 뭔가 이야기가 이상하다, 비약하고 있다, 이렇게 생각해도 무리는 아닙니다. 왜일까요? 그렇습니다. 오늘 밤 맨처음에 이야기했습니다. 우리는 어디를 향하고 있었을까요? 그렇습니다. 대혁명보다 선행하고, 그리고 대혁명을 능가하는 혁명, 서구의 모든 혁명의 어머니인 혁명, 중세 해석자 혁명에 대해 우리는 아무것도 말하지 않았으니까요. 거기에서 대부분의 의혹은 불식될 거라고 생각합니다. 하지만 그렇네요. 그 전에 몇 가지 이야기해두어야 할 것이 있습니다. 다시 돌아가겠습니다. 몇 번이고 반복하여 인용하겠습니다. 프란츠 카프카의 대사를요. "초조해하는 것은 죄입니다."

2010년 6월 28일

셋째
밤

읽어라, 어머니인 문맹의 고아여

무함마드와
하디자의
혁명

어쩐 일인지 장마답지 않은 날씨입니다. 이런 계절이면 비가 오다가 잠깐 갠 틈에 조깅을 나갔다가 예상이 어긋나 흠뻑 젖은 채 돌아오는 일도 있습니다. 그래서 휴대전화가 고장 나기도 하지요. 하지만 올해는 그런 일도 전혀 없네요. 그냥 이대로 여름이 되는 편이 저로서는 좋을 것 같습니다. 어떨까요?

자, 저번에는 루터에 의한 대혁명에 대해 이야기했습니다. 그것은 무엇보다도 책을 읽는 것, 텍스트를 다시 쓰는 것, 이야기하는 것을 둘러싼 혁명이고, 언어에서의 언어 변혁이었습니다. 거기에서 아무리 폭력이 분출했다고 해도 그것은 이차적인 파생물에 지나지 않습니다. 그 피는 혁명의 진수까지 더럽힐 수 없습니다. 혁명의 본질은 문학이고, 루터는 위대한 문학자였습니다. 따라서 대혁명가였습니다.

물론 첫째 밤에 말했던 것처럼 우리는 문학의 개념을 보다 넓은 것으로 정의해두었다는 것을 잊어서는 안 됩니다. 문학에서도, 예술에서도, 더 직접적으로는 법에서도 우리는 그의 혁명이 점지해준 아이라는 사실은 벗어날 수 없습니다. 이런 것을 없었던 일로 할 수는 없습니다.

　우리의 이야기는 어디에서 시작되었는지, 그것을 확인해둡시다. 그렇습니다. 읽는 것이란 무엇인가, 그것은 대체 무엇인가 하는 것이었습니다. 나아가서는 다시 읽는 것, 쓰는 것, 다시 쓰는 것의 힘에 대해 내내 이야기했습니다. 읽는 것이 변혁을 이끌어가는 힘이라는 예는 얼마든지 들 수 있습니다. 여기서 중세 해석자 혁명으로 곧바로 거슬러 올라갈 수도 있습니다. 하지만 저번에 말한 대로 성급함은 소중한 것에 대한 신뢰의 결여를 드러내는 것인지도 모르니까요. 지금은 잠시 천천히 포물선을 그리듯이 크게 우회하기로 하겠습니다. 우회하면서도 잠깐 다른 데 들르기도 하면서, 그러나 '읽는 것'만은 손에서 떼놓지 않고 나아가기로 하겠습니다. 그것은 역시 시야를 가능한 한 넓히기 위해서입니다. 넓게, 더 넓게, 더더욱 넓게.

　여름철의 무성한 나무숲이 아름다운 계절이니까요. 유보적이라고 하기에는 너무 중요한 에피소드입니다만, 에피소드의 푸른 나무들 사이를 잠시 거닐어봅시다.

집어 들고 읽어라, 집어 들고 읽어라, 집어 들고 읽어라
― '세계'의 멸망 안에서

　서로마제국이 멸망을 향해 나아가던 시대입니다. 그런 시대를 살았던 남자가 있었습니다. 북아프리카에서 태어나 서른두 살 때 이미 아이가 있었습니다. 당시의 평균수명을 생각하면 노인이라고는 하지 못해도 초로에 접어들었다고 해도 좋을 겁니다. 열다섯 살 때의 평균 여명餘命이 30년 정도인 시대였으니까요. 그는 젊었을 때부터 변론술을 배우고 다신교를 믿었으며, 한편으로는 플라톤주의를 비롯한 철학을 배움으로써 그 신앙을 의심하고 굉장히 고뇌하여 초췌해 있었습니다.

그러는 사이에 서른두 살이 되고 말았습니다. 어느 날의 일입니다. 아주 낙담하여 뜰의 무화과나무 그늘에 앉아 신음하듯 읊습니다. "언제까지입니까? 주여, 언제까지입니까? 아무리 지나도 내일인 겁니까? 왜 저의 더러움이 바로 지금 없어지지 않는 것입니까?" 그러자 그곳에 아이들이 흥얼거리는 노랫소리 같은 목소리가 들려왔습니다. 그 소리는 흘러왔습니다. "집어 들고 읽어라, 집어 들고 읽어라, 집어 들고 읽어라." 그에게 그 소리는 하늘의 계시로 여겨졌습니다. 그 소리에 이끌려, 또 친어머니가 갖고 있던 신앙에 이끌려 그는 성서에 있는, 사도 바울이 로마인에게 보낸 편지인 '로마서'를 읽기 시작합니다. 그는 집어 들고 읽었습니다. 역시 여기서도 읽습니다. 어디까지나, 어디까지나 읽는 것입니다. 그런데 그가 멸망을 향해 조용히, 그러나 착실히 쇠망의 길을 걷고 있는 제국의 유일한 신앙의 거점이며 서방 교회를 인도하는 빛이며 사도 바울 이래 최대의 신학자가 되리라고는 그 자신도 생각지 못했을 것입니다. 그의 이름은 성 아우구스티누스라고 합니다.

그는 히포라는 도시의 주교로서 그 땅에서 세상을 떠납니다. 반달족에 의해 포위되어 함락되려는 순간. 바로 로마제국이라는 '세계'가 멸망으로 향하는 가운데서 그는 읽고 말하고 썼습니다. 이런 예는 얼마든지 들 수 있습니다. 한없이, 끝없이 말이지요.

대혁명과 '가톨릭 대항 대혁명'

그런데 저번에 이야기한 루터 대혁명에서 가톨릭 측도 무위로 끝난 것이 아니었습니다. 오히려 대혁명 전부터 개혁의 움직임은 있었습니다. 옛날에는 반反종교개혁이라든가 반동 종교개혁으로 번역되었지만, 지금은 이 개혁의 움직임을 평가하는 분위기가 많아져 번역어도 '대항 종교개혁'이 선택되는 일이 많은 것 같습니다. 우리의 입장에서 보면 '대항 대혁명'이라 부르지 않으면 안 되겠지요.

제도적으로 트리엔트 공의회와 그 결정을 정점으로 하는 이 대항 혁명의 커다란 움직임을 모두 망라하는 것은 제 능력 밖의 일입니다. 우리가 하는 이야기의 본론에서 말하면, 그렇게 하는 것이 적합한 것으로도 생각되지 않습니다. 그러나 루터 혁명을 너무 중요시하는 바람에 이 시대가 바로 가톨릭교회가 급속히 세계로 확대된 시대라는 것을 놓쳐서는 안 됩니다. 신자 수가 늘어나는 것도 가속도가 붙었는데, 물론 그 과정은 식민지화의 역사기도 합니다.

따라서 도미니크회 수도사 안토니오 데 몬테시노스나 그의 설교를 들었던 그 유명한 바르톨로메 데 라스 카사스에 의한, 에스파냐

인의 인디오 착취를 고발하는 일도 일어나는 것입니다. 대항 대혁명의 '교황의 정예부대'라는 별명을 가진 수도회라고 하면 예수회입니다. 길게 설명할 수 없는 것이 안타깝습니다만, 예수회의 창설자 이그나티우스 데 로욜라의 자전적 회상을 읽으면, 그 신앙의 깊은 고뇌가 루터의 그것과 너무나도 흡사한 것에 놀라게 됩니다.

가장 초기부터 그의 동지고 예수회 창설 멤버 중의 한 사람인 프란시스코 사비에르라는 이름은 누구나 알고 있을 겁니다. 예수회의 정열적인 전도 활동—사카구치 안고가 「결사イノチガケ」(1940)라는 소설에 감동적으로 그린 것과 같은—도 여기에서 이루어집니다. 그 전도는 식민지화로는 되풀이되지 않습니다.

피로 더럽혀지지 않는 손 같은 건 없다, 하지만 그래도

확인을 위해 다시 한번 말하겠습니다. 이런 일에 대해서는 간단히 그 선악을 결정할 수 없습니다. 앞에서도 말했다시피 말이지요. 대혁명의 거대한 유혈, 그리고 그것을 극복하여 얻어낸 방대한 업적을. 단순한 선악 이원론으로 해결되는 것은 이 세상에 하나도 존재하지 않습니다.

여기서는 자세히 파고들지 않겠습니다만, 들뢰즈=가타리는 그들의 저작에서 '국가장치'에 대한 '전쟁기계'라는 아주 신선한 개념을 만들어냈습니다. 그런데 아무래도 국가장치는 악이며 전쟁기계는 선이라고까지는 못하겠지만, 전쟁기계야말로 근본적radical

이고 '좋은 것'이라고 산만하게 이해하는 사람이 있습니다. 그러나 그들은 아주 냉철하게 이렇게 말합니다. 전쟁기계가 옳은 것이다, 라고 생각하지 말았으면 한다. 왜냐하면 나치라는 것은 분명히 전쟁기계였기 때문이다, 라고 말입니다. 물론 전쟁기계라는 개념에 포함되어 있는 투쟁력 없이는 어떤 변혁도 불가능합니다. 그런 것으로 제기된 것이니까요. 그러나 '이쪽은 좋고 저쪽은 나빠'라는 단순한 사고에 빠져서는 안 됩니다. 그런 유치한 사고에 굴복한다면 그것은 아무것도 생각하지 않는 것과 같습니다.

그러나 생각을 가진 사람은 왕왕 자신의 손만은 한 방울의 피도 묻히지 않는다는 몽상 속에 스스로 갇혀 있습니다. 하지만 그래도 모든 것이 나쁜 것이었던 일은 없습니다. 세계의 모든 것이 폭력으로 가득 차 있고, 세계의 모든 것이 비참하며, 세계의 모든 상황이 무참한 유혈로 귀착된 것은 아닙니다.

이야기를 되돌리겠습니다. 가톨릭 대항 혁명은 단순한 '반동'이 아니라는 이야기입니다. 이는 아주 적극적인 의의를 가진 것이었습니다. 성직자의 교육 수준 향상과 규율 개선이 추진되었고, 성서의 중요성도 인정되었습니다. 학교나 교회에서 성서를 읽는 것이 장려되었습니다. 혼인에 대한 법제도도 개혁되었습니다. 특히 예수회는 교육에 노력을 경주하여 많은 학교를 창설했고 뛰어난 교육 성과를 거두었습니다. 프로테스탄트의 자제들까지 받아들였습니다. 또한 직접적으로는 대혁명에 대항하기 위해서만 행해진 것이 아니었지만, 특히 에스파냐에서는 획기적인 개혁이 진행됩니다. 에스파냐 제국의 섭정이자 추기경인 시스네로스는 톨레도 대주교 시절에 성서의 중요성을 깨닫고 헤브라이어·신역 라틴어를 병기한 성서를 출판했습니다.

국제법의 아버지로 누구나 알고 있던 휴고 그로티우스에게 깊은 영향을 준 위대한 신학자로 프란시스코 데 비토리아라는 사람이 있었습니다. 그는 살라망카학파를 창설했고, '법률론', '전시 국제법론' 등에 관한 그의 저작은 프로테스탄트의 여러 학파들도 전거로 삼았고, 그 논점은 근대의 법학이나 정치학으로도 계승되어 우리의 법제도에서도 그 흔적을 찾아볼 수 있습니다. 그의 학파에서는 도밍고 데 소토, 루이스 데 몰리나, 레오나드 레시우스, 프란시스코 수아레스 등 빼어난 사람들을 배출했습니다. 그런데 그들이 후세의 법제도에 끼친 영향, 그리고 그 법철학의 놀랄 만한 수준은 앞에서 말한 루터파 법학자의 공적에 필적하는 것입니다.

에스파냐의 개혁, 에스파냐 신비주의의 투쟁

『야전과 영원』에서 논했으므로 이번에는 별로 다루지 않겠지만, 에스파냐 신비주의라는 아주 중대한 '저항운동'(푸코)도 여기에서 탄생합니다. 자크 라캉을 부정하는 이 사람 저 사람을 칭찬하고, 덩달아 라캉을 비판하는 현대사상 해설서라 칭하는 사려 부족한 책은 끊이지 않고 뒤를 잇고, 그것을 다시 비판한다는 당파적 라캉파의 책이 아직도 출판되고 있습니다. 하지만 그렇게 협애한 라캉상을 라캉 스스로 극복하게 된 계기는 이 에스파냐 신비주의입니다. 아빌라의 성녀 테레지아와 그 오른팔인 십자가의 성 요한을 필두에 두는 운동입니다.

20세기 최대의 시인이라고 하면 T. S. 엘리어트와 폴 발레리, 라이너 마리아 릴케와 에즈라 파운드와 더불어 역시 파울 첼란이라고 생각합니다. 엘리어트가 그의 대표작『네 개의 사중주*Four Quartets*』에서 십자가의 요한을 많이 인용했고, 파운드도『캔토스*The Cantos*』에서 그를 언급하고 있습니다. 폴 발레리도 성 요한의『영적 찬가』를 완벽한 시의 한 예로 절찬하고 있습니다.

여기서 다시 한번 확인해둘까요? 좀 더 지긋지긋합니다만. 신비주의라고 하면 다들 반사적으로 경계를 합니다. 신비주의라는 말을 잘 알지도 못한 채 이 말을 매도하거나 욕할 때 사용하는 사람이 아직도 많습니다. 의미를 전혀 알지 못하는 것이지요. 그리스도교 신비주의에 대해 배운 적이 한 번이라도 있는 걸까요? 지금 예로 든 것만 해도 이미 라캉도, 푸코도, 20세기의 위대한 시인들도 그(녀)들을—사실은 '그녀들'이라고만 말하고 싶습니다만, 그 이유를 설명하면 또 길어지므로『야전과 영원』에 넘기겠습니다—예로 인용하고 있습니다. 그(녀)들은 아무도 죽이지 않았습니다. 아무도. 항상 그(녀)들은 죽임을 당하는 쪽이었으니까요.

죽임을 당할 것인가, 광기를 무릅쓰고 읽을 것인가

뭐 그런 거야 아무래도 좋습니다. 십자가의 성 요한을 오른 팔로 삼고 개혁운동에 나선 이가 아빌라의 성 테레지아라는 여성입니다. 그녀는 신기한 열렬함과 기묘한 무지를 갖고 있던 사람이었습니다. 그녀에게는 애독하던 신학서나 성서의 주석서가 있었습니다. 반복해서 그것을 읽었습니다. 그리고 어느 날 금서목록을 본 그녀는 경악합니다. 자신의 애독서가 대부분 금서목록에 들어 있었던 것입니다. 자칫하면 화형을 당할지도 모르는 일입니다. 죽임을 당할지도 모르는 것이지요. 14세기 초 프랑스 최대의 여성신비가인 마르게리트 포레트가 역시 이단자라는 선고를 받고 화형에 처해진 것처럼요.

어떻게 된 일인지 우리는 책을 읽거나 써도 죽임을 당하지 않는다고 생각합니다. 물론 죽임을 당하면 곤란하고 죽임을 당하지 않는 사회가 더 좋다는 것은 당연합니다. 그러나 그것은 자명한 전제가 아닙니다. 읽고 쓰는 것 때문에 목숨을 걸지 않을 수 있었던 날들—그것은 역사상 실로 짧은 시간이었습니다. 우리의 나날, 우리의 장소가 다소라도 그런 자유를 주고 있다는 것은 실로 기적이라 부를 만합니다. 그러므로 그렇게 뻔한 소리는 그만두고 이를 어떻게 해서든 끝까지 지켜내야 합니다. 아시아 중에서도 다소라도—다소라도입니다—언론의 자유가 지켜지고 있는 나라는 일본밖에 없습니다. 아시아에 일본이 공헌할 수 있는 것이 있다면 일단 이 한 가지가 있다고 생각합니다.

두려워하지 마라, 나는 너에게 마치 펼쳐진 책처럼 될 것이다

아, 이야기가 좀 벗어나고 말았습니다. 그래서 테레지아는 몹시 고뇌합니다. 그녀는 신비가이니까요—『야전과 영원』에서도 논했습니다만, 신비가라는 것은 제일 먼저 그녀에게 읽고 쓴다는 것이 처음부터 광기에 가까운 것이라는 것을 의미합니다. 그렇습니다. 정말 목숨을 택할지, 읽는 것의 광기를 택할지 하는 일이 됩니다. 죽임을 당하거나 아니면 광기를 무릅쓰고 읽거나. 읽는 내가 옳은지, 읽는 나를 압살하려는 세계가 옳은지—어쩐지 앞에서도 이와 같은 이야기를 한 것 같은 기분이 듭니다. 그리고 그녀는 환각을 봅니다. 거기에 예수 그리스도가 있습니다. 예수는 그녀에게 알립니다—"두려워하지 마라, 나는 너에게 마치 펼쳐진 책처럼 될 것이다."

두려워하지 마라, 내가 펼쳐진 책처럼—이라고. 이상한 것은 하나도 없습니다. 이미 말한 것입니다. 예수 그리스도라는 것은 신학 문헌에서 머리글자가 대문자인 말로 불리고, 마리아가 잉태한 신의 말이니까요. 이런 장소에서 에스파냐 신비주의는 발흥해온 절대주의 세속국가와 오래된 교회 권력에 대해 목숨을 걸고 동시에 저항해나갑니다. 금지된 책을 잃고 유럽 역사에 남은 신학 문헌을, 그리고 시를 썼던 것입니다. 반복할까요? 이런 일에 양심의 가책을 느끼는 인간의 신경을 저는 이해할 수가 없습니다. 신비주의다, 신학이다, 부정신학이다, 하며 욕을 해대는 인간의 신경을 말이지요. 그런 것은 단지 유럽인이 집안싸움을 할 때 나오는 욕설이겠지요.

그들이 전 세대를 극복하기 위한 집안싸움에서 나오는 욕이 아닐까요? 그런 것까지 유럽인을 흉내 내야 할까요? 그 반대겠지요. 그(녀)들의 위대한 족적을 확실히 보기 위해서라도 그런 비굴함을 넘어서야 합니다.

머리를 식힙시다. 이제 그들의 자작자연自作自演에 동조할 수 없습니다. 그런 냉철함을 가져야 죽음을 무릅쓰고 읽고 쓰는 일이 저항과 혁명을 불러오는 먼 징조라는 것이 분명해집니다. 이는 이야기를 시작할 때부터 반복하고 있는 것입니다.

그런데 이야기가 아무래도 그리스도교에 너무 치우친 것 같습니다. 또 하나 다른 이야기를 하겠습니다. 이것이 오늘 밤 가장 큰 포물선을 그리며 우회하는 일이 될 것입니다. 그 전에 하나 확인해두겠습니다. 다시 되돌아가게 됩니다만, 저는 종교 이야기를 하고 있는 게 아닙니다. 사실 문학 이야기를 하고 있는 겁니다. 혁명 이야기를 하고 있는 겁니다. 그렇습니다. 또 하나의 혁명에 대해 이야기하겠습니다. 다른 혁명 이야기를.

무함마드의 '혁명'

여기서 무함마드를 부릅시다. 그는 이슬람을 '정초'한 예언자라고 합니다. 여러분이 이슬람에 대해 어떤 인상을 갖고 있다 하더라도 이렇게 말하지 않으면 안 됩니다. 그는 여기서 새삼스럽게, 그리고 몇 번이라도 다시 다루어야 할 특이한 혁명가입니다. 확실하게 해두기 위해 말하겠습니다. 무함마드가 행한 것을 '혁명'이라고 부르는 것 역시 저의 독창적인 생각이 아닙니다. 안타깝게도 말이지요. 예컨대 일본에서 본격적인 이슬람 연구의 창시자라고 해도 좋은 이즈쓰 도시히코조차 무함마드가 행한 일을 혁명이라고 말하고 있습니다. 무슬림 연구자도—저는 프랑스어권 연구자밖에는 잘 모릅니다만—혁명이라는 표현을 쓰고 있습니다.

어원을 그렇게 거슬러 올라가지는 않겠습니다. '종교'라는 개념 정의는 이제 결말을 낼 수 없을 정도로 복잡하여 아주 골치 아프게 되었으니까요. 여기서는 단지 종교라는 말을 라틴어로 렐리기오 religio라고 한다는 것만 파악해두었으면 합니다. 무함마드에게는 그리스도교와 유대교라는 선례가 있었습니다. 자신이 하고 있는 일이 일종의 종교적인 것임을 알고 있었다는 것이지요. 일신교의 후예라는 의식이 있었습니다. 그러나 그는 렐리기오라는 어휘는 알지 못했으므로, 정확히 말하자면 자신이 하고 있는 일을 우리가 알고 있는 의미의 종교라고 생각했다고는 할 수 없습니다. 좀 더 말하자면 예수 그리스도도 부처도 그건 마찬가지입니다.

**자신이 하는 일을 종교라고 생각하는 종교가
할 수 있는 일은 아무것도 없다**

이런 표현을 해봅시다. 자신이 하는 일을 종교라고 생각하는 종교가 할 수 있는 일은 아무것도 없습니다. 아무것도. 종교 법

인인 것에 안심하고 인가를 받아 세제상의 우대 조치라는 은혜에
만족하며 기뻐하는 사람들이 할 수 있는 일은 아무것도 없습니다.
루터의 위대함을 이야기하고, 아우구스티누스나 테레지아의 위대
함을 말하고, 그리고 앞으로 무함마드의 위대함을 말하려고 할 때
굳이 이런 말을 하는 의미를 헤아려주었으면 합니다.

저는 그(녀)들을 혁명가로서, 따라서 문학자로서 이야기하고 있
습니다. 철저한 무신론은 이런 데서 시작될 수밖에 없습니다. 그것
은 이미 부분적으로 이야기한 것이고, 앞으로도 상세히 이야기하
게 되겠지요. 자, 이제 긴 설명이 필요 없을 정도로 자명한 것으로
보입니다. 시작할까요. 다시. 몇 번이라도.

자힐리야, 여자들의 오욕

이슬람 이전의 시대를 자힐리야라고 합니다. 무명無名 시대
라고 번역됩니다. 무지의 시대라는 것이지요. 어떤 문헌을 읽으니
이 시대도 다소 이상화하는 경향이 있는 것 같습니다. 매우 거칠고
씩씩한, 뭐랄까 아랍인이 아닌 사람이 투영된 환상으로서 〈아라비
아의 로렌스〉의 세계라 할까요. 그러나 저는 꽤 위화감을 느낍니다.

그것은 압도적으로 여성 차별적인 사회였다는 점에 있습니다.
한 가지 예를 들자면 자신의 아내가 아이를 낳습니다. 여자아이가
태어나면 여자는 도움이 되지 않는다며 벽에 내던져 죽이는 일이
아무렇지도 않게 기록되어 있습니다. 게다가 무함마드가 살았던

6세기 말 아랍은 일부의 부호와 대량의 빈민 사이의 격차가 심하여 많은 사람이 힘들어한 사회였습니다. 어쩐 일인지 이런 상황도 이상화하는 사람이 있습니다. 부족의 단결로, 피의 명예로 결속된 전사들의 사회였고, 거기에는 아랍의 기사도 정신이 숨 쉬고 있었다고 말이지요. 눈살을 찌푸릴 수밖에 없습니다. 혈연관계가 강고하고 빈부의 차가 심한 사회라니, 최악 아닌가요? 그런 상황을 아무렇지 않게 생각한다면, 가난한 사람들은 가난한 채로 남아 있고, 부자는 혈연관계로 점점 뒤룩뒤룩 살만 찌게 될 테니까요. 더구나 철저한 여성 차별이 있게 됩니다. 이때 무함마드가 등장하지요.

물론 일본어권에도 아주 뛰어난 이슬람 연구가 많고 그 식견에서도 영향을 받고 있습니다. 하지만 여기서 주로 제가 의거하는 것은 프랑스어권의 무슬림 지식인입니다. 급진적인 이슬람주의, 보통 일본에서는 이슬람 원리주의로 통용되고 있는데, 그런 운동에 저항하고 또 서구적인 가치관을 고압적으로 강요하는 세속화에도 저항하려는 양심적인 지식인이 많습니다. 그중에서도 르장드르에게 사숙하는 페티 벤슬라마와 그의 주위에서 공동 작업을 하는 사람들, 그들의 저작에 영향을 받고 있습니다. 이슬람 신학은 장대한 역사와 방대하고 상이한 신학 이론을 갖고 있으므로, 지금부터 말하는 것은 그들의 사색에 의거하는 코란론의 한 가지 가능성이지 다른 신학적인 입장을 배제하려는 것은 아닙니다. 이것은 분명히 말해두겠습니다.

나는 시장을 헤매고 다니며 먹고사는
평범한 남자에 지나지 않는다

무함마드는 '야팀^{Yateem}'입니다. 고아지요. 아버지 없는 아이입니다. 어머니도 그가 여섯 살 때 세상을 떠나고 말았습니다. 성전 『코란』은 분노의 책이기도 하기 때문에 고아, 빈민을 학대하는 사회에 대한 격렬한 의분의 말이 나옵니다. 그 이유도 알 만한 것이지요. 할아버지가 그를 키우는데 그 할아버지도 곧 세상을 떠나고 맙니다. 그 후에는 숙부의 보호를 받고 자랍니다. 물론 이슬람의 창시자이므로 나중에 여러 가지 신화적인 전승이 더해집니다. 뒤늦게 알게 되는 것^{hindsight}이라고 하면 좋지 않게 들릴지도 모르지만, 어쨌든 그의 성장에는 여러 가지 사적事績이 부여됩니다.

하지만 엄밀하고 실증적으로 더듬어 가보면 그는 아무래도 마흔 살이 될 때까지 뭘 했는지 확실히 알 수 없습니다. 당연히 상인 계층이므로 시리아로의 대상 무역에 종사했다고는 말할 수 있습니다. 그렇지요. 『코란』에서도 가장 아름다운 말 가운데 하나는 "나는 시장을 헤매고 다니며 먹고사는 평범한 남자에 지나지 않는다"라고 생각합니다. 말 그대로였겠지요. 그는 기적을 거부합니다. 신의 말을 받은 것이 기적이고, 그 이외의 기적을 일으키는 것은 거절합니다. 당연히 나중에 온갖 기적의 전승이 부가됩니다만, 기본적으로 일반 사람들에게 잘 먹혀들 기적을 일으키는 걸 계속 거절합니다.

하디자의 구혼

무함마드는 스물다섯 살 때 결혼합니다. 당시 마흔 살인 하디자라는 여성이 그에게 구혼한 것입니다. 당시의 기준으로 볼 때 마흔 살은 상당히 고령입니다. 어떤 문헌을 보니 무함마드가 하디자를 언제까지고 젊고 미인이라며 자랑삼아 이야기하는 부분이 있어 웃음 짓게 됩니다만, 어쨌든 혈통이 좋은 여성으로 부호였습니다. 무역상으로서 일을 잘 꾸려나가고 있는, 말하자면 여사장이었다고 해야 할까요. 그런 그녀가 무함마드를 보고 첫눈에 반하여 세 번째 남편으로 맞으려고 합니다. 무함마드가 더 놀랐던 모양으로, 주위 사람들도 다들 반대했습니다. 요컨대 여성 차별이 심한 사회에서 스스로 유복한 상인으로 활동하며 세 번째 남편을 자기가 구혼하여 맞이한다는 것은 굉장한 일입니다. 무함마드도 자신을 고용인으로 고용하겠다는 뜻이냐고 일부러 확인합니다. 그만큼 신분의 차가 있었던 것이지요.

그리고 두 사람은 결혼합니다. 무함마드와 하디자는 무척 사이가 좋은 잉꼬부부였습니다만, 무함마드에게는 명예롭지 못한 별명이 붙습니다. '씨 없는 놈'이라고 말이지요. 두 사람 사이에는 2남 4녀가 있었습니다만, 남자아이는 다 일찍 세상을 떠나고 맙니다. 딸만 태어났고, 네 명의 딸 중 몇 명은 하디자가 데려온 아이였던 것 같습니다. 당시의 남근주의적 아랍 사회에서 이는 조소의 대상이 되는 일이었습니다. 말문이 막히는 이야기입니다. 어쨌든 한 가지 지적해야 하는 것은, 예컨대 부처와 달리 그는 가정생활을 소홀히 한 일이 없다는 것입니다. 이것은 상당히 이례적인 일입니다.

고뇌하는 무함마드

무함마드는 드디어 마흔 살이 됩니다. 일부 문헌의 기술에 따르면, 그는 굉장히 이상한 꿈을 꾸었다고 합니다. 악몽이었는지 어떤지 정확히 알 수는 없습니다. 그리고 깊은 고민을, 그리고 불안을 안게 됩니다. 그래서 메카 교외에 있는 히라 산에 있는 동굴에 틀어박혀 명상에 들어갑니다. 이것은 당시 일반적인 일이었습니다. 앞에서도 말했다시피 마흔 살이라는 것은 당시로서는 상당히 고령이었습니다. 당시 아랍의 평균수명은 조사를 해도 알 수 없었으므로 자세한 사항은 모릅니다. 그러나 분명히 남은 수명은 지금보다 적었겠지요.

대천사 지브릴과의 조우

무함마드가 동굴 안에서 문득 고개를 드니 거기에 천사가 있습니다. 전승에 따라 여러 가지로 다른 설이 있습니다. 무함마드가 동굴에서 잠에 빠져 있을 때라는 설도 있고, 긴 고뇌 끝에 투신자살을 시도하려고 했을 때라는 전승도 있습니다. 애초에 그것을 천사라고 말하는 것은 나중의 일이라는 설도 있습니다. 그러나 어쨌든 천사가 거기에 있습니다. 떠 있습니다. 그 모습도 전거에 따라

묘사 방법이 다릅니다만, 아무튼 어둠 속에서 황금 피부를 빛내며 하얀 날개를 펼치고 있습니다. 깃털의 수도 500개 내지 1600개 등 여러 설이 있습니다. 날개는 초록색으로 지평선에까지 이르렀다는 설도 있습니다. 짙은 노란색의 머리를 늘어뜨리고 두 눈 사이에 태양이 빛나고 있었다는 기술도 있습니다. 어쨌든 터무니없는 것이 눈앞에 나타났습니다.

그렇지요. 대천사 지브릴이 출현한 것입니다. 그리스도교에서 말하는 천사 가브리엘입니다. 하얀 백합꽃을 손에 쥐고 마리아에게 수태고지를 한 그 천사입니다. 무함마드는—저는 이 부분이 훌륭하다고 생각합니다만—그때 그 자리에서 기뻐하거나 자랑스럽게 생각하지 않습니다. 자신이 미쳐버리지 않았나 생각하며 도망칩니다. 그는 나중에 "이 세상에서 사랑해야 할 것은 세 가지가 있다. 그것은 여성과 좋은 향기와 기도다"라고 술회하며 죽은 하디자 이야기를 하여 최후의 애처 아이샤에게 질투를 산, 조금은 속된 점도 있는 사랑할 만한 상식적인 사람이었으니까요. 도망갑니다. 달려서 도망칩니다. 그런데 다시 천사가 앞에 있습니다. 뒤를 돌아보자 거기에도 있습니다. 이제 필사적으로 하디자에게 돌아가 "내가 미친 것 같다, 어떻게 하지?" 하고 말합니다.

신은 결코 당신을 욕되게 하지 않을 거예요 — 하디자의 비호

하디자가 기다리는 집으로 돌아와 "나에게 옷을 입혀줘, 옷을"하고 말하며 와들와들 떨기 시작합니다. 그리고 아내에게 "내가 미쳐버린 걸까?"하고 묻습니다. 하디자의 대답이 남아 있습니다. 이렇습니다.

당치도 않아요. 신은 결코 당신을 욕되게 하지 않을 거예요. 당신은 식구들에게 잘하고 약한 자를 도와주며 가난한 자에게 은혜를 베풀고 여행자를 따뜻하게 대접하며 세상의 변화에 희생된 사람들을 도와왔으니까요.

무함마드는 하디자의 격려를 받고 용기를 되찾아 다시 동굴로 갑니다. 그러나 역시 지브릴이 있습니다.

여기서부터가 굉장히 훌륭합니다. 감동적이고 또 희극적인 장면이 시작됩니다. 전거에 따라 다릅니다만, 대체로 세 가지 설이 있습니다. 지브릴이 자루를 갖고 있어 그것을 무함마드의 머리에 씌워 목을 졸랐다는 설. 아무것도 갖지 않고 무함마드에게 덤벼들어 뒤에서 목을 죄어 꼼짝하지 못하게 했다는 설. 책 같은 것이 든 자루를 가지고 있어 그것으로 때렸다는 설. 이를 다섯 번 정도 합니다. "내 이야기를 듣겠느냐?" "싫습니다." 그러면 때리고 세게 조릅니다. 그리고 다시 묻습니다. 거부합니다. 다시 뒤에서 목을 죄어 꼼짝하지 못하게 합니다. 이를 다섯 번 정도 반복합니다.

그리고 신의 계시가 내려졌다 — '읽어라'

무척 유쾌합니다. 그러나 무함마드가 왜 이렇게까지 거부했을까요? 그 이유를 생각하면 정말 잘 이해할 수 있습니다. 왜냐하면 지브릴은 무함마드에게 읽으라고 하니까요. 읽어라, 고 말이지요. 그러나 무함마드는 무엇을 읽어야 좋을지 모릅니다. 도대체 뭘 읽으라는 겁니까, 하는 말대답까지 했습니다. 그러자 일단 천사가 사라졌다는 전승도 있습니다. 그러나 어쨌든 계시는 내려집니다. 대천사가 전한 신의 계시, 전 이슬람 세계를 정초하는 최초의 계시는 이렇습니다. 원문은 운을 살리고 있습니다.

읽어라. 창조주이신 주의 이름으로.
아주 작은 응혈에서 사람을 만드셨다.
읽어라. 너의 주는 더없이 고마우신 분이라,
붓을 드는 법을 가르쳐주신다.
사람에게 미지의 것을 가르쳐주신다.

너의 주는 더없이 고마우신 분이라, 붓을 드는 법을 가르쳐주신다. 사람에게 미지의 것을 가르쳐주신다

'읽어라^{iqra}'입니다. 왜 무함마드는 이를 몇 번이나 거부했을까요? 그렇습니다. 그는 문맹이었던 것입니다. 그런 그가 신에게 선택되어 읽으라는 절대명령을 받습니다. 당치 않습니다. 우리가 생각해온 논리에서 보면, 이것은 그 근방 사이비 교주의 공중부양 같은 소동이 아닐 겁니다. 이에 비하면 그런 '기적', '신비 체험' 같은 것은 속된 것에 지나지 않습니다.

실제로 이는 종교적인 의미에서의 기적도, 신비 체험도 아닙니다. 브랑셀이라는 프랑스의 이슬람 연구자가 말하고 있는데, 엄밀히 말하자면 당시에 유대·그리스도교적 '기적'이라는 개념에 일치하는 아랍어는 사실 존재하지 않았습니다. '신비'에 해당하는 어휘도 없었습니다. 그저 읽으라는 것입니다. 그뿐입니다.

그런데 무함마드로서는 미쳐버릴 것만 같은 일입니다. 몇 가지 전승이 있고 일치하지는 않습니다만, 여기서 다시 하디자에게 도망쳤다는 설도 있습니다. 그야 도망치겠지요. 그러나 그는 역시 '읽'게 됩니다. 이슬람의 성전 『코란』이란 'qur'ân', 즉 '읽기'라는 의미의 말에서 직접 온 것이니까요.

문맹이 '읽다'

이리하여 무함마드는 천사를 매개로 신의 말을 '읽'게 되었습니다. 그것만으로도 미칠 것 같은데 돌연 천사가 출현하지 않게 됩니다. 버려진 것인가 하고 그는 또 불안해집니다. 당연합니다. 어떻게 되든 발광 직전까지 갑니다. 그러나 최초의 무슬림인 아내 하디자에게 용기를 얻어 어떻게든 제정신을 차립니다. 딸들도 신도가 되어줍니다. 보세요. 최초의 신도들 대부분이 여성입니다. 이렇게 일의 경과를 보면 하디자가 없었다면 이슬람은 없었다고 생각하는 것이 자연스럽겠지요.

하디자가 없었다면 세계화도 없었다

고등학교 세계사 교과서에도 나오는 벨기에의 역사가 앙리 피렌은 "무함마드 없이는 샤를마뉴도 없다"고 했습니다. 다시 말해 무함마드가 등장하고 이슬람이 지중해 세계를 정복합니다. 그에 대항하고 그에 대해 닫음으로써 비로소 유럽은 고대에서 벗어나 통일체로 조직될 수 있었던 것입니다.

그러나 하디자가 없었다면 무함마드도 없었습니다. 그리고 하디자가 없었다면 유럽도 없었습니다. 즉 유럽에 의한 세계의 근대화도 없었습니다. 왜냐하면 하디자가 없었다면 세계화도 없었다고 말할 수도 있고, 게다가 그 세계화 안에서 다양한 우여곡절을 거치면서 저항하는 유일한 세력도 그녀가 선택한 남편이 창출해낸 이슬람 공동체였으니까요.

그렇다면 거기에서 포교는 잘되었을까요? 그렇지는 않습니다. 가혹한 박해를 받았고, 암살당할 뻔하기도 합니다.『코란』안에서 그가 맹렬한 어조로 다음과 같이 말하는 것은 왜일까요? 이제 알 것이라 생각합니다.

자신의 딸들을 죽인 자들이여, 자신의 딸들을 생매장한 자들이여, 최후의 심판의 날이 왔을 때 그녀들이 어떤 죄목으로 죽임을 당했는지, 너희들은 해명할 수 있겠느냐.

여성의 옹호자, 무함마드

나중에 다시 상세히 말하겠지만, 무함마드는 일종의 여성적인 사람이었고, 분명히 여성성으로 떠받쳐지고 있었습니다. 그는 일신교에 대한 지식이 별로 없어 그리스도교의 삼위일체를 신과 아들의 성령이 아니라 신과 아들과 마리아라고 믿고 있었습니다. 하지만 이것도 그다운 것입니다. 또한 세계의 교조들 중에서 유일하게 유언으로 이렇게 말합니다. 너희들의 아내, 누이, 딸들은 신으로부터 위탁받은 자이므로 소홀히 대하지 말라, 하고 말입니다. 그런데 이슬람이 왜 아직도 여성 차별적인 사회의 존립을 허용하고 있는지 저는 이해할 수가 없습니다. 앞에서 제가 의거한다고 말한 프랑스의 무슬림 지식인들도 이를 큰 문제로 집중 제기하고 있습니다. 그런 분별 있는 지식인들이 무슬림 안에 있다는 것을 여기서 꼭 전해주고 싶습니다.

어머니인 문맹, 책의 어머니

중요한 것은 여기서부터입니다. 몇 번이고 생각해보지 않으면 안 되는 것이 있습니다. 무함마드는 문맹이었다고 말했습니다. '문맹'은 아랍어로 '움미'^{ummî}'라고 합니다. 사실 이는 아랍어로 '어머니인'이라는 모성을 의미하는 말입니다. 낫 놓고 기역자도 모르는, 어머니인 예언자 무함마드. 하지만 그것뿐만이 아닙니다. 그는 천사 지브릴에 의해 신의 말을 전해 받았습니다. 게다가 어느 전승에 따르면, 지브릴은 책을 갖고 있었습니다. 다시 말해『코란』에는 인간이 읽을 수 없는 신의 말로 쓰인 '원본'이 있다는 것입니다. 그 '원본'을 이슬람에서는 '책의 어머니'$^{\text{um al-kitâb}}$'라고 합니다. 따라서『코란』은 책의 어머니의 사본인 셈입니다. 지브릴에 의한 계시가 있었다고 해서 이 '책의 어머니'에 대한 접근이 완전히 가능해졌다는 것은 아닙니다. 그것은 아직도 인간의 손이 미치지 않는, 읽을 수 없는 '뭔가'입니다.

다양한 신학적 입장이 있겠지만, 우리의 논리에서 보면 이런 것입니다. 이슬람을 고지^{告知}하는 이 계시는, 전혀 읽을 수 없는 남자와 근원적으로 읽을 수 없는 책 사이의 관계입니다. 두 어머니, 즉 어머니인 문맹 무함마드와 신이 지니고 있는 '책의 어머니'의 절대적인 관계입니다.

무함마드는 최후의 예언자입니다. 이제 예언자는 나타나지 않고 계시도 없습니다. 왜냐하면 이 '책의 어머니'는 두 번 다시 되돌릴 수 없는 것이기 때문입니다. 영구히 사라져 잊히고 맙니다. 무함마드가 읽는다는 것, 이는 '책의 어머니'에 대한 접근을 소진시키는 일입니다. 그러므로 읽는다는 것은 읽을 수 없다는 것입니다. 읽을 수 없다는 것은 읽을 수 있다는 것입니다. 책 같은 걸 읽을 수 있을 리가 없습니다. 책의 소실, 읽는 것의 좌절. 하지만 이것야말로 '빛나는 책'이라 불리는 『코란』('읽는다는 것')을 만들어내는 것입니다. 놀랄 만한 역설일까요? 그렇지도 않겠지요. 우리는 처음부터 말했습니다. 책은 읽을 수 없습니다. 읽을 수 있다면 미쳐버립니다. 하지만 그것만이, 그것만이 읽는다는 것입니다.

이리하여 책은 수태했다

벤슬라마는 이를 정확히 'le concept du livre'라 불렀습니다. 영어로 말하면 'the concept of the book'입니다. 책의 개념이라고 번역한다고 해도 의미는 알 수 없습니다. 당연히 이는 '책을 잉태하는 것'이라고 번역해야 합니다. 책의 어머니가 잉태하게 하는, 어머니인 고아의 '읽는다는 것'. 그것이 『코란』이고 이슬람 공동체의 근원입니다. 또 하나. 그리스도교에서 신은 아버지입니다. 하지만 무함마드는 "신은 낳지 않는다. 신은 태어나지 않는다"라고 말하며 신이 생식하는 아버지라는 것을 부정합니다. 게다가 『코란』에는 "무함마드는 너희들 누구의 아버지도 아니다"라고 쓰여 있습니다. 그런 것입니다. 제가 앞에서 이슬람과 무함마드의 여성성을 말한 이유를 아시겠지요.

무함마드는 통속적이고 상식적인 의미의 '신비주의자'와도 다릅니다. 신비주의자는 신을 찾아 신과의 합일을, 그리고 '신으로 존재하는 것'을 추구합니다. 하지만 어머니인 이 고아는 그것을 추구하지 않습니다. 그가 추구하는 궁극의 대상, 그것은 '책의 어머니'입니다. '책의 어머니'에 도달하는 것을 추구합니다. '책의 어머니'는 신이 아닙니다. 그는 신도, 신인 것도 추구하지 않습니다. 책을, 바로 책을 추구합니다. 읽을 수 없는 그가 읽을 수 없는 책을. 어머니인 그가 어머니인 책을.

천사란 누구인가 — 읽을 수 없는 것을 읽는 것

그리고 무함마드는 천사를 매개로 해서만 신의 말을 듣습니다. 왜냐하면 무함마드 자신은 직접 신을 보지 않았고 신의 음성을 듣지도 않았기 때문입니다. 이 또한 '이른바 신비주의'와는 다릅니다. 그렇습니다. 천사란 무엇일까요? 그것은 이 두 어머니, 두 어머니인 것을 가로막는, '읽을 수 없는' 것의 거리 자체고, 이 무한의 거리가 해소되는 '읽을 수 있는' 것의 아주 작은 기회입니다. 해후의 기회고 조우의 기회며, 그리고 자신이 신이라고 말하는 오만함을 용서하지 않는 무한의 '소격疏隔'입니다.

읽을 수 없는 것이 읽을 수 있는 것으로 전화하고, 읽을 수 있는 것이 갑자기 읽을 수 없는 것으로 흐려지는 이 절대적인 순간. 이 자체가 '천사'고 '천사적'인 것입니다. 읽을 수 없을 터인 것을 읽는 것, '읽는다'는 기회를 주는 것, 이것이야말로 천사적인 일입니다. 이미 말한 것입니다. 긴 설명이 필요 없을 만큼 자명합니다.

또 한 가지만 지적해두겠습니다. 문맹이 읽는 것입니다. 그렇다면 이는 소리를 내서 암기하고 암송하는 것인가, 하는 생각을 하는 것도 당연합니다. 그런 오해도 무리는 아니지요. 따라서 이를 '외워라'고 번역하는 경향도 있는 것 같습니다. 하지만 그렇지 않습니다. 『코란』에 "계시를 조급히 굴며 너의 혀를 움직이지 마라"라고 쓰여 있기 때문입니다. 소리를 내지 말라, 고 말이지요. 정말 완전히 엉망진창 아닌가요? 글자를 읽을 수 없다고 하는데도 말이지요. 그렇다면 언어를 초월하여 신의 소리가 뇌에 직접 전달되는 특수한 신비 체험이었을까요? 그것도 아닙니다.

이미 지적한 것처럼 여기에는 그렇게 엄밀한 의미의 '기적'이나 '신비'가 없었습니다. 애초에 천사가 일부러 매개하러, 즉 어떤 의미에서 '번역'하러 왔기 때문입니다. 다시 말해 이 '읽는 것'은 듣는 것도 눈으로 읽는 것도 아니라는 것입니다. 그 양쪽 다고, 그 어느 쪽도 아닌 '뭔가'입니다. 눈으로 소리를 읽고 귀로 문자를 듣습니다. 그 둘이 아직 분리되지 않은, 미분화된 채 실오라기 하나 걸치지 않고 벌거벗은 형태의 '읽기' 자체가 여기서 출현했습니다.

이는 사실 제가 『야전과 영원』 결론에서 논한 것과 관련되어 있습니다만, 그런 개인적인 것은 아무래도 좋습니다. 요컨대 어디까지나 '읽는다'는 것을 드러내는 일의 어려움을 계속해서 또렷이 보여주는 것입니다. 이 무함마드의 계시는.

대천사 지브릴은 무함마드의 목구멍을 찢고

훗날의 전승에 이런 우화가 있습니다. 이 '읽기'를 비유로 전하는 우화가 말이지요. 이렇습니다. 대천사 지브릴은 무함마드의 목구멍을 찢고 심장을 꺼내 씻었습니다. 그것을 무함마드의 신체에 돌려놓았을 때 그의 마음은 신앙과 지혜로 가득 찼습니다. 마음이 정화된 무함마드는 천마를 타고 한달음에 천리를 날아갔습니다.

목구멍을 찢고 심장을 꺼내 씻었다, 그러자 천리를 갔다 — 읽는다는 것은 이 정도의 일입니다. 그리고 그렇게 반복하지 않으면 안 됩니다. 몇 번이라도.

신은 최초로 붓을 만들고 이렇게 명했다, '써라'

이리하여 어머니인 문맹 무함마드는 읽을 수 없는 것을 읽었습니다. 책을 잉태했습니다. 『코란』은 그가 쓴 것도 편찬한 것도 아닙니다. 하지만 그는 근원적으로 책을 잉태하고 '읽는 것'을 의미하는 『코란』을 '썼'던 것입니다. 『하디스』라는 무함마드의 언행록이 있습니다. 거기에 그 자신이 말하는 훌륭한 문구가 있습니다. 이르길, 신이 최초로 창조한 것은 무엇인가? 붓입니다. 갈대를 꺾어 만든 붓입니다. 그리고 그것으로 쓰는 판 — 점토판일까요? — 을 창조하고, 신은 이렇게 말합니다. "써라."

다시 한번 인용할까요.

읽어라. 창조주이신 주의 이름으로.

아주 작은 웅혈에서 사람을 만드셨다.

읽어라. 너의 주는 더없이 고마우신 분이라,

붓을 드는 법을 가르쳐주신다.

사람에게 미지의 것을 가르쳐주신다.

완벽합니다. 이 문맹인 고아에게 내린 '읽어라', '붓을 들어라'라는 명령이 그 위대한 이슬람의 서예 문화를 만들어냈습니다. 유일하게 이와 비견할 만한 것은 중국의 서예 문화밖에 없습니다. 또한 구텐베르크가 인쇄술을 발명하기 이전에 가장 다수, 또 다종다양한 사본이 유통된 것은 이슬람권입니다. 어머니인 문맹의 고아야말로 사상 최대 규모로 읽고 쓰는 고도의 문화를 꽃피운 것입니다.

꽃피는 이슬람 '문학'

그러나 앞에서 말한 것처럼 그 후 무함마드의 포교가 순조롭게 진행된 것은 아닙니다. 13년간 포교한 끝에 신자를 얼마나 얻었는지 아십니까? 단 200명입니다. 13년 후에는 무함마드가 쉰세 살, 하디자는 이미 세상을 떠났습니다. 말할 것도 없이 하디자의 죽음은 그에게 고통이었고 큰 타격이었습니다. 그래서 200명밖에 모이지 않았습니다. 물론 아무리 인구가 다르다고 해도, 예컨대 옴진리교는 그렇게 부패하고 비열한 교의밖에 갖지 않았는데도 10여

년에 1500명이나 되는 신도를 모았으니까요. 그런데 무함마드는 어떻게 계속할 수 있었을까요? 그것은 당연합니다. 우리는 이미 여기까지 왔으므로 장황하게 설명할 필요도 없습니다. 그는 읽었습니다. 읽고 말았습니다. 읽은 것은 굽힐 수 없습니다. 결코.

시의 언어는 황금보다 훌륭하다

그럼 잠깐 여담 같은 이야기를 하겠습니다. 무함마드가 젊은 시절에 무엇을 했는가는 거의 남아 있지 않다고 말했습니다. 하지만 이는 상황 증거에서 볼 때 사실일 거라고 말하는 것이 있습니다. 카바 신전에서 시를 낭송하는 대회가 열렸습니다. 이 대회를 '무파카라'라고 합니다. 운을 맞춘 시를 읊는 대회로 토너먼트 방식으로 우승자를 가립니다. 무함마드는 웬일인지 이를 자주 보러 간 모양입니다. 래퍼들의 배틀 같은 것입니다. 우승한 시는 '무알라카트Mu'allaqt'라고 합니다. 이는 '걸어놓은 것'이라는 의미입니다. 즉 천에 금빛 글자로 쓰인 그 시를, 우승자를 칭송하기 위해 1년간 카바 신전에 걸어두는 것입니다.

무함마드는 시를 무척 좋아하여 『코란』에도 "시의 언어는 황금보다 훌륭하다"라고 쓰여 있습니다. 나중에 그는 아이샤라는 아내를 맞이합니다. 아이샤는 그 미모가 칭송받을 정도로 뛰어나고 무엇보다 재원이었습니다. 모든 아랍 시를 암기하고 있어 무함마드가 "그것 좀 해주게" 하면 아름다운 목소리로 술술 읊었고 또 자신도 시를 쓰고 연설까지 했던 여성이었습니다. 그리고 죽음이 다가왔음을 안 무함마드는 아이샤의 무릎에서 죽음을 맞이합니다. 아이샤의 증언에 따르면 무함마드는 죽기 직전에 눈을 크게 뜨고 아무것도 없는 공중을 보며 "아아, 고귀한 친구가" 하며 죽었다고 합니다. 아이샤는 말합니다. 수십 년이 지난 뒤에 다시 대천사 지브릴이 맞으러 왔을 거라고.

문학이야말로 혁명의 힘이고,
혁명은 문학으로부터만 일어난다

여기에 실로 흥미로운 것이 있습니다. 무함마드를 비난한 사람들의 대표적인 문구가 남아 있습니다. 이렇습니다. "그가 말한 것은 꿈을 그러모은 것이고, 그가 지어낸 것이며, 그는 시인에 지나지 않는다." 그에 맞서기 위해 무함마드는, 나는 예언자이지 결코 시인이 아니다, 라고 완강하게 부정하기도 합니다. 하지만 이는 역설적으로 그의 혁명이 무슨, 어떤 힘에 의한 것이었는지를 분명히 하고 있는 게 아닐까요? 그렇습니다. 그는 읽으라는 말을 듣고 읽었고, 쓰라는 말을 듣고 썼으며, 그리고 시를 읊은 것이었으니 말입니다. 몇 번이나 반복합니다. 문학이야말로 혁명의 힘이고, 혁명은 문학으로부터만 일어납니다. 읽고 쓰고 노래하는 것. 혁명은 거기에서만 일어납니다.

덮어버릴 수 있을까? 이날 밤의, 그 천사와의 해후를

또 확실히 해두지 않으면 안 됩니다. 저는 반복을 두려워하지 않는 것을 신조로 삼고 있습니다. 그러므로 이렇게 된 이상 몇 번이고 말하겠습니다. 이슬람이 다 '좋다'는 말을 저는 한마디도 하지 않았습니다. 이슬람에 의해 많은 피가 흘렸고, 엄청나게 많은 여성들이 상처를 입어왔습니다. 이는 의심할 여지가 없으며, 그리고 속죄할 수도 없는 사실입니다.

하지만 그렇다고 해서 무함마드에 관한 역사적 사실을 덮어버릴 수는 없습니다. 이날 밤의, 그 천사와의 해후를. 이 두 어머니의 경탄할 만한 만남을. 물론 그 뒤에 참사는 있었습니다. 유혈도 있었습니다. 하지만 그래도. 한순간 피었다 사라지는 불꽃같은 허무한 빛이었는지도 모릅니다. 그래도 거기에는 한순간이라도 빛이 있었고, 가능성이 있었고, 혁명이 있었습니다. 구원받은 목숨이 있었습니다. 그리고 최초의 말은 역시 "읽어라"였습니다. "붓을 드는 법을 가르쳐주신다." 그리고 꽃을 피운 것이 확실히 있었습니다. 그것은 거기에 있었습니다. 지금도 우리 눈앞에 펼쳐져 있습니다. 그렇습니다.

이슬람의 가르침에서는 세계의 종말이 올 때 확실한 징조 한 가지가 있다고 합니다. 그게 무엇인지 아시나요? 『코란』의 텍스트가 분실되고 그것이 잊히는 것이라고 합니다. 이교도인 처지에 건방진 말이지만 그런 일은 없습니다. 있을 수 없습니다. 그렇게 생각하지 않습니까?

케이알에스 원, 여성과 창조성

문득 생각이 났으므로 잠깐 여담을 하겠습니다. 여담이라 하기에는 저 개인에게는 아주 중요한 화제입니다. 케이알에스 원 KRS-One이라는 위대한 래퍼를 아십니까? 그는 일본어 랩에도 큰 영향을 주었습니다. 하지만 어쩐 일인지 원전도 번역판도 절판이 되어버린 『사이언스 오브 랩THE SCIENCE OF RAP』이라는 책의 결론에서 케이알에스 원은 다음과 같이 말합니다. 여성적인 것이야말로 창조적인 사고를 대표하는 것이고, 어머니밖에 없는 환경에서 자란, 미국에 사는 아프리카인 아이들이 창출한 것이기에 우리의 음악은 계속해서 창조적이라고. 대도시의 빈곤층에서는 여성의 영향이야말로 압도적이고, 그것이 힙합이 가진 창조성의 원천이라고.

놀라면 안 됩니다. 확실히 미국의 일부 힙합에서 보이는 남존여비적인 가사에 대한 강한 거부감이 있다는 것은 알고 있고, 저도 그런 감정을 공유하고 있습니다. 그러나 이는 앞에서 말한 무함마드의 사적과 같은 것입니다. 이렇게 정신이 번쩍 뜨이는 발언이 '더 티처The Teacha'라 불리며 존경받는 래퍼에 의해 나왔다는 것은 움직일 수 없고 부정할 수 없는 사실입니다. 물론 소울 페미니즘의 오랜 전통이라는 것도 고려하지 않으면 안 됩니다만, 아니, 여담이 지나친가요.

법의 기원을 둘러싼 서구적 사고의 예외,
아버지가 되지 않은 무함마드

좀 이해하기 어려운 논의입니다만, 이를 말하지 않고 넘어갈 수는 없습니다. 무함마드에게 이중의 모성 문제는 사실 철학적으로도 매우 중요합니다. 왜냐하면 어떤 유럽의 법 또는 권력을 둘러싼 일반적인 사고를 결정지었던 틀에 대항하는 것이기 때문입니다. 이 틀은 20세기에 전면화합니다만, 거슬러 올라가려고 하면 17세기 이전으로도 올라갈 수 있습니다. 이는 '법의 기원'에 관한 것입니다.

법의 기원에 대해 생각할 때 사고의 모델처럼 된 이야기가 있습니다. 이는 정신분석에서 출발하여 구조주의로 계승되었을 뿐만 아니라 그에 선행하는 형태에서도 다양한 분야로 확대되고 있습니다. 무함마드 이야기를 뒤따라가는 주석과 같은 형태가 되어버렸으므로 간결하게, 다소 단순화하여 말하겠습니다.

법의 기원은 사실 사고하기에 굉장히 어렵습니다. 역사적으로, 실증적으로 법이 탄생한 순간을 특정할 수 없기 때문입니다. 늘 사회에는 이미 법이 있습니다. 그것뿐이 아닙니다. 우리는 개인으로서도, 즉 주체로서도 문득 정신을 차렸을 때는—'철이 들었을 때는'—이미 말을 알고 있고 법을 알고 있습니다. 즉 정신을 차리고 보면 '사람을 죽여서는 안 된다'는 것을 알고 있는 것입니다. 그러므로 법의 기원은 생각하기가 무척 어렵습니다.

예를 들어 '법은 대체 어디에 있는가' 하는 단순한 물음조차도 벌써 대답하기 어렵습니다. 이를테면 육법전서가 여기에 있다고 합시다. 하지만 물질로서의 '그것'에 법이 '있는'가, 법 자체의 실체가 '있는'가 하면, 이는 사실 무척 수상쩍습니다. 왜냐하면 그것 '자체'는 물질로서 단순히 종이를 한데 모아놓은 것에 지나지 않기 때문입니다.

예컨대 그곳 계단에서 실수로 당신을 떨어뜨렸다고 합시다. 제가 우연히 비틀거리다 당신에게 부딪칩니다. 당신은 떨어지고 꼼짝도 하지 않습니다. 그러자 당연히 저는 죄책감에 시달리고 눈앞이 아찔해졌으며 맥박도 올라가고 진땀이 나면서 덜덜 떨리고, 이제 어떡하지, 하는 상태가 됩니다. 그렇다면 저의 신체나 뇌 안에 법 자체가 있어 그것이 작용하는가 하면 그렇지는 않습니다. 절개하여 해부를 해봐도 어디에도 없고 나오지 않습니다. 이렇게 법이나 규칙은 어디에 있는지조차 생각하는 것이 어렵습니다. 하물며 법이 어디서 온 것인가 하는 것은 생각하기가 대단히 어려운 것입니다.

법의 기원은 이토록 생각하기 어렵고, 그것 자체가 법이나 법칙의 존재를 전제하는 실증과학에서는 항상 이해할 수 없는 부분을 포함하고 있습니다. 그러므로 일종의 서사성이랄까 신화적인 이야기로밖에 다룰 수 없는 부분이 있습니다.

그래서 프로이트는 '과학적 신화'라는 아주 묘한 표현으로 어떤 '이야기'를 제기합니다. 법의 기원을 생각하기 위해 실로 신화적인, 신화의 원형 같은 대강의 줄거리를 이야기합니다. 물론 이는 역사적 또는 실증적으로 확인할 수 있는 것도 아니고, 이를 직접적으로, 예컨대 동물사회나 원시사회에 적용하려고 해도 잘 되지 않습니다. 그래서 그는 여기서 신화적인 이야기에 기댑니다. 그런 나쁜 실증주의에 빠져 있는 단순한 이론異論을 아직도 말하는 사람이 있습니다만, 프로이트의 사고가 가지는 가능성을 잘못 보고 있는 것입니다. 비판한다면 다른 방식이 있습니다. 반복합니다. 이는 처음부터 사고하기 어려운 '법의 기원'에 어떻게든 접근해보려는 시도인 것입니다.

처음에 '원부原父, Urvater'가 있었습니다. 모든 법을 모르고 법을 멸시하고 터무니없이 폭력적인 '큰 아버지'가 있었습니다. 살인 금지도 근친상간 금지도 몰랐으므로 그는 사람을 죽입니다. 그리고 온갖 여성을, 근친상간의 금지에 해당하는 여성조차도 독점해버립니다. 이런 폭력으로 여성으로부터 자손을 남기는 일에서 멀어져 있던 아들들은 결속하여 이 강대한 아버지를 살해합니다. 그리고 함께 이 아버지의 육체를 먹습니다. 아버지에 대한 증오와 함께 아버지와 동일화하고 싶은 욕망을 채우고 또 아버지를 살해했다는 죄책감도 이 '함께 먹는 것'에 의해 나눠 가집니다. 이 공유로부터 아들들 사이의 협정, 약속, 계약, 즉 '법'이 성립합니다. 이 '부친 살해'에 의해 아버지의 폭력이 정지될 뿐만 아니라 이후 살인 자체가 금지됩니다. 아버지를 상징적으로 나타내는 토템 동물은 축제 때만 죽여야 한다고 여겨지게 됩니다. 그리고 여성을 독점하는 것도 행해지지 않게 되고, 근친상간의 금지를 마련하여 동족의 여성과는 동침하지 않게 됩니다.

폭력은 선행하지 않는다,
폭력은 국가나 법의 기원도 근원도 아니다

여기서는 무엇을 말하고 있는 걸까요? 그렇습니다. '폭력의 선행성'을 말하고 있습니다. 하나의 국가나 사회를 정초하기 위해서는 우선 법을 모르는 강대한 힘을 가진 '아버지'가 필요합니다. 그러한 정초자의 근원적인 폭력이 우선 존재하지 않으면 안 됩니다. 그리고 이 폭력을 휘두르는 아버지에게 다시 폭력을 행사함으로써 비로소 법이, 그리고 법에 의한 평화가 성립합니다. 즉 법의 텍스트가 성립하고, 그에 준거하는 사회가 만들어지는 것입니다.

법과 텍스트에 비해 폭력이 선행합니다. 폭력이 항상 선행하고, 게다가 그 폭행을 멈추게 하기 위해서라고 해도 또다시 폭력이 행사됩니다. 폭력에 이은 폭력에서만 법과 텍스트가 출현합니다. 여기서는 법이, 텍스트가—즉 우리말로 하면 '문학'이야말로 이차적인 파생물로 생각되는 것입니다. 텍스트를 성립시키기 위해서가 아니라 우선 폭력에 대한 폭력이 있었다는 것입니다. 폭력의 연쇄와 그 일시적인 보류 상태야말로 사회의 근원이고 법의 기원이 됩니다.

이런 사고의 형식은 정신분석이나 인류학, 민속학뿐 아니라 상당히 다양한 분야로 확대되고 있습니다. 홉스의 사회학도 이런 사고 틀 안에 있는 것이기 때문입니다. 또한 이 틀로 분석해가면 어느 정도는 안심하고 여러 종교를 안 것 같은 생각을 할 수 있게 됩니다. 로마의 정초 신화 등은 전형적인 것인데, 자세히 논하는 것은 그만두기로 하겠습니다. 중요한 것은 다음입니다.

아시겠지요? 그렇습니다. 무함마드는 이런 유형에 들어가지 않습니다. 우선 그는 분명히 아버지이긴 합니다만 아들이 없습니다. 딸들의 아버지입니다. 또 원칙적으로 신자에게 아버지라고 한 일도 없습니다. 이미 인용했습니다. 『코란』에 "너희들 누군가의 아버지도 아니다"라고 쓰여 있다고 말이지요. 물론 그는 아주 우수한 군사 지휘자기도 했으므로 폭력과 완전히 단절되어 있었던 것은 아닙니다. 그러나 오랫동안 봐온 것처럼 그는 폭력을 선행시키지 않았습니다. 먼저 '읽어라'는 계시가 내려집니다. 법이, 텍스트가, '문학'이 절대적으로 선행하는 것입니다. 폭력적인 정초자라는 유형에는 들어맞지 않습니다. 그리고 그는 죽임을 당하지 않습니다. 법을 확립하기 위해서는 죽임을 당하지 않으면 안 되는 광포한 아버지가 아닐 뿐만 아니라 신의 아들도 아닙니다. 그런 법의 예외고 규칙을 면제받고 있는 초월적인 존재라는 것을 그는 스스로 부정하고 있습니다. 따라서 그를 죽이는 것에 의해 법이 출현한다는 이치는 무함마드에게는 전혀 맞지 않는 것입니다.

예를 들어볼까요? 우후드 전투가 한창일 때 무함마드가 전사했다는 소문이 돌아 사람들이 동요했을 때라는 설과 무함마드가 임종하여 사람들이 동요했을 때라는 설이 있습니다만, 어쨌든 무함마드가 죽었다는 소식이 신도에게 충격을 준 순간입니다. 무함마드의 친척인 지도자가 곧바로 이렇게 말합니다. "무함마드는 단지 사도에 지나지 않는다. 그 이전에도 많은 사도가 사라져갔다. 그가 죽거나 죽임을 당하면 너희들은 발길을 돌릴 것이냐. 누가 발길을 돌리든 전혀 알라를 해칠 수는 없다." 신체로서 살아 있는 그가 죽건 죽임을 당하건 내려온 법은, 말은 불변합니다. 이리하여 또다시 그는 여기서 일종의 상대화되는 것입니다. 사도의 한 사람에 지나지 않은 그가 죽임을 당했다고 해서 그게 어쨌다는 것이냐, 라고 말이지요. 이런 것은 무함마드가 창출한 공동체의 존립을 털끝만치도 훼손하지 않았습니다. 무함마드는 원부原父가 아닙니다. 무함마드는 폭력을 선행시키지 않습니다.

그러므로 이슬람은 근본적으로 정신분석적·민족학적 사고의 틀에 들어가지 않습니다. 국가나 공동체나 법의 기원에서 폭력을 찾는 사고와는 양립할 수 없는 것을 포함하고 있습니다. 알다시피 에드워드 사이드는 중동 문화를 미적으로만 뛰어난 것으로 칭송하는 대신 지적으로는 열등한 것으로 차별하는 태도를 '오리엔탈리즘'이라 부르며 비판했습니다. 그렇습니다. 무함마드의 존재를 오리엔탈리즘적으로 배제하는 것에 의해서만 사회계약론을 포함한 근대에서 현대에 걸친, 법이나 정치의 기원에 얽힌 사고가 성립해 있는 것입니다.

'부친 살해' 사고의 한계

그렇지 않습니다. 그럴 수는 없습니다. 무함마드뿐만이 아닙니다. 루터의 행적에서도 이를 지적할 수 있지 않았습니까? 반복합니다. 폭력이 반드시 선행하고 폭력이야말로 국가나 법의 기원이고 근원이라는 사고는 완전히 시야 협착에 빠져 있습니다. 그 반대입니다. 폭력은 없느니만 못한 이차적인 파생물에 지나지 않습니다. 특히 혁명의 본질은 읽고 쓰고 번역하는 텍스트의 변환입니다. 르장드르의 표현을 빌리자면, 그것은 텍스트의 '대사代謝'입니다. 텍스트라는 신체corpus의 신진대사입니다. 텍스트의 대사에 폭력이, 또는 무한히 폭력을 휘두르는 한 정초자를 만장일치로 죽이는 폭력이 정말 필요한 걸까요? 왕 살해, 부친 살해라는 절차가 정말 필요할까요? 혁명과 폭력의 관계는 과연 필요할까요? 이것이야말로 여기서 질문되고 있는 것입니다.

이 물음을 다시 생각해보지도 않고 이런 '부친 살해'의 사고에 일단 올라타면 이는 안이하게 흘러간 일반화라는 비난을 면치 못할 것입니다. 게다가 그것은 오리엔탈리즘에 의한 차별을 포함하고 있을 가능성이 있기 때문에 말해 뭘 하겠습니까? 이렇게 안일함으로 흐른 사고 위에 무엇을 쌓아올린다고 해도 소용없습니다. 그 위에 구조주의인지 포스트구조주의인지 사회학인지 뭔지 모르겠습니다만, 뭘 쌓아올린다고 해도 어쩔 수 없습니다. 최초의 전제가 이상하니까요.

무함마드는 군사 지도자기도 했습니다. 이는 부정할 수 없습니다. 하지만 아니, 다시 반복하지 않겠습니다. 그의 신기한 여성성과 원부原父인 것에 대한 거부를, 어머니인 문맹으로서 책의 어머니를 바라는 이 광기를, 읽어라 그리고 써라, 라는 명령에 충실하고자 한 이 의지를 우리는 길게 이야기해왔으니까요. 그 절대적인 천사와의 해후에 대해서 말이요. 게다가 자신은 시장을 헤매고 다니는 남자에 지나지 않는다고 말할 뿐만 아니라 어쨌든 자기 앞에 12만 4000명의 예언자가 있었다고 말하니까요. 묘하게 꼼꼼한 숫자로. 그런데 아무리 그렇다고 해도 숫자가 너무 많지 않나요? 이런 자기의 절대화를 회피하는 것을 말할 때의 그가 가장 쾌활하고 강력하게 빛나며, 그리고 그는 우리에게 많은 것을 아낌없이 주는 존재입니다. 저에게는 아무래도 그렇게 생각됩니다.

나쁜 원리주의, 그 새로운 정의

여기서 우리는 엄밀하게 구별하여, 우리의 행위로부터 분리하여 생각해야만 합니다. 무엇을? 원리주의를요. 예컨대 루터는 철저히 성서에서만 전거를 찾았습니다. 이를 원리주의적 태도라고 하는 사람도 있습니다. 어쩌면 이슬람 급진주의라고 하면 거의 원리주의의 대명사 취급을 하는 사람도 아직 있겠지요. 원리주의라는 말 자체가 뭐든지 처넣어두는 쓰레기통 같은 애매한 개념으로 전락하고 말았습니다.

그렇다면 여기까지 철저히 생각해온 우리가 이제 새롭게 나쁜 원리주의로 정의해야 할 것은 무엇일까요? 그것은 자신과 텍스트를 구별할 수 없게 된 사람, 그리고 그 병든 상태라는 것에 다름 아닙니다. 대부분 폭력적인 원리주의는 이른바 '무원리주의'며, 의거하고 있다는 텍스트에 전혀 근거를 두고 있지 않습니다. 아마 제대로 읽지도 않았을 겁니다. 역사상 그리고 신학상 여러 가지로 견해 차이가 있고, 지하드를 선언하기 위해서는 합법적 권한에 기초하는 절차가 필요하고, 예컨대 일정한 수의 법학자가 모여 정당한 절차를 밟아 의결하지 않으면 안 될 것입니다. 그런데도 그런 권한 같은 게 있을 리 없고, 이슬람법을 제대로 배운 적도 없는 남자가 멋대로 지하드를 입에 담습니다. 그런 예는 저 같은 사람이 여기서 열거하지 않더라도 얼마든지 들 수 있겠지요.

최종 해탈자를 자처하지 마라

옴진리교도 그렇습니다. 불교든 그리스도교든 자기들 멋대로 과거의 성전을 인용합니다만, 사실 제대로 성전을 읽지 않았습니다. 이제 와서 부처가 수행을 부정했다는 말을 하지 않으면 안 되는 걸까요? 불교는 광대한 교양을 포함하기 때문에 일률적으로 말할 수는 없지만, 적어도 원시불전原始佛典에 의거하는 한 이런 말은 할 수 있습니다. 부처조차 최종적인 해탈, 즉 열반(니르바나)에 달한 것은 죽을 때입니다. 살아 있는 동안에 최종적인 해탈 같은 건 있을 수 없습니다. 옴진리교 교주 아사하라 쇼코처럼 살아 있는 동안 '최종 해탈자'를 자처하는 것은 문제가 되지 않습니다. 완전히 논외지요. 또 티베트 불교의 게룩파에서 '최종 해탈자를 자처하지 말라'는 규칙은 4대 계율 중 하나입니다. 즉 죽이지 마라, 도둑질하지 마라, 간음하지 마라에 버금가는 계율인 것이지요.

기적을 부정하는 부처

애초에 원시불전의 하나인 『대반열반경大般涅槃經』에는 유명한 부분이 있습니다. 부처가 열반에 드는, 즉 죽을 때의 장면입니다. 때아니게 갑자기 사라쌍수의 꽃이 만개하여 그 순백의 꽃잎이 부처의 몸에 내리덮이고, 하늘에서는 악기를 연주하고 합창하는 소리가 들려옵니다. 즉 기적이 일어난 것입니다. 그러나 부처는 냉담하게 제자 아난다에게 말합니다. "이런 기적이 문제가 아니다. 이런 걸로 존경받고 싶지는 않다. 문제는 올바르게 이법에 따르고 실천하는 것이다"라고 말이지요. 다시 말해 부처는 자신이 말한 것을 행하는 것이야말로 중요하다며 기적을 부정하고 죽어갑니다. 처음부터 값싼 속임수 같은 신비 체험이나 기적을 팔아먹는 사람이 아니었던 것입니다.

예수는 말한다, 그날 그 시간은 아무도 모른다

또 하나. 옴진리교가 이제 곧 종말이 온다고 떠들썩하게 이야기했을 때 엉뚱하게도 그리스도교에 의거하고 있다고 자칭했습니다. 그렇다면 루터처럼 성서로 돌아가기로 합시다. 마르코의 복음서 13장 32~34절입니다. 예수는 종말의 '그날과 그 시간'의 도래에 대해 다음과 같이 말합니다. 직접 인용하겠습니다.

그러나 그날과 그 시간은 아무도 모른다. 하늘에 있는 천사들도 모르고 아들도 모르고 오직 아버지만이 아신다.
그때가 언제 올는지 모르니 조심해서 항상 깨어 있어라.
그것은 마치 먼 길을 떠나는 사람이 종들에게 자기 권한을 주며 각각 일을 맡기고, 특히 문지기에게는 깨어 있으라고 분부하는 것과 같다.*

종말의 기한을 정하는 것은 악마다

"아들도 모르고"라는 것은 신의 아들 예수 자신도 모른다는 것을 말합니다. 나도 종말이 언제 올지 모른다, 라고 말이지요. 여기에 분명히 쓰여 있습니다. 성서입니다. 책을 읽으세요, 책을. 그렇다면 루터를 따라 성서에 반하는 자를 악마라고 부르면 아무래도 이렇게 됩니다. 종말의 기한을 정하는 것은 악마다, 라고.

* 성서 개정판, 공동번역, 대한성서공회, 2001 —옮긴이.

원리주의자는 책을 읽을 수 없다, 그럴 용기도 없다

따라서 옴진리교는 아주 나쁜 원리주의인 것입니다. 원리주의자는 책을 읽지 않습니다. 책을 읽을 수 없는 것입니다. 책을 '읽을 수 없음'과 '읽기 어려움'에 맞설 용기도 힘도 없습니다. 나약한 사람들이라는 것이지요. 우리는 아주 오랫동안 말해왔습니다. 텍스트를 읽는다는 것은 광기의 행위라고. 책을 읽으면, 읽고 말면, 아무래도―내가 잘못된 건지 세상이 잘못된 건지, 몸과 마음을 애태우는 이 물음에 목숨을 걸 수밖에 없게 된다고. 사람들은 모릅니다. 읽을 수 있을 리가 없는 책을 그래도 읽는다는 것, 그 안에 있는 텍스트의 이물감, 외재성, 생생한 타자성을 모릅니다. 가혹하기까지 한 그 무자비함을 모릅니다. 그에 대한 두려움을 모릅니다. 그 놀랄 만한 '읽어라'라는 명령의 열정을 모릅니다.

반대로 무척 단정하지 못한 형태로 "내가 말하는 것이 성서이고, 내가 말하는 것이 『코란』이고, 내가 말하는 것이 불전이다"라는 정말 꼴사나운 모습에 자족한 채 지칠 줄을 모릅니다. 따라서 텍스트를 향하는 잔혹한 체험에 자신의 죽음과 광기를 무릅쓰고 몸을 드러낼 수가 없습니다. 그런 기적이 세계에 있을 수 있다는 사실조차도 감지할 수 없습니다. 그러므로 텍스트와 자신이 구별되지 않게 되는 것입니다. 그들에게 근거나 전거는 모두 자신입니다. 준거는 자신입니다. 그래서 자신이 생각한 것이 모두 성서나 불전에 쓰여 있다는 하찮은 망상에 안심하고 몸을 맡길 수 있는 겁니다. 거기에는 외부성과 타자성이 결여되어 있습니다.

루터 또는 무함마드에게 '읽다'라는 것은 무엇을 전제로 한 것이었을까요? 세계와 자신과 책이 따로 있다는 것입니다. 생생한 이물異物로서 타자성으로 분리되고 구별되어 있다는 것입니다. 바로 그렇기 때문에 '책'을 읽는 자신이 미쳤는가, 아니면 세상이 미쳤는가 하는 물음이 가능해집니다. 이렇게 당연한 일이 원리주의자들에게는 알 수 없게 된 것입니다. 이런 원리주의적 사고의 함정은 얼마든지 널려 있습니다. 지금도.

너는 죽는다, 반드시 죽는다, 절대 죽는다.
죽음은 피할 수 없다

세계와 자신과 책이 따로 있다는 것을 알 수 없게 됩니다. 이는 사실 옴진리교 같은 컬트 집단이 항상 '종말'과 '죽음'을 이용하는 것과 관계가 있습니다. 옴진리교가 해체된 이후 알레프Aleph*를 거쳐 지금은 '빛의 고리ひかりの輪'**의 대표인 조유 후미히로가 있습니다. 아사하라 쇼코가 체포되었을 때 매스컴에서 조유 후미히로는 이런 말을 했습니다. 역시 중요한 것은 누구나 죽는다, 절대 죽는다, 반드시 죽는다는 것인데, 이를 중심으로 해나갈 생각이다, 라고 말이지요.

---

* 2000년 옴진리교라는 명칭의 사용이 금지당했으므로 알레프로 개칭했다―옮긴이.
** 알레프의 대표였던 조유 후미히로가 2007년 알레프로부터 독립하여 설립한 종교단체―옮긴이.

실제로 아사하라 쇼코는 〈바르도의 인도〉라는 세뇌 비디오에서 "너는 죽는다, 반드시 죽는다, 절대 죽는다. 죽음은 피할 수 없다"라고 스스로 내레이터로 나와 반복해서 말하고 있습니다. 다시 말해 '어차피 죽는 거니까' 뭔가를 하지 않으면 안 된다—그들은 '죽음의 공포'를 부추겨 행동으로 이끄는 그런 이야기를 만들어낸 것입니다. 게다가 여기서 '죽음의 선동'에 위협당해 하는 '뭔가'도 사실 '구제'라는 이름을 빌린 종말론적인 '죽음'과 '절멸'을 이끌어내는 행위 이외의 아무것도 아닙니다. 그들이 생각하는 것도, 행동하는 것도 어디까지나 종말과 죽음과 절멸인 것입니다.

나쁜 종말론은 자신이 살아 있는 동안 세계의 종말과 멸망이 일어나기를 바란다

대저 이 세상에는 끝이 있다는 생각만으로 '종말론'이라 부르는 것이며, 그렇게 되면 앞에서 "그날과 그 시간은 아무도 모른다"라고 말한 예수도 종말론자인 것입니다. 당연한 말이지만 자신이 살아 있는 동안에는 종말은 오지 않는다고 생각해도 종말이 있다고 생각하는 이상 이는 종말론으로 정의할 수 있습니다. 하지만 옴진리교의 경우는 더욱 압도적으로 병들어 있습니다. 왜냐하면 자신이 살고 있는 동안 종말이 오는 것을 바라는 것이니까요. '어차피 죽는다'는 것입니다. "죽는다, 반드시 죽는다, 절대 죽는다. 죽음은 피할 수 없"으니 차라리 '지금' 죽고 싶다. 그뿐 아니라 자기만 죽는 것은 싫다, 다른 놈들은 다들 즐겁게 살고 있는데 나와 우리만 죽는 건 싫다, 세계 전체를 끌어들여 다 함께 죽고 싶다는 것입니다. 다시 말해 거기에는 "자신의 죽음과 이 세계 전체의 절대적인 죽음을, 즉 세계의 멸망을 일치시키고 싶다"는 욕망이 있는 것입니다.

종말과 절멸의 '절대적 향락'

'모든 것'에 대해 '모든 것'을 말하는 것, '하나'에 대해 '모든 것'을 말하는 것, 이런 것을 추구하는 것은 병들어 있는 것이라고 첫째 밤에 이야기했습니다. 그와 마찬가지입니다. 여기서 추구되고 있는 것은 '모든' 사람의 죽음이 '모두' 일치하는 것, '하나'인 자신의 죽음이 '모든' 세계의 죽음과 일치하는 것, '모든' 사람의 죽음이 '한' 종말의 죽음으로 실현된다는 것이기 때문입니다. 자크 라캉이라면 이를 '절대적 향락'이라 부를 것입니다. 모든 사람의 죽음이 일치하는, 절대적 향락의 순간, 이 결정적인 종말의 순간에 '모든' 사람이 '하나'가 되는 것입니다. 절대적인 구제, 즉 절대적인 멸망과 죽음에서 말이지요.

'읽지 않는' 것은 사람을 죽인다

보세요. 자신과 세계가 구분되어 있지 않습니다. 자기 한 사람의 죽음과 모든 세계의 죽음이 구별되어 있지 않습니다. 거기에는 밖이 없습니다. 왜일까요? 책을 읽을 수 없기 때문입니다. 조금 전에 말한 것처럼 "책을 읽을 수 없음을, 그래도 읽는다"는 문학과 혁명의 고난, 이 책의 타자성에서 유래하는 위대한 싸움은 자신과 세계와 텍스트가 따로 있다는 것을 전제로 하는 것입니다.

잘 생각해보면 이런 당연한 전제가 문득 알 수 없게 되는 순간이 찾아옵니다. 자신이 말하는 것과 성전이 구별되지 않는다는 것은, 성전이나 책에 무엇이 쓰여 있건 자신이 멋대로 언제 종말이 올지 지정할 수 있다는 것이 됩니다. 왜냐하면 근거가 자신이니까요. 근거는, 텍스트라는 자신이 생각하는 대로 되지 않는 바깥에 있는 것이 아니라 자기 안에 있으니까요. 거기에서 대량의 죽음을 이끌어낼 수도 있습니다. 자신의 죽음과 세계의 죽음을 일치시키는 일을 이끌어낼 수도 있습니다.

그들에게 바깥은 없습니다. 자신의 바깥은 없고, 모든 것은 자신입니다. 그러므로 자신의 생각은 읽지 않더라도 성전에 쓰여 있다는 것이 되고, 자신의 죽음은 저절로 세계의 죽음과 겹치게 됩니다. 완전히 병들어 있습니다. 이리하여 "읽을 수 없는 것을 읽는다"는 고난과는 반대인 "어차피 읽히는, 읽히는 것밖에 읽지 않는, 읽지 않아도 이미 안다며 얕보고 읽지 않"는 안일함이 죽음을, 한없는 죽음을 낳는 것입니다. 루터나 무함마드와 달리 아무것도 낳지 않는, 뒤에 아무것도 남기지 않는, 그저 무익한 대량의 죽음을 말이지요.

나치, 세계와 함께 자살하는 것

죽음에 대한 선동, 죽음의 공포라는 선동을 받고 오히려 죽음으로, 그리고 자신의 죽음과 세계의 멸망이 일치하는 절대적 순간의 향락으로. 이는 사실 나치적인 담론입니다. 소설가 토마스 만은 일찌감치 자료도 다 나오지 않을 때부터 명민하게 지적했습니다. 나치의 본질은 전쟁을 위한 전쟁이고 자신의 죽음과 멸망을 위한 전쟁이라고 말이지요. 아주 지당한 말이라고 할 수밖에 없습니다. 나치가 목표로 했던 것, 그들이 궁극적으로 지향했던 것도 사실 잘 모르지 않나요? 그건 자살입니다. 게다가 자신과 세계를 일격에 동시에 죽이는 것. 종말의 절대적 향락의 순간이 도래하는 것을 불러오는 것입니다.

이는 예컨대 미셸 푸코도 강의에서 극명하게 지적하고 있고, 피에르 르장드르도 분명히 "독일 국가의 절대적 자살"이라는 표현을 쓰고 있습니다. 실제로 히틀러는 총통명령 전문 71호에서 이 세상의 다른 모든 민족을 멸망시키라는 명령을 내리는 동시에 "독일인의 생존 조건을 파괴하라"는 명령을 내렸습니다. 역시 "자신의 죽음의 순간과 모든 타자, 모든 세계의 죽음의 순간과 일치시키"는 것을 '절대적 향락'으로 꿈꾸었던 것입니다. 어리석기 짝이 없지요.

옴진리교나 나치와 동형의 사고를 전개하는 현대사상

덧붙여 말하자면, 자크 라캉은 자기 이론의 실마리가 된 '상상계'라는 개념을 제기할 때 베를린올림픽에 출현한 '총통의 모습'을 비판적으로 생각하기 시작한 일이 큰 영향을 미쳤다고 분명히 직접 말하고 있고, 또 다른 여러 논자들도 지적하고 있습니다. 정신분석을 그런 정치적 장에서 분리하여 심미적인 비평 이론으로 좁히는 것이 전적으로 잘못된 것임을 알겠지요.

그것은 정말 가혹한 일입니다. 왜냐하면 현대사상은 그 후 압도적으로 병든 방향으로 향하고 말았으니까요. 누구나 "역사의 종말"이니 "우리는 잠재적으로 아우슈비츠에 있는 것이다"느니 "인간의 역사는 끝났고 이미 종말이 찾아왔으며 이제 우리는 인간이 아니다"느니 하는 쓸데없는 잡담을 늘어놓을 뿐입니다. 그리고 거기에서 '현실'에 대한, '현재'에 대한 굴종을 선전하며 돌아다니려고 합니다. 이게 뭘까요? 이런 것이 사상이라는 이름에 걸맞은 것인가요? 우리가 말해온 그(녀)들의 노력을 짓밟을 생각인가요? 옴진리교나 나치와 같은 형태의 사고를 반복할 뿐만 아니라 '이미 끝났다', '사실 우리는 이미 종말을 맞고 있다'니, 대체 이 얼마나 비열한 굴종입니까? 그런데도 이런 것이 좋은 것으로 여겨지게 된 겁니다. 기가 막혀 말이 안 나옵니다. 이런 건 비극도 희극도 아닙니다. 그저 가소로울 뿐이지요.

전세도 여기고 내세도 여기다

갑작스러운 말입니다만, 전세는 존재합니다. 전세는 우리가 살지 않았던 세계를 말합니다. 내세라는 것도 존재합니다. 우리가 죽은 뒤의 세계입니다. 그것은 실재합니다. 작가 엔조 도가 정말 그 사람답게 냉정하고 명민한 말을 했습니다. "독아론獨我論은 사실 '자질'의 문제고, 독아론적으로 생각할 수 없는 사람이 독아론을 생각했다면 우스꽝스러운 일이다"라고요. 그가 어떤지는 모르겠습니다. 하지만 저는 독아론이라는 걸 전혀 모릅니다.

자신이 죽은 뒤에도 세상은 계속된다

제가 죽은 뒤에도 세상은 계속됩니다. 저 같은 사람과는 전혀 관계없이 말이지요. 하지만 자신이 죽은 뒤 자신과는 전혀 무관하게, 자신의 죽음 따위는 돌아보는 일도 없이, 아무 일도 없이 세상이 계속된다는 것이, 단지 그 사실이 도저히 받아들여지지 않는 사람이 있습니다. 자신이 죽은 뒤 세상이 황금시대를 맞이할지도 모른다는 것이 말이지요. 어떻게든 자신이 살고 있는 시대에 역사의 종말이 오지 않으면 곤란한 사람이 있다는 것이지요. 조르조 아감벤이나 코제브처럼요. 시시합니다. 그게 어떤 사고와 동형인지 이미 보여주었지요.

제발 부탁이니 사전 정도 찾아보는 게 어떨까 — 아감벤 비판

아감벤이 어떤 저작에서 굉장히 어리석은 말을 합니다. 알

렉산드리아인가 어딘가에서 세계의 끝, 종말을 그린 그림이 나옵니다. 즉 천국이 도래한 그림이지요. 거기에는 동물의 얼굴을 한 사람들이 식사를 하는 그림이 그려져 있습니다. 그래서 아감벤은 흥분하여 역시 세계의 종말, 역사의 종언은 동물의 세계다, 동물화인 것이다, 하며 기고만장한 어조로 주장합니다. 실소를 금할 수 없습니다. 왜일까요?

물론 일신교에서 세계의 종말은 천국의 도래기도 합니다. 하지만 천국은 원래 그리스어로 '파라데이소스paradeisos'라고 하는데, 더 거슬러 올라가면 고대 페르시아어인 '파이리다에자pairidaèza'가 어원입니다. 그런데 파이리다에자란 무슨 뜻일까요? 원래 여기에는 천국이라는 의미가 없었습니다. '둘러싸다'는 의미고, 나아가서는 '왕의 즐거움을 위한 광활한 동물원이나 식물원'을 의미했습니다. 이 말은 헤브라이 문화로 전해져 인간의 종말에 약속되는 구제의 장소인 '천국(파라다이스)'으로 전화轉化한 것입니다. 따라서 그것은 "사자와 양이 함께 어울리며 평화롭게 사는 곳이다"라고 정의된 것입니다. 그러므로 세계의 종말에 오는 천국도 원래는 동물원이라는 의미입니다. 고대의 화가가 그 원뜻을 알고 있어 예술가 또는 직인으로서 자신의 창의적 고안의 일환으로 그런 그림을 그렸을 뿐입니다.

현대 이탈리아의 한 철학자처럼 멋대로 된 망상을 투영하는 짓은 그만두었으면 합니다. 제발 부탁이니 사전 정도 찾아보는 게 어떨까요? 이런 텍스트의 역사성, 즉 타자성을 알지 못하는 사람이 철학자인 체하고 있는 겁니다. 정말 딱 벌어진 입이 다물어지지 않습니다. 벤슬라마도 아감벤의 『아우슈비츠로부터 남은 것*Quel che resta di Auschwitz*』(1998)을 철저하게 비판했어요. 이쯤에서 그만두기로 하지요. 저도 그 비판은 좀 점잖지 않다고 할까, 가엾다고 생각될 정도로 철저한 것이었으니까요.

아감벤처럼 남이 하는 대로 덩달아 끝이다, 종말이다, 동물이다, 하고 떠드는 사람은 전 세계에 우글우글합니다. 그런데 조금은 자신이 얼마나 저열하고 무참하며 조악한 사고의 형태에 알랑거리고 있는지 가슴에 손을 얹고 생각해봤으면 합니다. 이건 충고입니다. 지금이라면 아직 늦지 않았다고 말하고 싶지만, 글쎄요. 그들이 나치나 옴진리교가 벌인 것 같은 참화를 일으키지 않기만을 바랄 뿐입니다.

1929년 10월 대공황이 일어나기 석 달 전, 이 또한 가여우니 이름은 말하지 않겠습니다만, 하버드대학의 어느 경제학부 교수가 역사는 끝났다고 말했습니다. 시장은 경기변동의 역사를 끝내고, 이제 계속해서 호황일 거라고, 시장은 호경기인 채 계속 안정될 것이라고 말이지요. 이 정도의 창피를 당하는 것으로 끝나면 좋겠네요.

세계는 더 넓고, 더욱 오래 계속된다

다시 한번 확인해두겠습니다. 자신이 살고 있는 이 시대에 역사는 결정적인 순간을 맞이하고 있으며 자신이 그 결정적인 끝이나 시작을 살고 있다, 그런 게 아니면 싫다, 이 얼마나 유치한 사고입니까? 포스트모던인지 뭔지 모르겠지만 말이지요. 프랑스 현대사상이라는 이름으로 불리는 위대한 철학자들은 평생에 걸쳐 이런 사고를 계속 거부해왔습니다. 그런데 왜 그들은 오히려 이런 사고에 속해 있다고 생각하는 걸까요? 그것이 어떤 데마고기^{demagogy}에 의한 것인지는 알지 못합니다. 알고 싶지도 않습니다. 사실이 아니니까요. 온갖 차원에서 이런 사고가 아직도 만연하고 있지만, 이런 사고는 근본적으로 나치적이고 컬트적입니다.

강의할 때 가벼운 농담으로 자주 말합니다만, 왜 할리우드 영화에서든 뭐에서든 세계의 명운을 걸고 싸우는 걸까요? 세계의 명운이나 멸망을 건 싸움을 해야 끓어오를 수 있다면, 그건 그냥 불감증이 아닐까요? 자신이 죽은 뒤에도 자신과는 전혀 무관하게 세계는 계속됩니다. 세계는 넓습니다. 그 세계는 더욱 넓습니다. 세계는 계속됩니다. 그 세계는 더욱 오래 계속됩니다. 우리가 죽은 뒤에도 세계는 변합니다. 우리 시대야말로 새로운 시대라고 말하는 것이 가소롭기 짝이 없는 잡담이 되는 미래가 옵니다. 단지 이 정도의 것도 견딜 수 없는 걸까요? 종말론을 비판하는 것은 누구라도 할 수 있습니다. 입으로만 종말론을 비판하는 것은 아주 쉽습니다. 하지만 자신이 살고 있는 이 시대가 결정적인 종말이고 시작이라는 사고도 실은 종말론입니다. 옴진리교나 나치 같은, 가장 병들었으며 나쁜 종말론인 것입니다.

현대문학의 항전, 끝나지 않는 '피네간의 경야'

그리고—그렇네요. 역시 문학은 이에 철저하게 항전했습니다. 제임스 조이스의 『피네간의 경야Finnegans Wake』라는 제목은 무슨 뜻일까요? 물론 아일랜드의 속요 〈피네간의 경야〉에서 온 것입니다. 아일랜드의 신화적 영웅 '핀이 돌아온다'라는 의미도 있습니다. 그러나 이는 우선 피네간의 'Wake', 즉 '경야經夜', '깨어남' 그리고 삶의 영위인 '항적航跡'을 표현한 것입니다. 또한 '피네간'에 함의되어 있는 'Finn-Again'은 '끝, 다시'라는 의미기도 하기 때문에, 또 끝이 왔지만 다시 깨어난다는 것입니다. 또다시 찾아온 종말, 하지만 끝날 것 같아도 끝나지 않는다는 의미입니다. 실제로 그 소설은 끝이 없습니다. 정말 그런 식으로 쓰여 있습니다.

베케트, 영원히 계속되는 종반전

제임스 조이스의 제자인 사무엘 베케트도 「끝The End」(1946)이라는 소설, 그리고 「승부의 끝Fin de partie」(1957)이라는 희곡을 썼습니다. 그러나 「끝」은 잡지에 게재될 때 '계속'이라는 제목이었습니다. 역시 끝날 것 같지만 전혀 끝나지 않는, 길게 계속될 수밖에 없고 계속할 수밖에 없다는 소설을 썼습니다. 「승부의 끝」으로 번역된 작품은 원래 제목이 'Endgame'이라고 합니다. 체스의 '종반전'이라는 의미로 '영원히 계속되는 종반전'입니다. "괜찮겠지. 이건 말이야, 결코 끝나지 않아. 난 말이야 절대 나가지 않는다"라고 중얼거리는 클로브가 주인공 함의 얼굴에 손수건을 덮어주는 데서 끝납니다. 함은 죽은 것 같습니다. 하지만 베케트 자신이 베를린에서 이 작품을 연출했을 때 분명히 말했습니다. 이 손수건은 '죽기 위해서'가 아니라 '침묵하기 쉽게 하기 위해서'라고. 그리고 또 손수건은 막幕을 의미하는가라는 질문에 무뚝뚝하게 "그렇소"라고 대답했다고 합니다.

다카하시 야스나리가 지적하는 것처럼, 이는 완전히 자기들끼리만 알고 다른 사람들은 모르는 것입니다. 다시 말해 이 손수건이 '막'이라고 한다면, 모든 것이 끝나고 함도 죽은 것처럼 보여주면서 "내일 밤 다시 이 연극을 공연하겠습니다"라는 반복성을 표현하고 있습니다. 모든 것이 끝났고 함도 죽었다니, 다음 날 극장에 오면 함이 다시 살아 있습니다. 그렇게 아주 유머러스하고 유쾌한 장치가 설치되어 있어, 결국 끝은 없다는 것이지요.

「고도를 기다리며」 ― 그리고 다시 싸우기 시작했어

「고도를 기다리며」는 종말론적인 이야기라고 생각되고 있습니다만, 절대 그런 게 아닙니다. 떠올려봅시다. 이 20세기 최대의 걸작은 어떻게 시작되었습니까? 우선 '저녁soir'이라는 지문이 쓰여 있습니다. '저녁이 찾아온다'는 것이지요. 그리고 에스트라공이 "어쩔 도리가 없다rien àfaire"고 말합니다. 직접적으로 이는 단지 구두를 벗을 수 없다는 것인데, 사실은 이중 의미로, 이제 할 일이 아무것도 없다, 어쩔 수 없다는 뜻입니다. 이제 끝났다, 라고 말이지요. 거기에 어슬렁어슬렁 블라디미르가 등장하고, 에스트라공의 첫 대사를 진지하게 받아들여 이렇게 말합니다.

나도 그렇게 믿을 뻔했어. 하지만 난 오랫동안 그런 생각에 거슬러왔어, 자신에게 이렇게 훈계하면서 — 블라디미르, 잘 생각해봐. 넌 아직 모든 걸 시도해본 건 아냐, 라고 말이야. 그리고 다시 싸우기 시작했어.

"그리고 다시 싸우기 시작했어." 그리고 이 블라디미르가 포조라는 남자에게 그 내력을 집요하게 캐묻는 장면이 나옵니다. "그건 언제 얘기야?" 하고 말이지요. 그러자 포조가 돌연 격노하며 이렇게 말합니다.

이제 지긋지긋해, 그만둬. 시간 이야기를 이러쿵저러쿵 얘기하는 건, 바보 같아! 언제야! 언제야! 어느 날이면 안 되는 거야? 다른 날들과 마찬가지인 어느 날, 놈은 벙어리가 되었어. 어느 날 나는 맹인이 되었어. 어느 날 우리는 귀머거리가 될지도 모르지. 어느 날 태어났어. 어느 날 죽겠지. 같은 어느 날, 같은 어느 시간에. 그것으로 충분하잖아. 여자들은 묘석 위에 걸터앉아 출산을 하지. 그 순간 해가 빛나는 거야. 그리고 또 새로운 밤이 찾아오지. 앞으로!

"다른 날들과 마찬가지인 어느 날", "또다시 새로운 밤이 찾아오지. 앞으로!" 이런 연극입니다. 이 장면을 인용한 것은, 축자적으로는 아니지만, 분명히 미셸 푸코가 인용구 없이 인용한 부분이기 때문입니다. 지금 자신이 살고 있는 현재가 결정적인 시대라는 것을 거부하기 위해서요. 그것을 깨달았을 때는 감격했습니다. 사실 베케트의 다른 텍스트도 인용구 없이, 그러나 완전히 문자 그대로 장황하게 인용하는 부분이 있는데, 그것 역시 완전히 동일하게 끝없이 이어지는 것을, 계속되는 것을, 아니 이건 제쳐둡시다.

베케트는 웃으며 대답했다 ─ 공생이라네

이런 베케트주의자로서의 푸코라는 시점 없이 어떻게 푸코에 대해 논할 수 있는지 저로서는 이해할 수가 없습니다. 그렇습니다. 바로 현대문학은 자신이 살고 있는 동안 뭔가 결정적인 몰락이나 종언이 일어나주지 않으면 곤란하다는 유치한 사고에 대한 투쟁으로 조직되어왔습니다. 이 희곡은 지금도 부조리나 난해라는 말을 듣고 있습니다. 그러나 대체 이 희곡은 뭘 의미하고 있는 겁니까, 하는 젊은 배우의 소박한 질문에 베케트가 뭐라고 대답했는지 아십니까? 웃으면서 베케트는 이렇게 대답했다고 합니다. "공생이라네."

그렇습니다. 문학이, 위대한 모더니즘 문학의 달성이 이토록 병든 사고의 형식에 대한 얼마나 끈질긴 저항이었는지, 이는 그 명백한 증명이라고 생각됩니다.

자, 길어졌습니다. 지금껏 가장 길었나요?

상당히 먼 길을 걸어왔습니다. 아주 길게 '문학'에 대해, 그리고 그 혁명의 힘에 대해 말해왔으니까요. 하지만 아직 끝나지 않습니다. 이런 데서 끝날 리가 없지요. 원리주의 이야기를 한 이상, 다음은 종교와 신앙에 대한 이야기도 해야 하고, 무엇보다도—그렇네요. 중세 해석자 혁명에 대한 이야기를 해야 합니다.

아차, 벌써 또 밤이 깊었네요. 앞으로, 앞으로 나아가야 합니다. 우리도 똑같은 이날의 계속을, 다른 날과 아무것도 변하지 않는 다음 날을 향하여.

2010년 7월 6일

넷째
밤

우리에게는　보인다

중세 해석자
혁명을
넘어

여름도 완연하고 맑게 갠 날의 연속이네요. 장마가 끝난 걸까요? 요즘은 일어나자마자 조깅을 하고 있습니다. 새벽에야 잠이 들기 때문에 일어난다고 해봐야 아주 늦은 시간에 일어나게 되어 아무래도 푹푹 찌는 한낮에 달리게 됩니다. 그러니 얼굴과 팔다리만 점점 까맣게 타서 머리와 날개와 꼬리만 까만 새 밀화부리 같다고 할까요. 아무튼 묘한 느낌이 되고 말았습니다. 올해는 바다에 갈 수 있었으면 좋으련만.

자, 오늘은 좀 더 복잡하게 얽힌, 딱딱한 이야기가 될지도 모르겠습니다. 물론 논의하게 될 내용이 그런 점도 있습니다. 제가 말해온 이야기의 일부도 포함하여 우리의 사고 틀을 갑작스레 걷어치우는 이야기가 될 테니까요. 별안간 어두워지기도 하고 환해지기도 하여 앞이 안 보이게 되고 눈이 적응하여 사물의 윤곽이 보일 때까지 약간의 시간이 걸릴지도 모르는 그런 느낌이 들지도 모릅니다. 그런 일이 일어나지 않도록 이야기가 잘되었으면 좋겠습니다.

지금까지 우리는 장황하게, 문학이야말로 혁명의 본질이며 폭력은 이차적인 것에 지나지 않다고 이야기해왔습니다. 읽는 것, 다시 읽는 것, 쓰는 것, 다시 쓰는 것, 이것이야말로 세계를 변혁하는 힘의 근원이라고도 했습니다. 이 말 그대로며, 이를 부정하는 것은 아닙니다.

하지만 먼 길을 걸어 우리는 결국 여기까지 왔습니다. 여기서 끝나서는 안 된다, 그것으로는 아직 불충분하다, 라고 말할 수 있는 이곳까지. 우리는 그곳도 넘어가야 합니다. 단지 문자를 쓰는 것 '만'이 특권적으로 권력, 나아가 혁명에 속한다는. 그렇게 오랫동안 계속된 사고의 도정마저 답파하지 않으면 안 됩니다. 그렇다면 대체 어떻게 될까요? 물론 우리가 말해온 '문학'에서의 쓰는 것과 정보라는 쇠약한 형태에서 쓰는 것이 전혀 별개라는 사실을 누차 강조한 상태에서.

12세기에 혁명이 일어났다
─ 모든 유럽 혁명의 어머니인 혁명이

루터의 혁명과 무함마드의 혁명. 지금까지 두 혁명에 대해 이야기했습니다. 그러나 이제 유럽에서 발생한 최초의 혁명에 대해 이야기해야 합니다. 그 이후 서구에서 발생한 혁명을 결정지은 혁명, 아니 후속 혁명은 모두 그 연장선 위에 있고, 계속 그 틀 안에 있어온 유럽 혁명의 어머니인 혁명에 대하여.

루터 혁명에 대해 이야기할 때 이미 말한 대로입니다. 이는 몇몇 이름을 갖고 있습니다. 피에르 르장드르가 말하는 중세 해석자 혁명. 오이겐 로젠쉬톡-후시나 해럴드 조지프 버먼이 말하는 교황 혁명. 12세기 르네상스라는 표현을 쓰는 사람도 있는데, 여기서 르네상스라는 말을 쓰게 되면 정말이지 뭐든지 르네상스가 되어버립니다. 그러니 이 호칭은 피하기로 합시다. 12세기 혁명이라는 표현도 간혹 보이는데, 이것도 쓸 수 있을지 모르겠습니다.

12세기 자본제의 배태

먼저 확인해둡시다. 11세기 말부터 12세기에 혁명이 일어났습니다. 그 여파까지 시야에 넣는다면, 그 혁명은 어쩌면 13세기까지 이어졌을 겁니다. 이는 사실이고, 당연히 저의 독창적인 생각이 아닙니다. 르장드르나 버먼 등 앞에서 말한 네 명만 그렇게 말한 것도 아닙니다.

예컨대 저명한 역사학자 페르낭 브로델은 '장기長期 16세기'라는 인상적인 표현을 썼고, 그 전후 수세기에 경제 혁명이 일어났다고 지적했습니다. 15세기 말부터 16세기, 길게 잡으면 17세기경까지 자본제 경제의 씨는 뿌려져 있었다고 말입니다. 하지만 이를 이어받아 그 영향 아래에 있는 역사가들이 '장기 12세기'라는 표현을 써서, 11세기 말쯤부터 법제도의 정비가 진행되고 그에 따라 이미 범유럽적인 대규모 상업권이 확립되었다고 지적했습니다. 그리고 12세기에서 14세기에는 이미 이윤 추구를 위한 생산 활동이나 가격경쟁, 개인의 신용 거래나 자본의 원시적 축적 등 이른바 자본제의 기초로 생각되는 것이 존재하고 있었습니다. 이런 사실은 이미 받아들여지고 있었고, 일부의 실증적인 역사 연구자들 사이에서는 상식에 속하는 사항입니다.

미국의 경제학자 더글러스 세실 노스 등도 이런 지적을 했습니다. 물론 자본제의 싹이 튼 것은 16세기 이후라는 의견이 뿌리 깊은 것은 어쩔 수 없는 점이 있습니다. 왜냐하면 15세기에 흑사병이 크게 유행하고, 백년전쟁이 지루하게 계속되어 인구도 줄었고, 요즘 말로 하면 경제 불황이 오랫동안 계속되었기 때문입니다. 중세 해석자 혁명의 달성이 루터 혁명 때는 중단된 것처럼, 일단 거기서 경제 혁명의 성과도 중단될 기미를 보였습니다. 그 때문에 그전의 혁명의 성과가 보이기 힘들어졌습니다. 하지만 16세기에 일어난 일을 상업혁명으로 부른다면, 이는 12세기 상업혁명을 전제로 한 것입니다. 반복합니다만, 12세기 상업혁명은 역시 법의 정비 없이, 아니 '법의 혁명', 즉 중세 해석자 혁명 없이는 불가능했습니다. 이는 강조해야 할 논점입니다.

그들은 자신들을 근대라고 불렀다
— 루터도, 오컴의 윌리엄도, 12세기 법학자도

그렇습니다. 그것은 '새로운 시대'였습니다. 쓴웃음을 짓게 되는 재미있는 일이 있습니다. 루터파는 자신들을 뭐라 불렀을까요? 근대인, 새로운 시대의 사람이라 불렀습니다. 루터가 말하기를,

"우리는 새로운 시대의 막을 여는 경험을 하고 있다." 그리고 중세라는 호칭을 일반적인 것으로 만든 것도 루터파입니다. 원시 그리스도교의 진정한 신앙으로 회귀함으로써 새로운 시대를 개척하는 것은 우리고, 그 사이의 야만적인 시대를 중세라 부르자고 한 것이 그들입니다.

그뿐만이 아닙니다. 사실 14세기부터 16세기, 즉 루터가 출현하기 이전 오컴의 윌리엄William of Ockham을 필두로 하는 후기 스콜라학파는 자신들의 유명론을 가리켜 '근대의 길/방법via moderna'이라 불렀습니다. 즉 스스로 새로운 시대의 새로운 사고를 대표하는 자들로 생각했던 것이지요. 또 있습니다. 12세기 중세 해석자 혁명에 참가한 법학자, 신학자 들이 이미 자신과 자신의 시대를 '근대'라 불렀습니다. 나중에 말하겠지만 확실히 그들은 근대적인 법 시스템의 창시자이므로 꼭 틀린 말은 아닙니다. 그렇지만 르장드르가 "만약 지금 뭔가가 끝나려 하고 있다면 그것은 중세다"라고, 다소 미소 섞인, 그러나 충분히 신랄한 아이러니를 담아 말하는 것은 이런 이유에서가 아닐까요?

어쨌든 사람은 자신을 새롭다고 믿고 싶어 하는 존재고, 자신의 시대를 새로운 시대의 여명이라고 생각하지 않고는 견딜 수 없는 존재입니다. 옛날부터, 더 옛날부터. 이는 좀 우스꽝스럽습니다. 하지만 그들의 위대한 업적, 그들이 달성한 것을 생각하면 그 정도의 치기는 허용되어야 하겠지요. 다만 이런 것을 모르는 사람들이 근대라고 하는 것도 성에 차지 않은지 또다시, 젊은 우리의 시대는 포스트모던이다, 새롭다, 하는 식으로 말하는 건 정말이지 창피해 죽겠습니다. 선인들이 달성한 것을 알려고도, 존경과 존중의 마음을 가지려고도 하지 않으니 어쩔 수 없습니다만, 이제 그런 유치한 태도는 그만두는 것이 좋지 않을까요? 저는 자신이 하고 있는 일이 새롭다고 생각한 적이 한 번도 없습니다. 물론 보수라고도 반동이라고도 생각하지 않습니다. 그런 거야 아무래도 좋습니다. 사람이 하는 일은 어디까지나 베케트가 말하는 "낡은 나사의 새로운 회전"이라는 것이지요. 그것은 뭔가의 계속이고, 뭔가를 계속하는 일입니다. 그걸로 충분하겠지요.

'새로운 법'을 낳은 혁명

이야기가 좀 벗어났습니다. 우선 확실히 파악해두고 싶은 것은, 글쎄요, 좁게 잡으면 11세기 중반부터 12세기 중반의 100년, 좀 더 넓게 잡으면 12세기 말까지의 150년이 되나요? 그 이전의 유럽과 그 이후 시대의 유럽에는 결정적인 비연속성이 있다는 사실입니다. 우리가 통상 '근대'라 부르는 시대의 모든 것, 근대법이나 근대 정치제도뿐만이 아니라 근대국가, 근대철학 그리고 근대의 대학, 근대과학, 문학을 포함한 학문은 여기에 연원을 갖습니다. 여기에 혁명이 있습니다. 이를 교황 혁명 또는 중세 해석자 혁명이라 부릅니다. 무엇보다 먼저 이는 최초의 '근대법', 당시의 호칭으로 하면 '새로운 법$^{jus\ novum}$'을 낳은 운동이었다는 것입니다.

구체적으로는 무엇이 일어났을까요? 여기서는 르장드르가 '단순한 에피소드'에 지나지 않다고 한 부분과 그 에피소드에 머무르지 않은 '혁명의 본질' 부분을 나눠서 생각해보기로 하겠습니다. 여기서 지금까지 사용해온 두 가지 호칭을 억지로 각각에 할당하겠습니다. 전자를 '교황 혁명', 후자를 '중세 해석자 혁명'이라 부르기로 합시다. 확인하자면 이는 설명을 위한 편의일 뿐 똑같은 하나의 혁명입니다. 하지만 분명히 다른 두 측면을 갖고 있습니다.

'성스러운 사탄' 교황 그레고리우스 7세의 투쟁

먼저 교황 혁명에 대해 간단히 설명하겠습니다. 저는 석 달 밖에 고등학교를 다니지 않아서 실은 잘 모릅니다만, 여러분은 고등학교 세계사 교과서에서 배웠을 겁니다. '카노사의 굴욕'이라고. 어쩐지 세계사의 용어 중에서도 기묘한 울림을 가진 이름으로 불리는 이 사건을 기억하고 있는 분도 많을 것입니다. 그것은 교황 혁명의 일환으로 일어난 일입니다.

힐데브란트, 즉 교황 그레고리우스 7세가 1073년에 즉위하여 부패한 그리스도교 세계를 개혁하기 시작합니다. 루터도 성미가 상당히 과격한 사람으로 입을 잘못 놀리는 경향이 있었는데, 그런 점은 힐데브란트도 비슷했습니다. 자기보다 나이가 많은 친구이자 혁명의 동지인 신학자 페트루스 다미아니에게 '성스러운 사탄'이라는 별명을 붙여주었으니 그런 점이 있는 사람이었을 겁니다. 그런 사람이었으므로 힐데브란트는 신성로마제국의 하인리히 4세와 충돌해도 물러설 줄을 모릅니다.

여기에서 이른바 '서임권 투쟁'이라 불리는 권력투쟁이 시작됩니다. 처음에는 하인리히 4세가 열세였지만, 결국에는 그가 이탈리아에 침입하여 로마를 포위함으로써 그레고리우스 7세는 모든 추기경으로부터 버림받아 로마를 탈출하여 죽게 됩니다. 그리고 유럽 세계에서는 교황 칼리스투스 2세와 하인리히 5세 사이에 체결된 1122년의 보름스협약까지 50년 가까이 산발적인 내전·분쟁 상태가 이어집니다.

교황 혁명은 성공했다

그렇다면 교황 혁명은 실패로 끝난 걸까요? 모든 게 허사였을까요? 당연히 전혀 그렇지 않습니다. 그레고리우스 7세의 뜻을 이어받아 개혁을 지향한 교황들의 이상은 결국 달성되었습니다. 소홀히 여겨지고 있던 성직자의 독신제celibacy는 확립되었고 성직 매매는 소멸되었으며 교황권은 13세기의 절정기를 향한 날갯짓을 시작합니다. 이 혁명의 성과가 끊겼으므로 루터의 혁명이 있었다는 이야기는 앞에서 했습니다.

하지만 이것뿐이었다면 대단한 것이 아니었겠지요. 굳이 교과서 수준의 서술을 했지만 이 정도의 일이 왜 미증유의 혁명인지, 이것만으로는 전혀 알 수 없습니다. 보름스협약으로 혁명은 끝난 것이 아니었습니다. 보름스협약으로 교황이 성직자를 서임敍任할 권리를 되찾았다는 표면적인 의의밖에 보지 않는다면, 왜 이것이 혁명인지는 이해할 수 없게 됩니다. 사실 일반적인 고등학교 세계사 자료집에도 실려 있는, 힌트가 되는 것이 하나 있습니다. 보름스협약을 승인하기 위해 250년이 넘은 세월을 거쳐 공의회가 부활했습니다. 새롭게 소집된 제1차 라테라노 공의회란 무엇일까요? 그렇습니다. 이것이야말로 근대 의회의 기원이었습니다.

은밀한 다른 혁명 ― 『로마법 대전』의 발견

그렇습니다. 혁명의 본체는 그렇게 좀 더 은밀하게 일어났습니다. 11세기 말 피사의 도서관 구석에서 한 무더기의 책이 발견됩니다. 유스티니아누스 법전입니다. 즉 동로마제국 황제 유스티니아누스의 명령에 따라 법학자 트리보니아누스가 편찬한 『로마법 대전Corpus Juris Civilis』 전 50권이 '발견'된 것입니다. 그 위대한 법전은 그때까지 전혀 이해 불가능한 것으로 생각되어 누구 한 사람 돌아본 사람이 없었습니다. 6세기부터 11세기 말까지 600년 가까이 완전한 망각에 묻혀 있었습니다. 사라졌던 것이지요. 그러나 그들은 그것을 찾아내 '들고 읽었'습니다. 아주 긴 시간에 걸쳐 믿기 힘든 노력을 아낌없이 투입하였지요.

여기서 유럽은 지금까지 전혀 몰랐던 한없이 정치한 법 개념과 법률 용어를 대량으로 입수하게 됩니다. 이리하여 과거의 거대한 유산인 로마법을 교회법에 주입하여 전대미문의 규모로 고쳐 쓰는 작업이 진행됩니다. 그들은 읽었습니다. 읽어버린 이상 고쳐 읽지 않으면 안 됩니다. 고쳐 읽은 이상 고쳐 쓰지 않으면 안 됩니다. 읽은 것은 굽힐 수 없습니다. 그렇다면 쓰기 시작해야만 합니다. 반복합니다. 그것이, 그것만이 '혁명의 본체'입니다.

법의 혁명, 『그라티아누스 교령집』의 결정적인 승리

앞에서 말한 대로 여기서 '새로운 법'이 성립합니다. 그것은 쓰였습니다. 물론 교회법뿐만 아니라 이 '혁명'에 자극받아 세속법, 예컨대 군주법이나 제국법, 봉건법, 장원법, 도시법, 상법 등도 차례로 고쳐 쓰입니다. 그리고 12세기 중반 교회법학자 그라티아누스의 '교회법 모순 조항의 해류집'이라는 별명으로 불린 『그라티아누스 교령집*Decretum Gratiani*』에 그 성과가 집성됩니다. 이리하여 르장드르의 말을 빌리면 "혁명은 『그라티아누스 교령집』의 결정적인 승리로 끝났"습니다.

범유럽 공통법으로서의 교회법, 그것은 무엇이었는가

교회란 그리스도교 사회 전체를 말하고, 교회법이란 그 사회 전체를 통괄하는 법이었다는 이야기는 앞에서도 했습니다. 로마법을 주입받아 고쳐 쓰인 교회법의 텍스트는 절대적으로 자기를

갱신하고, 대사代謝되고, 체계를 이루고, 다른 '법의 집성'으로 다시
태어납니다. 이를 '중세 해석자 혁명'이라 부릅니다. 그리고 이 혁
명의 과실인 새로운 법을 추축으로 한 '유럽 전체를 통일하는 그리
스도교 공동체', 즉 '교회'가 성립합니다. 그렇습니다. 이것이 바로
근대국가의 원형이 되는 겁니다.

그럼 구체적으로 그 성과를 보기 전에 한 번만 더 우회하겠습니
다. 문제는 이 그리스도교 세계 전체를 통괄하는 '교회법'이 무엇
을 관할하고 있었는가 하는 것입니다. 이미 말한 것처럼 이는 결코
성직자 집단 내의 규칙, 즉 '내규'가 아니었습니다. 세례, 교육, 구
빈, 혼인, 가족, 이단이나 마술의 금지, 성범죄, 고아 · 과부 · 병자 ·
노인의 보호 그리고 신탁제도, 계약 문제 등 대부분의 민법 사항이
그 관할 하에 있었습니다.

물론 이런 것에는 예외가 따르는 법입니다. 하지만 형법 사항 등
다른 사항은 원칙적으로 세속법이 관할하고 있었습니다. 그 '상위
上位'인, 유럽 전체를 통일하는 '공통법jus commune'인 교회법이 이런
관할을 갖고 있었습니다. 왜일까요? 당연합니다. 어쩐 일인지 우리
는 형법이야말로 법의 대표적인 모델이라고 생각해버립니다. 따라
서 법은 폭력이라는 생각으로 기울게 되기도 합니다. 그것은 궁극
적으로 인민의 자유를 속박하고 벌이라는 이름의 폭력을 휘두르며
죽음을 부르는 것이라는 관념까지 있습니다.

살기 위한 법, 낳아 기르기 위한 법

그러나 교회법에 속해 있던 이들의 관할 사항은 대체 무엇을 위해 있었을까요? 삶을 위해. 사람이 사람으로 살기 위해. 더 정확히 말하자면 '재생산', 즉 '번식reproduction'을 위해 있는 것입니다. 아이로 태어나고 자라며 가르침을 받고 사랑을 알게 되며 아이를 낳고 자식을 키우며 이 세상을 떠나기 위해, 즉 '살기 위해'. '살기 위한 법'이 벌과 죽음을 주는 법의 상위에 있다는 것은 당연하겠지요. 가족법을 중심으로 한 체계, 그것이 교회법이고 '상위'에 있는 공통법입니다. 이를 변혁하지 않고 혁명은 성취할 수 없습니다.

법 바깥의 아이들, 그 참화

여기서 이 문제를 생생하게 우리 자신의 것으로 받아들이기 위해 좀 더 우회하겠습니다. 결코 닫히는 일이 없는 원호를 그리듯이. 갑작스럽기는 하지만, 재생산 즉 번식과 법의 관련을 보여주는 좋은 용례가 되기 때문에 우리에게 친근한 영화를 예로 들겠습니다. 〈아무도 모른다Nobody Knows〉라는 고레에다 히로카즈 감독의 영화가 있습니다. 야기라 유야가 칸에서 남우주연상을 받은 그 영화입니다. 이 영화는 '스가모 어린이 방치 사건'으로 알려진 사건을 소재로 하고 있습니다. 그 영화는, 뭐랄까요, 미화하고 있다고 말할 수밖에 없지 않을까요.

원래 스가모 어린이 방치 사건은 더 처참합니다. 아버지가 행방

불명된 후 어머니도 애인과 동거하기 위해 네 명의 아이들을 버려두고 집을 나가버립니다. 하지만 그것만이 아닙니다. 이 어머니는 아이의 출생신고도 하지 않았습니다. 사실은 나중이라도 낼 수 있다는 것을 모르고 그대로 방치한 것입니다. 그리고 가장 나이 어린 여자아이가 장남과 그 친구들의 학대를 받다 죽자 시치부의 숲에 그 시체를 버린 것입니다. 다른 아이들도 영양실조 상태고, 벽장에서 생후 얼마 되지 않아 죽은 셋째 아이의 백골이 나오기도 합니다. 더 이상 이 비참한 상황을 말하지 않겠습니다. 요컨대 이 아이들은 부모가 없을 뿐 아니라 '법 바깥'에 있었다, 라고 오해되고 있었던 것입니다. 호적이 없으니까 존재가 공적이지 않았습니다. 공적인 지위를 갖지 못한 것이지요. '법'이라는 공적 수준에 등록되지 않았다는 것은 이런 것을 말합니다.

라캉 정신분석의 사고를 빌려 말하자면, 역시 여성에게 분만한 아이는 반쯤은 자신의 배설물인 셈입니다. 그러므로 자신이 배설한 것을 자신이 어떻게 '처리'한들 상관없을 거라고 생각해버리는 점이 있습니다. 이런 환영phantasm, 환상은 여성만이 아니라 남성 쪽에도 있습니다. 그런 사건은 늘 3면 기사를 진동시킵니다. "우리가 종교라 불러온 것"이 실패를 거듭하며, 그래도 그럭저럭 담당해온 역할이 여기에 있습니다. 다시 말해 어떤 여자와 어떤 남자 사이에서 태어난 아이는, 일단 태어난 이상 항상 공적인 것이라고 선언하는 역할입니다. 이 아이는 이미 법적 인격을 부여받은 것이다, 라고 말이지요. 이 아이의 존재는 이미 법에 의해 보증되어 있으며, 아무리 그 아이를 낳은 어머니라도 아버지라도 결코 '처분'할 수는 없습니다. 이처럼 아이의 존재를 '등록'함으로써 '보증'하는 것입니다. 이것이 우선 원칙적으로 국가, 교회, 종교라 불리는 것의 중대한 역할이었고, 앞으로도 계속 그렇다는 것입니다.

혁명은 아이들을 '수호하는' 것이어야 한다

"당신은 무엇을 믿습니까?"라고 물으면 다들 종교가 없다, 신앙이 없다고 말합니다. 특히 일본인은요. 또는 그리스도교도라도 내적 신앙에 의해 신을 믿고 있다고 말합니다. 하지만 이 두 가지 태도는 사실 똑같이 ─ 나중에 자세히 비판적으로 고찰하겠습니다 ─ 내면의 신앙이라는, 그 자체가 유럽적인 관념에 기댄 것에 지나지 않습니다. 사실 "자신의 아이가 태어났을 때 알리는, 신고하는" 그 '상대'를 ─ 다른 표현이 없으므로 그렇게 말합니다만 ─ '믿고 있는' 것입니다. 믿고 있다기보다 그것에 의해 스스로 자신을 공공적인 것으로 만드는, 사회적인 존재로 만든다고 할까요? 중세 유럽이었다면 교회에 가서 축복을 받으며 세례를 받고, 태어난 날짜와 부모의 이름과 아이의 이름이 교회 명부에 '등록'되는 것입니다. 여기서 아이는 법적 인격을 갖습니다. 죽임을 당했다면 살인이 됩니다. 독립된 인격으로서 법의 내부에 보호되는 것입니다.

저는 이런 기능 안에 꺼림칙한 것은 전혀 없다고 생각합니다. 여기에 반동적이라거나 보수적이라고 말하며 비난해야 할 점이 있다고는 생각되지 않습니다. 이런 것이 상실되어도 좋은 이유가 없습니다. 있을 리가 없지요. 언제 어느 때라도, 절대로. 간단합니다. 이런 것을 받아들이느냐의 여부가 컬트와 진짜 종교를 가르는 것입니다. 옴진리교 교조의 아이들이 얼마나 힘든 인생을 살아왔는지 그것을 생각해보십시오. 혁명은 아이의 삶을 '수호하는' 것이어야 합니다.

국가의 본질은 '번식을 보증하는' 것이다

피에르 르장드르의 독창적인 사고의 핵심은 여기에 있습니다. 즉 그는 국가의 본질을 폭력이나 경제적 이익으로 줄여버리지 않습니다. 국가의 본질이란 '재생산＝번식을 보증하는' 것이라고 말합니다. 즉 아이를 낳아 기르는 물질적·제도적·상징적 준비를 갖추고 대비하는 것이 국가의 역할입니다. 일단 그런 말을 듣고 보니 어처구니가 없을 정도로 당연하지 않나요. 왜냐하면 아이를 낳아 기르지 않으면 단적으로 말해 절멸할 테니까요. 이런 것을 '저출산 문제'라 부르는 것은 문제를 하찮게 만들어 가장 중요한 문제에서 눈을 돌리게 하는 것입니다.

역으로 말하자면 아이를 낳아 기를 수 없는 국가의 형식이야말로 가장 먼저 없어져야 하고, 우리가 오랫동안 말해온 의미에서 '문학'의 혁명에 의해 전복되어야 할 것입니다. 이런 것은 로마법과 교회법의 관계에 대해 오랫동안 실증적이고 착실한 연구를 계속해온 역사가라서 말할 수 있는 것이겠지요. 교회법은 재생산 법이니까요. 하지만 이렇게 지극히 성실하고 혁명적인 사상을 전개하는 사람이 어쩐 일인지 프랑스에서도, 다른 나라에서도 반동이니 보수니 하는 평가를 받고 있습니다. 저는 도무지 그 이유를 알 수 없습니다. 이런 게 왜 안 되는 걸까요? 어떤 부분이 안 되는 걸까요? 그 근거를 보여주면 좋겠습니다.

누군가를 부모로 하고 누군가의 아이로 태어나며, 누군가의 부모가 되고 누군가를 아이로 갖습니다. 무슨 명목에서인지 이런 것을 반동이라 부르는 사람이 있습니다. 그렇게 부른다면 그렇게 비난하는 사람의 존재나 신체 자체도 반동적인 것이 됩니다. 그런 사람도 누군가의 아이잖아요. 자신이 살아온 내력을 직시할 수조차 없는, 그런 뭐, 더는 말하지 않겠습니다. 아마도—이런 표현을 반복할까요? 오기가 없어서 책을 읽을 수 없겠지요. 그런 사람들은요. 비약하는 것 같지만 관계가 있는 것입니다.

왜 유엔은 '공중에 붕 뜬' 것인가, 왜 세계정부는 성립하지 않는가

여기에서 무척 재미있는 논점이 나옵니다. 『텍스트의 아이들』이라는 주저에서 르장드르는 아주 의미심장한 말을 합니다. 유엔이라는 존재는 뭔가 공중에 붕 떠 있습니다. 어딘가 명목상의 미사여구 같은 인상이 있습니다. 미국을 필두로 유엔의 결정 같은 건 간단히 걷어차버립니다. 아무래도 유엔 같은 것은 무시해도 된다는 분위기가 아무리 시간이 지나도 불식되지 않습니다. 현실적으로 거의 모든 나라에서 유엔의 활동은 방해를 받고 있습니다.

일본도 유엔에서 채택된 지 30년이 넘은 국제인권규약 중에서 '중·고등 교육의 무상화', '노동자에 대한 휴일 보수 지급', '파업권의 보장'을 비준하고 있지 않습니다. '중등 교육의 무상화'조차 인정하고 있지 않습니다. 다시 말해 "나는 그 규약의 텍스트가 무서워 읽을 수 없습니다"라고 말하고 있는 것입니다. 그것은 필연적으로 아이를 낳아 기를 생각이 있는 걸까, 국가라 칭할 자격이 있는 걸까 하는 문제가 됩니다. 이래가지고 선진국이라고 말하고 있으니, 참 대단한 선진국 나오셨네. 그렇죠?

또 개인이 국가를 거치지 않고 직접 유엔에 인권침해를 호소할 수 있는 '개인통보제도'라는 게 있습니다. 인종차별 철폐 조약, 여성 차별 철폐 조약, 고문 등 금지 조약, 자유권 규약, 이주노동자 보호 규약이 이 제도를 적용하고 있습니다만, 100개국 이상이 비준한 것인데 일본은 아직 비준하지 않았습니다. 이는 인종차별을 하고 싶다, 여성을 차별하고 싶다, 고문을 하고 싶다, 자유 같은 건 인정하고 싶지 않다, 이민자를 더 차별하고 배척하고 싶다, 이렇게 세계를 향해 큰 소리로 말하고 있는 것과 같은 일입니다.

여기서부터가 문제입니다. 이렇게 유엔은 공중에 붕 떠 있습니다. 우리 일본조차 어딘가 가볍게 취급하고 무시하고 있는 것입니다. 유엔마저 이 모양이라면 세계정부 같은 것은 꿈속의 꿈같은 얘기겠지요. 왜일까요? 왜 세계국가나 세계정부는 등장하지 않는 걸까요? 간단합니다. 일본에 의해, 또는 프랑스에 의해, 독일에 의해, 미국에 의해 '누군가의 아이다'라고 선언되고 법의 내부에 등록되어 사회의 보호를 받는 아이는 있습니다. 비유적으로 말하면 '일본의 아이'는 존재하는 것이지요. '이집트의 아이', '터키의 아이'도 존재합니다. 터키라는 이름 하에서 이 아이는 이 여자를 어머니로 하고 이 남자를 아버지로 하여 태어난 것이라고 선언되는 것입니다. 그런데—유엔에는 아이가 없습니다. 유엔이라는 이름으로 '아이'로서의 지위, 자신이 태어났다는 법적 인격을 부여받은 인간은—긴급사태를 제외하고—한 사람도 없습니다.

말하자면 재생산하는 원리, 아이를 낳고 기르는 원리, 즉 '계보 원리'를 맡고 있지 않습니다. 그러므로 유엔은 계속해서 공중에 붕 떠 있는 것입니다. 따라서 세계정부라는 구상은 늘 벽에 부딪치게 됩니다. 유엔을 개편하려고 하는 자도, 그렇지 않은 자도 말이지요. 이것을 모든 사람들이 기분 좋게 잊고 있습니다. 그러므로 세계국가라는 구상은 늘 어딘가 망상적입니다. 아이를 낳아 기른다는 것의 생생함을 떠맡는다는 데서 다시 생각하지 않으면 안 됩니다.

통상 이런 혼인이나 가족과 관련된 법은 '민족'의 형태에 아주 깊게 뿌리내리고 있어 형법보다 통일되기 어렵다고 생각되는 경향이 있습니다. 그러나 로마법도 교회법도 근본적으로는 '민족의 통일'이었다는 것을 잊지 마십시오. 계보 원리로서의 가족법을 중심으로 하는 민법이었다는 것을요. 그것에 의해 통치된 보편 공동체를 우리는 이미 두 개나 봤습니다. 로마제국과 중세 그리스도교 공동체입니다. 여기에 커다란 힌트가 있습니다. 무슨 힌트냐고요? 당연하지요. 혁명의 힌트입니다. 물론 힌트가 있는 곳에는 터무니없는 어려움이 있는 법입니다. 그러나 어려움이 있다는 것조차 보지 못한 채 멍하니 있는 것보다는 훨씬 '앞으로' 나아간 것이 되지 않겠습니까? 그것이 중세 해석자 혁명처럼 100년에서 150년의 세월을 거치지 않으면 안 되는 것이라고 해도 말이지요. 또다시 찾아온 새로운 밤을, 앞으로, 말이지요.

중세 해석자 혁명은 '공통법'인 교회법을 고쳐 쓴 것이며 텍스트의 혁명이었습니다. 그들은 읽고 썼습니다. 그리고 그 교회법은 세례, 교육, 구빈, 혼인, 가족, 성범죄, 고아·과부·병자·노인의 보호 등을 통괄하는 '삶의 규칙', '재생산의 법'이었습니다. 아이를 낳고 기르기 위한 법이었습니다. 거기에서 다양한 세속법도 재편되었습니다. 여기까지는 확인했습니다.

근대국가의 기원, 그것은 해석자 혁명에서의
그리스도교 공동체다

그 혁명의 결과 무엇이 일어났을까요? 간단한 것부터 보기로 합시다. 우선 근대국가의 기원은 여기에 있습니다. 베버의 논의, 이미 오랜 시간에 걸쳐 역사가로부터 평판이 좋지 못했던 부분에 아직도 말려들어 있는 사람이 있습니다만, 그가 말한 것처럼 '폭력

의 독점' 및 '관료 등 정치 전문 집단의 조직화'를 근대국가의 조건
으로 한다면, 또는 '주권 · 영토 · 국민'을 조건으로 한다면, 국가의
기원은 베스트팔렌 조약에 의한 주권국가 체제든 절대주의국가의
성립이든 나폴레옹 전쟁에서의 국민국가 등장이든, 그런 것이 되
겠지요. 그러나 그렇지 않습니다.

근대국가의 원형은 이 중세 해석자 혁명에서 성립한 중세 그리
스도교 공동체에 있습니다. 교황이 바로 최초의 주권자입니다. 물
론 교황은 선거에 의해 뽑히고 법을 완전히 무시할 수 없는 자로 정
의되어 있습니다. 선거에 의한 주권자의 선출, 그리고 법에 의한 주
권자의 구속, 이런 생각도 당연히 이 혁명에서 유래합니다. 교황 선
거, 이른바 '콘클라베Conclave'가 실시된 것은 13세기가 되고 나서인
데, 12세기의 법적 사고 없이는 이런 것은 불가능했습니다.

지금 우리는 대통령이나 수상을 선거로 뽑는 것이 당연하다고
생각하고 있지만, 이는 자명한 것이 아닙니다. 애초에 주권이라는
것은 로마제국의 법학자에게도 법의 부재와 같은 뜻이 아니었습
니다. 『로마법 대전』 중 『칙법휘찬勅法彙纂』에 있는 유명한 조문에는
분명히 황제의 권력은 법에서 유래하는 것이고 황제는 법의 권위
에 복종해야 한다고 쓰여 있습니다. 망각되고 있던 이 법전의 조문
은 오랫동안 중세의 위대한 법학자나 신학자에게 전통으로 계승되
어 '교황'에게 해당하는 것으로 논의되어왔습니다. 12세기부터 교
황이나 왕이라도 권리상 법을 무시할 수 없고, 사실상 무시하기 힘
들어진 것도 이 혁명이 있었기 때문입니다.

근대 주권의 기원으로서의 교황

이 혁명에서 신학자나 교회법학자가 주권 개념을 정치하게 다듬어 온 것은, 이른바 우리가 떠올리는 '국가'를 위해서가 아닙니다. 유럽 전체를 통괄하는 '교회'를 위해서였습니다. 교회법학자에 의해 주권의 개념이 다시 '근대적'인 것으로 창출된 것입니다. 물론 다양한 말의 용법이나 그 역사를 망라하는 것은 제가 감당할 수 있는 일이 아닙니다.

법제사가에 따라 의견이 갈리는 부분도 있습니다. 그러므로 감히 단순화해서 말하겠습니다. '주권sovereignty'이라는 말 자체는 라틴어의 '상위자superanitas'에서 온 것입니다. 그러나 철학적·신학적 개념으로서는 교황의 '권력의 완전성plenitudo potestatis'이라는 개념이 기원이라고 해도 좋습니다. 장 보댕이나 그로티우스가 주권 개념으로 사용한 말은 주로 summa potestas였는데, 이는 위에서 든 교황권의 완전성에서 유래합니다. 애초에 영토를 조건으로 하는 주권 개념은 이를 '영지'를 가진 '세속국가'에 위탁함으로써 국가를 '종교화'한 루터파 법학자에 의한 것입니다. 이는 루터 혁명을 이야기할 때 말한 것이므로 반복하지 않겠습니다.

근대 관료제의 기원으로서의 교황청

그렇다면 근대국가의 요건으로 생각되는 관료제의 기원은 어디에 있는 걸까요? 당연히 이는 교황청에 있습니다. 유럽에 빠짐

없이 깔려 있는 '교회' 네트워크입니다. 주교 자리, 대주교 자리, 그리고 추기경에 의해 보좌되는 교황 자리. 이 성직자의 위계제도, 교권제도야말로 근대국가의 정수인 근대 관료제의 기원입니다. 그리고 앞에서 말한 대로 공의회야말로 최초의 입법의회며, 이것이 근대 의회 제도의 출발점이 됩니다. 이와 관련하여 말하자면 의회가 상시 정기적으로 소집되게 된 것은 영국혁명 이후의 이야기입니다.

실증주의, 근대과학의 기원으로서의 법 혁명

이탈리아에 카를로 긴즈부르그라는 훌륭한 역사가가 있습니다. 그는 역사학에서 실증주의의 유래에 대해 말했습니다. 중세의 어느 시기까지 역사가라 칭하는 사람이 쓴 책은 훨씬 범위가 넓은 기술이어서 이야기나 전승의 산만한 기술과 그다지 다르지 않았습니다. 그런데 그게 아니라 견실하게 일차 자료에 준거하고 주를 달아 전거를 명시하며 실증적으로 하지 않으면 안 되는, 이런 실증주의가 역사학에 등장한 것은 법학의 영향이라고 그는 말합니다.

물론 여기서 말하는 법학은 이 혁명으로 달성된 로마법=교회법의 체계를 말합니다. 재판에서는 명시할 수 있는 증거를 제출하지 않으면 안 됩니다. 그 이전에 무엇이 정당한 증거로 인정되는가를 정의하는 것도 법률입니다. 게다가 재판에서는 어떤 법문을 준거로 할 것인지도 명시하지 않으면 안 됩니다. 무슨 법률의 어떤 조문을 근거로 한다는 것을요. '준거를 명시한다'는 실증주의의 근본적인 태도는 중세 해석자 혁명에서 온 것입니다.

여러분, 법학과 다른 분야, 예컨대 정치나 도덕과는 비교적 확실히 다른 것이라고 생각하고 있을 겁니다. 또 법학이라는 것은 특별한 교육을 받은 전문가의 일이고, 겸업이 아니라 전임으로 일하는 법률 전문가 집단이 있는 것은 당연하다고 생각할 겁니다. 그리고 법률이라는 것은 정연한 체계를 갖춘 것이어서 서로 모순되지 않을 것이라고 생각하고 있을 겁니다. 그러나 이것들은 모두 자명한 것이 아닙니다. 12세기에 '발명'된 것입니다.

이야기를 돌리겠습니다. 이는 버먼도 르장드르도 분명히 말하고 있습니다만, 12세기 혁명으로 가능해진 실증주의의 영향은 역사학에만 그친 것이 아니었습니다. 요컨대 이때 다른 분야에서 구별되어 전문적으로 체계화되고 정련되어 강철처럼 강인해진 '법학'이야말로 유럽의 첫 '과학'이었습니다. 이는 모든 과학의 원천이기도 합니다.

어쩐지 이것저것 다 중세 해석자 혁명에서 왔다고 열거하고 연신 호출하기만 할 뿐이어서 이야기가 단조로워지지 않았나요? 무척 열심히 들어주어 기쁘긴 합니다만, 혹시 지루하게 한 건 아닌지 다소 걱정이 되기도 합니다. 루터나 무함마드 같은 극적인 이야기도 전혀 나오지 않으니 말입니다. 하지만 조금만 참고 들어주십시오. 이것만은 어쩔 수 없습니다. 사실이니까요.

중세 해석자 혁명은 '혁명의 본체'를 드러낸 혁명입니다. 다시 말해 법학자의 텍스트 고쳐 쓰기의 혁명이라는 것입니다. 그러므로 무척 담담하고 전혀 극적이지 않습니다. 수많은 신학자, 법학자가 밤낮으로 홀로 책장을 넘기고 사전을 찾고 판례를 조사하여 법문을 고쳐 씁니다. 정말 수수합니다. 하지만 이렇게 담담하고 수수한 작업에서 엄청난 변혁이 이루어지고 있습니다. 그렇게 줄기차게 이어지는 작업 자체가 바로 혁명입니다. 이것이 바로 12세기 혁명의 위대함이니까요.

회사나 협동조합의 기원 — 허구로서의 법인

중세 해석자 혁명에서 안출된 가장 중요한 제도적 의제가 있습니다. '단체'입니다. '회사, 법인corporation'이나 '조합, 협회association'입니다. 이런 인간 집단이 하나의 '법인'으로서 허구상의 한 '개인'으로, '인격'으로 취급되는 것입니다. 당시 법학자의 논의에서 하나의 예를 들어볼까요?

'교황'은 한 사람입니다. 그러나 한 사람인데도 '단체'이고 '법인'입니다. 왜냐하면 '교황'이라는 건 초대 교황으로 여겨지는 사도 바울로부터 현재의 베네딕투스 16세까지 포함한 265명의 교황으로 구성된 '단체'이기 때문입니다.

예컨대 가와데 출판사는 은행에서 돈을 빌릴 수 있습니다. 사장이 개인적으로 빌리는 것이 아니라 회사 명의로 개인이 빌리는 것처럼 돈을 빌릴 수 있습니다. 이런 것은 아주 당연한 일이겠지요.

그러나 '법인'이라는 관념의 발명이 없었다면 이런 일은 가능하지 않았을 겁니다.

물론 현재와 같은 주식회사가 성립하는 것은 훨씬 나중의 일로, 18세기가 되고 나서입니다. 그러나 애초에 자본제의 계약제도나 신용제도, 신탁제도 역시 12세기의 발명품입니다. 투자신탁도 신탁은행도 신용대출도 12세기 혁명이 없었다면 존재할 수 없는 것들입니다. 이런 예에서도 알 수 있는 것처럼 경제활동에서도 우리는 전적으로 중세 해석자 혁명의 여파 안에 있습니다.

중세 해석자 혁명이 근대 자본제의 원형을 만들다

이리하여 근대법, 근대국가, 근대주권, 회사, 신탁, 계약, 조합 등 근대 자본제의 원형도 이 혁명이 창출해냈습니다. 근대 의회나 선거를 비롯한 근대 정치제도도 말이지요. 어이가 없을 만큼 단순한 것조차 이 혁명의 발명품입니다.

예를 들어볼까요? 재판을 한다, 또는 의회에서 어떤 법안을 의결한다, 조합에서 어떤 사안에 대해 결정을 한다, 그럴 때, 예를 들어 당신이 완전한 당사자고 이해관계가 있는데도 전혀 부름을 받지 못하고 무시당한 채 결정되어 죄든 경제적 부담이든 몽땅 떠안았다고 합시다. 이건 아주 부당하다고 호소하게 되겠지요. 당연합니다. 뭔가를 결정할 때는 당사자 전원을, 또는 그 대리인을 불러 모두의 의견을 공평하게 듣고 나서 의결하거나 결정합니다.

재판도 의회도 사적인 모임도 그것은 당연한 일이겠지요. 초등학교 학급회의에서도 그런 일을 당한다면, 영리한 아이는 어떻게든 부당한 결정을 물리려고 할 것이고, 어떤 형태로든 '상소'하려고 하겠지요. 그러나 이것조차 중세 해석자 혁명의 규정에서 시작됩니다. 그 이전에는 당사자인데도 발언할 기회도 없이 결정이 내려져 벌을 받거나 금품을 몰수당하는 일이 드물지 않았습니다.

법 내셔널리즘의 문제

이런 것이 보기 힘들어진 것은 왜일까요? 예컨대 법학을 배운 사람이라면—아니, 저 같은 사람보다 법학에 조예가 깊은 사람은 얼마든지 있으니까 꼭 가르침을 구하고 싶습니다만—당연히 의문이 들 거라고 생각합니다. 교회법과 로마법의 결합에 의한 것이 근대법이라고 말합니다만, 예컨대 영미법은 관습법의 전통이 있으니 예외가 아닌가, 하고 말이지요. 그러나 법 내셔널리즘이라는 게 각국에 있습니다. 독일은 역으로 루터파 법학자의 노력도 있어 그 후 순순히 로마법과 교회법의 결합을 인정하고 아주 정치하고 아카데믹한 독일 법학을 수립합니다만, 다른 나라는 어지간히 편협하고 완고합니다.

프랑스인은 우리 혁명의 아들 나폴레옹이 단독으로 프랑스 민법전을 만들어냈지 로마법이나 교회법과는 관계없다, 그것과는 단절되어 있다고 말합니다. 이는 르장드르가 골치 아파하는 부분입니다. 영국인도 영국인이어서, 우리에게는 오래된 좋은 관습법의 전통이 있으며 대륙의 로마법이나 교회법과는 전혀 관계없다, 그런 것은 알지 못한다고 말합니다. 미국도 그렇습니다. 버먼은 이를 여러 차례나 야유했습니다. 다들 큰일입니다. 일본의 경우는 아주 순진해서 법학자인 사람에게 로마법과 교회법에서 받은 영향을 말해도 반발을 받지 않습니다만.

어쨌든 그런 법 내셔널리즘은 일반적으로 15세기 무렵에 시작되어 대부분 18세기에 날조된 것에 지나지 않습니다. 대체로 법 내셔널리즘을 선전하며 자기 나라 법률은 독자적인 것이라고 말하는 사람은 꼭 대학에서 로마법이나 교회법을 가르치고 있는 사람인 경우가 많습니다. 영국이 전형적입니다. 당연합니다만, 청교도혁명까지 영국은 가톨릭이었습니다. 그러므로 영국의 법학자나 신학자는 로마법과 교회법을 적용했습니다. 그러나 나중에 나온 법학자들이, 아니 12세기부터 우리는 독자적인 관습법이 있었고 독자적인 법철학을 갖고 있었다고 과거를 날조합니다.

예를 들면 15세기의 존 포테스큐라는 법학자도 그런 말을 했습니다만, 그가 영국법의 독자적인 전통을 찬미하기 위해 쓴 책이라는 게 동시대에 다른 나라의 로마법·교회법학자가 쓴 내용과 거의 같습니다. 뭐, 자기 나라에 긍지를 갖고 싶은 사람이야 어느 시대나 있으니까 어쩔 수 없는 일이지만, 원래 기원이 같으니까 아무래도 그런 처지가 됩니다.

확실히 해두기 위해 말하겠습니다. 역으로 일본의 보수주의에도 인기가 있는, '보수주의의 아버지'라 불리는 영국의 철학자 에드먼드 버크는 법학에도 정통해서 시원하게 "유럽의 모든 나라의 법은 동일한 원천에서 나왔다"라고 말합니다. 그에게 잉글랜드는 유럽의 일부입니다.

이런 예외를 제외하고는 오랫동안 영국 법과 대륙법의 관련성은 억압되어왔습니다. 그런 것이 지금 잉글랜드는 유럽연합^{EU}의 일원이 되었기 때문에 영국과 대륙법 시스템, 즉 로마법=교회법 시스템과의 공통점을 갑자기 강조하게 된 듯합니다. 이건 좀 우스꽝스러운 일입니다.

중세 해석자 혁명은 정보 기술 혁명이었다

이렇게 우리는 교황 혁명=중세 해석자 혁명에 대해 말해왔습니다. 그럼 여기서 무엇이 부정당하게 되는지, 그것을 분명히 해볼까요.

통속적인 정치사상사라면 갑자기 이야기가 마키아벨리에서 시작되기도 해서 머쓱해집니다만, 뭐 보통의 교과서적인 정치사상사라는 게 있습니다. 플라톤이나 아리스토텔레스의 정치학에서 아주 정면으로 시작하는 방법도 있습니다만, 그 경우에는 이슬람 철학을 경유하지 않을 수 없는데 거기까지 손을 댈 수 있는 사람은—저를 포함하여—좀처럼 없습니다. 13세기 아리스토텔레스 『정치학』의 라틴어 번역본이 나오는 무렵에서 시작하는 것이 타당하겠지요. 거기에서 14세기 파도바에서 태어난 마르실리우스가 나오고, 15세기부터 16세기에 르네상스가 일어나 그리스 철학의 원전에서 흡수하는 일이 생기고, 16세기에 마키아벨리가 나오고, 뭐 거기서부터는 단숨에 진행됩니다. 그로티우스, 홉스, 로크, 루소로 이어지는데, 이른바 칸트를 그 극점으로 하는 근대 자연법 이론이나 사회계약론의 꽃들이 피는 것입니다. 그러나 사실 근대 정치사상, 근대 법철학 이론은 좀 더 전부터 다듬어져오고 있었습니다. 말하자면 12세기에 정치를 둘러싼 사고의 주사위는 이미 던져진 것입니다. 우리가 스스로 통치할 거의 모든 방법이 이미 중세 해석자 혁명에 배태되어 있었던 것이지요. 얼마나 거대한 혁명이었는지 아시겠지요?

그러나 여기서 끝이 아닙니다. 문제는 그뿐만이 아닌 것입니다. 이걸 넘어 좀 더 깊이 생각하지 않으면 안 됩니다. 지금까지의 공적만으로도 대혁명입니다. 그러나 좀 더 결정적인 것이 이루어졌습니다. 좀 더 근본적인 단절이 있었던 것입니다. 그 이후의 세계에 우리는 완전히 잠기고 말아서 그 이전이 어땠는지 거의 상상도 할 수 없게 되어버린 것 같은.

무슨 일이 일어났을까요? 정보혁명입니다. 중세 해석자 혁명은 정보 기술 혁명이었습니다.

번역, 편찬, 제본, 주석, 수정, 색인
— 그리고 법은 정보화했다

혁명의 담당자는 법학자로서 유스티니아누스 법전을 철저하게 읽습니다. 읽고, 다시 읽고, 고쳐 쓰고, 씁니다. 하지만 그 전에 어학 공부를 하지 않으면 안 됩니다. 그러나 식자율이 매우 낮은 세계였습니다. 사전도 제대로 없었습니다. 그런데도 라틴어도, 그리스어도 공부해야 합니다. 게다가 상대해야 하는 것은 법문입니다. 앞으로 적용될 법입니다. 한 자 한 구절도 소홀히 해서는 안 됩니다. 과장해서 말하자면 이상하게 오역하면 사람이 죽습니다. 르장드르는 "이것은 문법학자의 혁명이다"라고 말합니다. 철저하게, 문법적으로 정확하게 합니다. 절대 오역은 허용되지 않습니다. 이 시점에서 이미 미쳐버릴 것만 같은 일이라는 걸 아셨으리라 생각합니다. 인쇄술 같은 것도 없으니까 사본寫本을 만듭니다. 손으로 베껴 씁니다. 거기서 또 틀렸다가는 큰 소동이 벌어지니까 이보다 더 철저한 '독서'가 있을 수 있을까요?

그리고 의미가 잘 통하지 않는 부분, 읽기 어려운 부분에 주석을 붙입니다. 직역하면 다소 의미가 통하지 않는 부분을 의역하거나 하여 수정합니다. 해석을 조금씩 갱신해갑니다. 현행법으로 적용하는 판례가 쌓여갑니다. 법문과 판례를 대조하여 모순이 없는지 생각해야 합니다. 그것 또한 철저하게, 문법적으로 정확하게 해야 합니다. 점점 두꺼워져 재판 현장에서 도움이 되지 않게 됩니다. 그렇다면 발췌하여 요약본을 만들어야 합니다. 법 격언이나 법문, 판례의 발췌 요약본을, 또 이상한 누락이나 날림이 있으면 큰일이니까 다시 자세히 읽으면서 한 번 정리하여 가필하고 편찬하고 제본하는 것입니다. 처음부터 끝까지 일련의 페이지 수를 적는 것도 자명하지 않았습니다. 그러면 손으로 매기지 않으면 안 되고, 또 누락이 있으면 큰일이니까요.

이것만으로도 발광할 것 같은 이야기입니다. 읽고 쓰고 번역하여 책을 만든다는 것이 대체 얼마나 무리한 일인가에 대해 말해온 우리가 보면 말이지요. 이건 터무니없이 '엄숙한 줄타기'입니다. 반복합니다만, 여기서 다뤄지고 있는 것은 법문입니다. 틀리면 틀린 대로 그 준거에 의해 사람이 재판을 받으니까요. 폭발물을 취급하고 있는 것과 같습니다. 조금이라도 틀리면 피를 흘리게 됩니다.

그리고 또 색인을 만들어야 합니다. 두꺼운 책의 철저한 색인을 한 번이라도 만들어본 적이 있는 사람은 알 거라고 생각합니다만, 상당히 힘든 일입니다. 또 법률을 조금이라도 공부한 사람에게는 금방 납득이 가는 일인데, 법전이란 완벽하게 색인을 갖추고 있어 어느 조문에 무엇이 실려 있는지 찾을 수 있게 되어 있습니다. 그것이 바로 12세기 해석자 혁명의 혁명가들이 최초로 한 일입니다. 즉 '데이터베이스'로서 법문을 '검색'할 수 있게 한 것이지요.

이리하여 수수하고 실증적이며 먼지를 터는 듯한 이 작업은, 짧게 잡아도 거의 100년 가까이 이어집니다. 150년이라든가 더 많이 잡을 수도 있습니다만, 여기서는 100년이라고 해둡시다. 1세기입니다. 무슨 일이 일어났을까요? 실증주의의 탄생, 그 이상의 것이 일어났습니다. 다시 말해 인간을 통치하는 도구가 '정보'뿐이게 된 것입니다. 정보로서의 문서만이 규범에 관련된 것이 된 것입니다.

잘 모르겠습니까? 조금씩 생각해봅시다. 르장드르는 얼핏 아주 기묘한 말을 하는 사람입니다. 즉 '텍스트'는 '문서'라는 것을 필요로 하지 않는다, 라고 말이지요. 보통 텍스트texte라고 하면 쓰인 문서를 말합니다. 문서라는 것은 보통 정보가 쓰여 있습니다. 정보를 입수하기 위한 도구, 정보를 실어 나르는 '운반 도구'입니다. 하지만 애초에 텍스트란 무엇일까요? 이는 라틴어의 동사 'texere'의 수동완료분사 'textus'를 어원으로 합니다. 즉 원래 직물 또는 뒤얽힌 것이라는 의미입니다. 고대부터 순서대로 문면文面, 이야기, 신의 말, 복음서, 본문이라는 의미는 거기에서 나왔습니다.

신화를 춤추는 것, 법률을 읽는 것 — 이것도 '텍스트'다

좀 더 확실히 말하자면, 르장드르에게 '텍스트'라는 것은, 예컨대 흑인의 춤입니다. 물론 부족에 따라 전혀 다릅니다만, 이를테면 그들은 독특한 액세서리를 답니다. 부족에 따라 상징이 되는 색이 다릅니다. 문신도 다릅니다. 음악도, 악기도, 노래의 멜로디도, 리듬도, 가사도, 당연히 춤의 '안무'도 다릅니다. 호흡법도, 발성법도 다르고 근육이나 뼈, 힘줄을 움직이는 방법 하나하나도 다릅니다. 그렇다면 이들 액세서리, 각양각색의 복장, 문신, 악기, 음악, 멜로디, 리듬, 가사, 춤의 안무는 무엇을 의미하는 걸까요? 그들의 신화를 의미합니다. 그들은 그들의 신화를—좀 더 말하자면 '법'을 춤추고 있는 셈입니다.

모리스 블랑쇼가 "독서란 묘석墓石과의 열광적인 춤이다"라고 말했는데, 그것을 받아들였을 르장드르는 "이렇게 하여 그들은 법과 춤추러 찾아오는 것이다"라고 말했습니다. 독서란 춤이고, 사람은 법과 춤춥니다. 그렇습니다. 그들이 몸에 두르고 있는 모든 것, 호흡법이나 발성법, 옷이나 장식품이나 소리나 리듬이나 노래, 춤의 안무는 그 자체가 법전이고 성전聖典이며 신화이고 시인 것입니다.

그렇다면 자신의 신체에 법과 신화를 걸친 그들의 행동거지, 힘껏 내딛는 일보는 무엇일까요? 자신의 심신에 새기게 한 규칙, 시, 문장을 소리 내고, 흔들고, 그리고 거기에 새로운 창의를 덧붙이는 것은 무엇일까요? 액세서리의 디자인을 조금씩 바꾸고, 리듬을 개량하고, 춤의 안무를 바꾸는 것은 무엇일까요? 우리는 말로 하면, 바로 읽고, 고쳐 읽고, 쓰고, 고쳐 쓰는, '문학' 행위 그 자체라는 것입니다. 그들의 '춤'은 그대로 그들에게 법적, 규범적, 철학적, 문학적인 '사고'인 것입니다. 그들은 사고하고, 그들은 읽고, 그들은 쓰고 있습니다—깊게, 깊게, 춤을 추면서.

르장드르의 보고에 따르면, 유엔의 개발 관료들이 흑인들은 춤을 그만두면 근대 세계에 익숙해질 것이다, 라고 어리석게 조소한 모양인데, 이는 역으로 말하면 근대 세계의 관리경영, 경제, 관료, 문서, 정보, 데이터베이스의 세계가 사실 그들의 '춤'이라는 것을 역설적으로 밝혀주고 있는 것입니다.

또 한 가지. 르장드르가 들고 있는 예입니다. 전전戰前까지—동구東歐였나—유대인 게토에서 이루어졌던 의례가 있었습니다. 즉 아이들을 모아 눈가리개를 하고 토라Torah, 즉 유대교의 율법 문장에 꿀을 발라놓고 핥게 했습니다. 그런 바보 같은, 문서에 꿀을 바르고 핥는다고 문서의 내용을 알 턱이 없잖아, 라고 말하는 사람은 상당히 소견이 좁은 사람이 됩니다. 이게 효과가 없느냐 하면 굉장히 효과가 있습니다. 당연히 효과가 있지요. 효과가 있을 게 뻔합니다. 왜냐하면 먹어버린 것은 되돌릴 수 없으니까요. 우리 같은 이교도라도 하라는 대로 눈가리개를 하고 혀를 내밀어 꿀을 핥고 조금이라도 삼켜 단맛을 느꼈다면—마음을 빼앗기고 말겠지요. 토라를 먹는다, 율법을 달게 삼킨다—이런 의례가 행해졌습니다. 반복합니다. 이런 것이 아무 의미가 없다고 생각하는 것이 훨씬 더 좁은 시야에 빠져 있는 것입니다.

사람을 통치하는 텍스트, 그것은 좀 더 넓다

르장드르에게는 이 모든 것이 '텍스트'인 것입니다. 시도 노래도 춤도 악기도 리듬도 꿀맛도. 또는 아무렇지 않은 일상의 인사라든가 행동거지라든가 표정이라든가. 이런 것이 모두 '법'을 의미하고, '법'을 읽는 것이며, 고쳐 읽는 것이며, 고쳐 쓰는 것이며, 쓰는 것일 수 있습니다. 그는 그렇게 생각합니다. 그것들은 순수한 법이며 규범이며 정치이며 또 그 변혁입니다. 이상한 건 아무것도 없습니다. 왜냐하면 바로 그들은 그것에 의해 자신을 스스로 통치해온 것이니까요.

무엇에 무엇을 써도 그것은 문학이다

사실 그들은 정치에 성공해왔습니다. 이렇게 보면 "텍스트는 문서인 것을 필요로 하지 않는다"라고 말한 의미를 알겠지요. 텍스트는 넓습니다. 그것은 좀 더 넓습니다. 자신의 신체라는 종이에 신의 행위를 나타내는 춤으로 써도 됩니다. 자신의 혀라는 종이에 신의 말이 스며든 꿀로 써도 됩니다. 무엇에 무엇을 썼다면 그것은 '규칙'일까요? 이것은 방대한 비전이 있는 것입니다. 그렇습니다. 이것을 다시 '문학'이라 부르는 것은 가능하지 않겠습니까? 무엇에 무엇을 써도 그것은 문학인 것입니다. 그리고 그것에 의해 우리는―그렇네요. 위스턴 휴 오든을 인용합시다. 우리는 이 인간의 행위에 의해 "우리의 광기에서 살아남는 길"을 찾아온 것입니다. 언제든지, 무슨 일이 있었든지 말이지요.

우리의 법은 춤추지 않으면 안 된다

우리는 끝내 여기까지 왔습니다. 텍스트는 문서가 아니어도 좋습니다. 문학은 종이에 쓴 것이 아니어도 좋습니다. 지브릴이 무함마드의 심장을 꺼내 씻어도* 그것은 문학입니다. 우리의 텍스트는 넓습니다. 우리의 규칙은 넓습니다. 우리의—우리의 예술은 더욱 넓고 깁니다. 그렇습니다. 우리의 법은 춤추지 않으면 안 됩니다.

실제로 로마법의 일부는 아주 시적인 언어로 되어 있고, 모든 성전은 아직 운문과 산문이 분화되지 않은 근원적인 시로 쓰여 있다고 해도 과언이 아닙니다.『구약성서』도,『신약성서』도,『코란』도, 불전도. 그 일부분은 인용해왔습니다.

통치의 정보화
— 법은 노래할 수 없고, 춤출 수 없고, 마실 수 없게 된다

중세 해석자 혁명에 의해 초래된 단절은 여기에 관련된 것입니다. 텍스트가 문서가 됩니다. 텍스트는 정보의 그릇이 됩니다. 정보만이 법이나 통치, 그리고 규범과 관련된 것이 됩니다. 이미 법은 노래할 수 없고, 법은 춤출 수 없고, 법은 걸칠 수 없게 됩니다. 법은 마실 수 없게 되고, 법은 연주할 수 없게 되고, 법은 운韻을 맞출 수 없게 됩니다. 1세기 걸려서 결국 우리의 이 세계가 도래한 것입니다. 우리의 세계. 객관적이고 합리적이며 중립적이고 보편적

---

* 무함마드가 아직 어린아이였을 무렵에 지브릴 천사가 곁에 와서 그의 신체를 절개했다고 한다. 지브릴은 무함마드의 심장을 꺼내 아담 이래 모든 사람의 마음에 있는 원죄의 검은 물방울을 씻어낸 후 다시 원래 있던 자리에 되돌려놓았다. 즉 전 인류 가운데 무함마드 단 한 사람만이 원죄를 지지 않은 사람이 되었다는 이야기다—옮긴이.

이며 기호화할 수 있는, 즉 데이터화할 수 있는 세계, 데이터베이스화할 수 있는 세계. 텍스트는 줄여짐으로써 결정적으로 효율화됩니다. 그렇습니다. 우리의 정보와 서류의 세계, 효율과 생산성의 세계가 여기에 도래한 것입니다. 정보의 세계, 데이터베이스의 세계, 검색의 세계가.

정보와 데이터베이스의 세계, 그것은 중세 해석자 혁명의 효과에 지나지 않는다

르장드르는 분명히 말하고 있습니다. "정보이론조차도 중세 해석자 혁명 없이는 가능하지 않았다"고 말이지요. 중세 해석자 혁명은 무엇이 '텍스트'인지를 정의하는 혁명이었습니다. 무엇이 사람의 생사를 좌우하는 급소를 장악하는 텍스트인지, 그것을 고쳐 쓰고 다시 정의하는 일이었습니다. 따라서 중세 해석자 혁명은 모든 혁명의 어머니인, 비할 데 없는 혁명이었던 것입니다.

통치의 정보화가 폭력을 낳는다

그러나 거기에서 텍스트는 다양한 가능성을 잃고, 축소되고 삭제되고 줄여지게 되었습니다. 텍스트는 정보에 지나지 않은 것이 되었습니다. 법이나 규범과 관련된 것은 정보밖에 없게 되었습니다.

그런데 여기서부터는 저의 사변입니다. 이 시점부터 법이나 규범이나 정치는 정보냐 폭력이냐 하는 양자택일의 막다른 길에 봉착하게 되었습니다. 일단 자본은 '정보' 쪽에 들어간다고 말할 수 있겠지요. 이미 말한 대로 이 혁명에서만 가능했던 '신용', '신탁', '크레디트', 즉 그리스도교에서는 '신을 욕망하는 것' 자체인 신앙을, 닫힌 시장경제라는 회로 안에 봉쇄하여 회전시키는 방책에서만 자본제가 도래하기 때문입니다. 물론 거기에 무리가 있기 때문에 자본주의는 늘 통치술을 다양하게 바꿔왔고 늘 공황이나 위기에 닥치게 됩니다. 당연히 카를 마르크스가 말한 대로 화폐란 '근대의 그리스도'여서 정보의 과도한—아니, 그렇지만 시간이 없습니다. 이건 또 기회가 있으면 차분히 논해보고자 합니다. 저도 한창 다시 공부하고 있는 중이니까요.

'모든 것'은 정보거나 그렇지 않으면 폭력이 된다

이렇게 해서 우리는 정보냐 폭력이냐 하는 양자택일에 갇히게 되었습니다. 폭력혁명이 혁명의 '모든 것'이 된 것은 이 '중세 정보 기술 혁명'의 효과에 지나지 않습니다. 중세 해석자 혁명이 행한 것, 그것은 '통치의 정보화'입니다. '모든 것'은 정보가 됩니다. 그런 조작이 이루어졌기 때문에 그 조작의 이물異物로서 '한데 묶여 나오는' 것이 나타납니다. 그것이 폭력입니다. 이물로서 한데 묶여 나오기 때문에 역으로 그 정보와 폭력은 분리할 수 없는 것으로 결탁해 있습니다. 요컨대 통치의 정보화와 폭력화는 동시에 일어나는 것입니다. '모든 것'은 정보거나 그렇지 않으면 폭력이 됩니다. 따라서 혁명도 '폭력혁명'이 되어갑니다. 800년에서 850년 동안 우리는 정보와 폭력의 바다에 빠져 있었습니다.

사람은 800년간 계속 말하고 있다 — 모든 것이 정보다

'모든 것'이 정보라는 건 장장 800년이나 말해온 것입니다. 다들 그것이 새롭다고 생각하겠지요. 코미디입니다. 데이터베이스라는 건 이제 지긋지긋합니다. 그런 건 전혀 재미있지 않습니다. 800년 전의 혁명에 계속 매달려 있다니, 도대체 반동인 건 누구일까요? 이 정보와 폭력 안에서 발버둥치는 세계가 역사의 종말에 있고, 거기서는 아무런 변화도 없고, 거기서 탈출할 방법도 없다, 고 말이지요. 그런 일은 없습니다. 있을 수 없습니다. 만들어낸 것이 인간이라면, 우리 인간은 거기에서 빠져나가는 것도 가능할 터입니다. 반드시, 반드시요.

정보와 폭력 안에서 허우적거리는 세계, 탈출 방법은

장황하게 다양한 혁명에 대해 그 공과를 말해왔습니다. 저는 항상 어떤 혁명도 죄가 없지는 않았지만, 그래도 결코 공적이 상실된 것은 아니라고 말해왔습니다. 그러나 이것만은 아무래도 확실히 거대한 업적입니다. 그것은 세계를 바꾸었습니다. 인류를 바꾸었습니다. 역사를. 우리가 살아가는 이 세계 자체가 그들 중세 해석자 혁명의 혁명가에 의해 결정적으로 창설되었습니다. 그러나 이제 충분하겠지요. 잃어버린 것이 아무래도 너무 많습니다. 흘린 피도. 통치의 정보화에 의해 혁명이 폭력화했다고 한다면, 폭력혁명의 참화는 대부분 이 혁명의 결과라는 게 되니까요.

우리에게는 보인다, 우리에게는 들린다

수많은 목숨을 잃었습니다. 그러나 그것은 또 한 가지의 상실과 연결되어 있습니다. 우리에게는 보입니다. 우리에게는 들립니다. 우리는 알 수 있습니다. 우리는 느낄 수 있습니다. 우리는 오랫동안 그것만 말해왔으니까요. 우리는 '문학'을 잃었습니다. 우리는 시를 잃었습니다. 춤을, 연극을, 노래를, 음악을, 회화를, 복식을— 한마디로 말하면 예술을 '잃고' 말았습니다.

그것은 법이나 규범, 정치와는 관계없는 장소에 몰려 질식하려 하고 있습니다. 그것은 본질적으로 사람이 살아남기 위해 필요하지 않은 '오락', '장식물', '사치품'으로 간주되었습니다. 그러나 바로 그렇기에 법이나 규범, 정치도 질식하려 하고 있는 것입니다. 그러나 상실, 상실이라며 우리가 한 번이라도 그것을 결정적으로 손에서 놓아버린 적이 있을까요. 그것 없이 살 수 있었던 예가 있을까요? 없습니다. 그건 절대 있을 수 없습니다.

정보인가 폭력인가, 이런 양자택일은 몽상에 지나지 않는다

머리를 냉정하게 유지해야 합니다. 예술은 살아남았습니다. 정보 아니면 폭력이라는, 현실도 사실도 아닌 꿈을 꾸어서는 안 됩니다. 정신분석을 언급하면서 우리는 여기까지 왔습니다. 그 견지에 따르면 꿈은 좀 더 잔혹한 것이니까요. 몽상에 빠지는 것은 그만두고 자각해야 합니다.

'주권', 그것은 정보와 폭력의 이분법에서 석출되었다

더 나아갑시다. '모든 것'이 억지로 정보인가 폭력인가로 좁혀진 결과, 그래도 역시 다 덮을 수 없는 것이 다시 분리되어 나옵니다. 지금은 이런 표현을 쓸 수 있겠지요. 이렇게 석출된 잔여로서 출현한 것이 '주권'이라 불리는 수수께끼 같은 무언가다, 라고 말이지요. 법 밖에 있지만 법 없이는 없는, 말하자면 "법에 내포되는 법의 바깥, 법의 잔여"로서의 '주권'의 모습이 나타납니다. 물론 이 주권의 모습이 뭔가 '폭력'의 냄새를 풍기는 것은 우리 이상의 논리에서도 분명하겠지요.

그러나 주권은 일종의 — 그렇지요. 라캉의 말을 빌리자면 '상상적imaginary'인 요소를 갖게 됩니다. 즉 무한하게 인류의 애증을 불러내는, 매혹하는 수수께끼 같은 이미지의 모습으로 우뚝 솟아 있게 되는 것입니다. 일종의 메마른 정보와 폭력으로 줄여버릴 수 없는, 원래라면 예술에 의해 다뤄져야 할 강렬한 매혹을 발산하는 이미

지의 모습이 석출되어 나옵니다. '주권'이라는 불가사의한 것이 나오는 것은 이를테면 필연이었습니다.

거듭 지적합니다만, 유럽 최초 주권자의 모습은 누구였습니까? 그렇습니다. '교황^{Pape}', 즉 그리스도의 대리인인 '아버지'의 모습이었습니다. 하얀색과 금색을 걸친 매혹하는 모습, 이것이 주권의 원형입니다. 살아 있는 교황의 모습, 이는 당초 '살아 있는 문서'라고 정의되었습니다. 죽은 정보의 수집=신체가 아닌 살아 있는 육체, 살아 있는 신체로서의 '주권의 모습'입니다. 순수하고 또 전능한 권력 이미지로서의.

혁명이란 정보도 폭력도 주권 탈취도 아니다

정보인가 폭력인가 하는 이분법으로 다 수습되지 않는 수수께끼 같은 '뭔가'로서 석출되어온, 매혹하는 '교황의 모습'. 르장드르가 정확히 지적한 것처럼, 이것이야말로 '근대국가'의, '근대주권'의 기원입니다. 모든 사람의 사랑과 동경을 유혹하는, 그 전능한 권력의 표상으로서의 '국가', '주권'. 모든 인간의 조국애와 향수의 대상으로서의 수수께끼 같은 '뭔가'의 이미지. 그러나 이런 사랑과 동경조차도 자명한 것이 아닙니다. 우선 '모든 것'을 정보화하고 그 외부로서 폭력을 지정하며 그다음에 잔여로서 석출한다는, 인공적인 조작의 결과에 지나지 않습니다. 그 사람은, 그 사랑의 대상은 날조된 것에 지나지 않습니다. 조금 전에 말한 근대국가의 기원으로서의 교황 혁명이라는 사고보다 더 깊이 파고들어 생각하면, 아무래도 이렇게 됩니다.

그러나 다시 한층 더 깊이 파고들어봅시다. 세 가지가 있습니다. 법전을 비롯한 규범에 관련된 것으로서의 '정보'. 정보는 아니지만 정보와 결부된 형태로 권력 안에 포함되는 '폭력'. 그리고 아무래도 거기에서 잔여로서 석출되는 사랑과 동경의 절대적 대상으로서의 '주권=국가'. 우리는 여기까지 생각해왔으므로 이렇게 말할 수 있습니다. 정보와 폭력과 주권의 삼각형으로 구성되는 '세계', 제도적인 것의 세계는 유럽의 한 버전version에 지나지 않는다고 말이지요. 따라서 혁명이란 정보도 폭력도 주권 탈취도 아닙니다. 그것은 혁명이라는 이름에 걸맞지 않습니다. 그것은 중세 해석자 혁명을 넘어서지 못한 것이니까요.

세속화, 유럽의 전략 병기

이제 국가나 법의 본질은 폭력이다, 또는 경제 관계의 결과다, 하는 사고가 얼마나 사물을 단순화한 것인지 아시겠지요. 그런 사고에 편승하면 혁명도 그 반사경에 비치는 환영일 수밖에 없습니다. 즉 정보혁명이나 폭력혁명이나 주권 탈취일 수밖에 없게 됩니다. 요컨대 권력투쟁일 수밖에 없게 됩니다. 몇 번이고 말합니다. 그것은 유럽의 한 버전에 지나지 않습니다.

이 '정보로서의 법', '폭력', '주권'의 삼위일체를 객관적·중립

적 · 보편적인 것으로서 전 세계에 수출하기 위해서는 무엇이 필요
했을까요? 그렇습니다. 그것을 위한 편의야말로 '세속화'였던 것입
니다. 이 삼위일체는 비종교적인 것이고 근대적인 것이고 과학적
인 것이고, 따라서 객관적이고 중립적이고 보편적인 것이므로 만
인에게 적용되어야 한다고 말이지요. 이렇게 하여 전 세계에 수출
되었습니다. 그것 자체가 식민지화라는 폭력에 의해. 르장드르는
냉철하게도 세속화를 '유럽의 전략 병기', '개종, 정복을 위한 병
기'라고 말합니다. 신은 죽었다, 우리는 종교에서 이탈했다, 우리
세계는 세속화되어 근본적으로 비종교적이 되었다—이런 사고는
타자들의 삶을 짓밟기 위한 무기였던 것입니다. 그리스도교에서만
나오는 이 중세 해석자 혁명의 성과를 세계에 수출하기 위한, 즉 세
계를 정복하기 위한 병기였던 것입니다.

종교인가 세속화인가, 그것은 사고의 함정이다

이미 말했습니다. 종교인가 세속화인가라는 이분법은 폐기
되지 않으면 안 됩니다. 종교니까 안 된다, 신학이니까 안 된다, 누
구 흉내를 내고 있는지는 모르겠습니다만, 그런 것을 생각하니까
머리에 피가 올라 사물이 보이지 않게 되는 것입니다. 역으로 말하
자면 종교니까 '괜찮다'는 것도 성립하지 않습니다. 종교의 가능성
이나 종교에 의한 치유 등을 입에 담는 사람은 아직도 끊이지 않습
니다만, 그런 사고가 얼마나 위험한 함정인지 아시겠지요.

그렇다고 해서 자신만이 결정적으로 종교를 벗어났다는 경쟁에 열중하는 것도 대부분 그 자체가 '광신적'인 것입니다. 종교에서 유일하게 탈출하는 종교라는 말은, 바로 그리스도교도가 필요할 때면 언제라도 이용할 수 있도록 준비해둔 것으로 그 자체가 그리스도교입니다. 신은 죽었다, 종교는 죽었다, 그런 말은 아주 경건한 그리스도교도라는 신앙 고백밖에 의미하지 않습니다. 전에 낸 저서(『야전과 영원』)에서 자세히 썼기 때문에 이쯤에서 그만두겠습니다.

하지만 몇 번이고 말합니다. 머리를 식히지 않으면 안 됩니다. 종교인가 종교가 아닌가 따위는 전적으로 아무래도 좋은 것입니다. 그런 것은 결코 문제가 아닙니다. 종교라는 개념도, 세속화라는 개념도 버리지 않으면 안 됩니다. 그것은 사고의 함정이고, 사물을 보이지 않게 하는 연막에 지나지 않습니다.

'신앙'이라는 개념은 포기되어야 한다

신앙이라는 표현도 이미 문제가 있습니다. 사실은 믿지 않는데도 뭔가를 믿고 있다고 다른 사람에게 보여주려고 할 때 인간이라는 존재는 굉장히 흉악한 동물이 됩니다. 무의식적으로 뭔가를 믿고 있으면서도 아무것도 믿지 않는다고 다른 사람에게 보여주려고 하면, 역시 인간은 무한하게 폭력적인 동물이 됩니다. '아무것도 믿지 않는' 것은 니힐리즘이고 '뭔가를 믿는' 것은 광신입니다. 어느 쪽으로 가도 막다른 길이라면 신앙이라는 말 자체를 버리면 됩니다.

신앙이 사라진다, 읽기 그리고 쓰는 끝나지 않는 시공

읽는다는 것은 고쳐 읽는 것입니다. 즉 고쳐 쓰는 것, 쓰는 것이었습니다. 여기서 기묘한 사태가 떠오릅니다. 읽는다는 것에서 '믿는다는 것'이 어디까지고, 읽는다는 것은 용해되어간다는 것임을 몇 번이나 묘사했습니다. 책을 제대로 읽는다는 것은 읽고 있는 자신과 세계가 동시에 믿을 수 없게 되는 것이었습니다. 마찬가지로 쓴다는 것에 대해서도 '신앙'은 사라집니다. 그 한 행을 믿지 않는다면 쓸 수 없습니다. 그러나 '쓰는 것'은 지우고 고쳐 쓴다는 것을 전제로 합니다. 그것을 지우고 고쳐 쓸 수 있다는 것은 믿지 않는다는 것입니다. 한 행을 쓸 때 자신은 그것을 정말 믿는 것일까요? 한 행을 지울 때 자신은 그것이 정말로 믿을 수 없는 것일까요? 믿지 않는다면 고쳐 쓸 수 없지만, 고쳐 쓸 수 있다는 것은 믿고 있지 않다는 것입니다. 그렇다면 여기서 신信과 불신不信의 이분법은 다 같이 완전히 사라집니다. 거기에 무한한 회색의 투쟁 공간이 출현합니다. 버지니아 울프가 말했습니다. "최후에는 고독한 전쟁이 우리를 기다리고 있다"고. 그것은 쓰는 것에 대해서도 마찬가지입니다. 여기가 혁명의 장소입니다. 혁명의 시간입니다. 이 시공은 끝나지 않습니다. 정의상, 끝날 수 없는 것입니다.

대체 무슨 말을 하는 건가, 이 백인은

또 하나. 종교란 '개인의, 내면의 신앙' 문제라는 사고도 지리적 · 역사적으로 한정된 개념이고, 유럽에서 탄생한 지 400년 정도밖에 되지 않았습니다. 르장드르가 아프리카에 부임했을 때 동료가 현지 흑인에게 물었다고 합니다. "당신은 무엇을 믿고 있소?" 그러자 현지인은 멍하니 있었습니다. 대체 무슨 말을 하는 건가, 이 백인은, 하는 얼굴로 보더라는 겁니다. 분명히 그들은 춤을 비롯한, 유럽인이 보면 종교적인 신앙에 기초한 의례를 집행하고 있는 것으로 보였습니다. 그런데도 그들에게는 '신앙'이라는 발상이 애초에 없는 것이었습니다. 당신은 무엇을 믿고 있는가, 정말 '진심으로' 믿고 있는가, 하는 물음 자체가 완전히 유럽적인 것이라는 겁니다. 그렇습니다. 반복합니다만, 믿고 있는지의 여부는 전적으로 아무래도 좋은 것입니다. 우리는 신을 믿지 않는다, 우리는 종교를 벗어났다, 우리는 그런 낡은 시대가 끝났음을 고한 특권적인 세대인 것이다—이런 유치한 사고가 얼마나 종말론적이고 컬트적이며 나치적이기조차 하다는 것은 이미 충분히 논했으므로 다시 반복하지 않겠습니다.

하지만 그건 그렇다 해도 중세 해석자 혁명의 이 위대한 성과와 그것이 범한 거대한 죄는 어떨까요? 현기증이 나는 일입니다. 빛나는 위대한 달성은 방대한 죄 없이는 있을 수 없습니다. 그리고 이 달성을 확실히 확인해보지 않고는 죄의 소재조차 알 수 없습니다. 그리고 다음 혁명이 어떤 것이어야 하는가도 그것으로부터만 알 수 있습니다.

파시즘, 스탈린주의
― 예술의 힘을 억압하기에 그것은 외부에서 회귀한다

프로이트의 유명한 말이 있습니다. 억압된 것은 외부에서 회귀한다, 라는. 그것을 억지로 보지 않으려고 하면, 없었던 것으로 하려고 하면, 외부에서 그것의 복수를 당합니다. 이는 무의식의 이치입니다. 그렇습니다―시, 춤, 연극, 노래, 음악, 회화 등 예술의 놀랄 만한 힘을 억압하기 때문에 그것은 외부에서 회귀하여 우리를 강습합니다. 그 힘은 파시즘 또는 스탈린주의라는 형태로 놀랄 만큼 무참한 죽음을 강요하게 되었습니다.

예술이나 문학을 말한다고 해서 뭔가 긍정적인 것이 이야기되었을 거라 생각하지 마시기 바랍니다. 예술가나 문학자 여러분의 활동 '모두'를 쌍수를 들고 통째로 칭송한다고 생각하지 마시기 바랍니다. 끝까지 냉철하지 않으면 안 됩니다. 그렇습니다. 중세 해석자 혁명의 여파 속에서 우리는 예술을 억압했습니다. 그것은 근본적으로 정치 바깥에 놓였습니다. 그러므로 그것은 놀랄 만큼 정치와 권력과 폭력의 근원으로서 외부에서 회귀한 것입니다. 춤이나 음악, 영화나 복식 같은 것은 바로 독재자의 지옥의 무기기도 했습니다. 20세기의 비참한 전쟁과 혁명의 모습을 일별하기만 해도 분명할 것입니다. 국가 미학주의 등으로 부르며 정치와 예술을 결부시키는 것을 경계하는 경향이 많은 것은 알고 있습니다. 나치나 스탈린주의야말로 그것을 가장 교묘하게 해냈으니까요.

예술 — 그 선악의 피안

하지만 그것은 모든 규범이나 정치에 따라다니는 행동이 아직도 연극이나 시, 변론이나 노래, 춤이나 이미지 등의 예술에 속하는 뭔가와 분리할 수 없다는 냉엄한 사실을 억압하기 때문에 일어난 일입니다. 그런 예술적인 것은 정치의 '장식' '부속물' '도구'가 아닙니다. 그것은 법이나 규범이나 정치의 본질 중 하나입니다. 이것을 보지 않고 억압하기 때문에 우리는 아직도 그 놀랄 만한 힘이 외부로부터 회귀하는 것에 괴로워하고 있습니다.

예술은 이해 관심에 관계없다는, 따라서 정치와도 경제와도 법과도 관계없다는 사고도 유럽의 버전에 지나지 않습니다. 이것도 '유럽의 전략 병기'인 것입니다. 그것은 예술이나 문학에서 혁명적 잠재력을 뿌리째 뽑는 책략입니다. 이미 그 책략은 드러났습니다. 이제 신물이 납니다. 이런 것이 확실히 보일 때까지 우리는 오랫동안 생각해왔으니까요. 그 억압을 해제하지 않으면 안 됩니다. 두려운 것은 아무것도 없을 터니 말입니다. 몇 번이고 말한 대로 우리는 예술을 한 번도 잃어버린 일이 없으니까요. 그것은 그곳에 있었고, 있고, 앞으로도 계속 있을 것입니다. 그것은 현실입니다. 그것은 사실입니다. 짊어지기 힘들 뿐인 엄준한 현실인 것입니다.

인간의 통치로서의 예술

르장드르가 말한 대로, 예컨대 공장에서도 우리는 '예술'을 강요받고 있습니다. 그는 수수께끼 같은 아이러니의 향기를 떠돌게 하면서 이렇게 말합니다. '공장 노예'는 공장 안에서 그런 몸가짐을 하고, 그런 행동거지를 하고, 요컨대 그렇게 '안무되어' '춤추는' 것이 강제되고 '훈련'되고 있습니다. 그리고 그 강제와 교환하여 약간의 임금을 받고 있는 것이라고 말이지요. 즉 이런 것조차 모두 예술인 것입니다.

이는 푸코가 자기 통치의 문제로 논한 것과 겹칩니다. 시장 안에서 우리는 매일 자신을 훈련하고 있습니다. 생산성을 위해, 효율을 위해. 그것도 하나의 '인간을 훈련한다'는 '예술=기예art'인 것입니다. 푸코는 인간의 제조란 하나의 예술이라고 했습니다. 우리의 행동거지, 우리의 언어, 우리의 예의범절, 우리가 하는 모든 것은 일종의 '훈련'의 효과고, 그 잔혹한 훈련의 모든 것은 역시 예술에 속하는 '뭔가'입니다. 우리는 사회에 의해 '안무되고' 있는 것입니다. 상세히 논할 여유가 없습니다만, 이는 바로 니체가 『도덕의 계보학』에서 결정적으로 논하고 있는 것입니다. 꼭 한 번 읽어보기를 권합니다. 지금 말한 세 사람이 '계보학자'를 자칭하는 것은 왜인지, 좀더 잘 생각해봐야 합니다.

정보 기기의 취급도 의례라는 것을 면할 수 없다

여기까지 생각하면 이렇게도 말할 수 있겠지요. 역설적으로 들릴지도 모르겠습니다만, 역설도 뭐도 아닙니다. 우리는 정보를 얻습니다. 예컨대 프로그래밍 언어로 쓰인 코드를 읽고 쓰고, 또는 인터넷에 연결하여 여러 사이트를 둘러보며 아주 단편적인 '정보'를 얻습니다. 이런 것도 사실 의례적인 무언가임을 벗어나는 일이 아닙니다. 좀 더 말하자면 '숭배'입니다.

그렇다면 의례란 무엇일까요? 의례란 근본적으로 훈련입니다. 그것을 반복함으로써 신체에 어떤 행동거지를 하는 사고를 주입시키는 것. 이것이 의례고 훈련입니다. 우리는 경건하게도 매일 다양한 단말기를 향해 기묘한 손놀림을 합니다. 마치 옛날 불단에 합장하는 할머니들과 똑같이 말이지요. 그렇게 한 것도 의례고 신앙의 증좌입니다. 근행勤行이고 수행입니다.

힘써 일한다, 교육은 훈련이며 의례다

힘써 일합니다. 자신이 어떤 행동거지를 하지 않고는 배기지 못하고, 따라서 무엇을 숭배하는지 잘 생각해보지 않으면 안 됩니다. 한마디 더. 숭배와 컬트와 '문화culture'는 어원이 같습니다. 또한 이것도 확인해둡시다. 교육이란 근본적으로 훈련이며, 따라서 의례라고 말이지요.

모든 근대화의 과정에서 교회가 가장 최후까지 넘겨주지 않으려고 했던 것, 세속국가에 넘겨주지 않으려고 했던 것은 '교육'이었습니다. 지금도 종교단체가 교육에 종사하려고 하는 것은 근본적으로 교육이 의례고 또 니체적인 표현을 빌리자면 '훈련'이며 '훈육'이기 때문입니다. 의례성의 근원은 예술이고, 의례가 하는 일은 '예의범절'입니다. 한 사회에서 신체를 미의 한 예로서 단련하는 것입니다.

알겠지요. 통치와 관련되는 것은 정보화된, 객관화된 문서뿐이라는 사고는 이미 무효라는 것을요. 우리는 스스로를 춤이나 노래나 낭송이나 시나 회화나 영화에 의해 통치할 수 있을지도 모릅니다. 아프리카의 흑인들이 오랫동안 해온 것처럼 『코란』의 낭송이지금도 울려 퍼지는 것처럼요.

불가능하다고 생각할 근거는 전혀 없습니다. 역사를 보면 그런예는 얼마든지 있으니까요. 따라서 예술이 끝났다든가 문학이 끝났다고 하는 것은 완전히 논외입니다. 예술이나 문학은 지금 말한인간 신체의 통치 또는 훈련이라는 수준에 단단히 연결되어 있으니까요. 부언하자면 예술 그리고 문학은 재생산, 즉 번식과 분리할수 없습니다. 아이로서 삶을 얻고 아이로서 자라고 아이를 낳고 아이를 키운다는 것과, 아이를 교육하고 훈육하는 것과도.

모든 예술은 수태의 예술이다

대체로 예술이란 수태의 예술입니다. '잉태된 것^{concept}'을 위한 기예art입니다. 이것을 모르는 척하고 있으면 예술이 끝났다든가, 문학이 끝났다든가, 그것들이 위기에 처했다든가, 단순히 차라리 없는 게 나은 오락이라거나 장식에 지나지 않는다든가, 그런 변변치 못한 잡담, 사고의 자폐에 굴하지 않을 수 없게 됩니다. 왜 이런 생각을 할 수 있을까요? 이런 것을 맥없이 경건하게 '믿고 있으니까' 예술도 문학도 그리고 법이나 정치조차도 힘을 잃어가는 것입니다.

기껏해야 800년이 뭐라는 거냐고

간단합니다. 한 발 앞으로 ─ 르장드르가 좋아하는 표현을 인용하자면 한 발 '옆으로' ─ 발을 내딛기만 하면 됩니다. 용기를 가지고 눈을 뜨기만 해도 될 것입니다. 거기에는 용기밖에 필요하지 않습니다. 예술이 끝났다, 문학이 끝났다, 지금 문학이 위기에 처했다, 끝나려 하고 있다, 이런 주장에는 아무런 의미가 없습니다. 그것은 중세 해석자 혁명의 효과에 지나지 않습니다. "2000년이나 3000년이 뭐라는 거냐"고 갑자기 내뱉은 니체를 흉내 내어, 이렇게 말합시다. 기껏해야 800년이 뭐라는 거냐고.

반복합니다. 중세 해석자 혁명은 인간이 이룬 것입니다. 우리 인간이 그것을 다시 못할 까닭이 없습니다. 그것을 다시 한번 바꿀 수 없다는 근거는 없습니다. 자, 우리에게 혁명이 불가능하다고 생각할 이유는 다 없어졌습니다. 아무것도 끝나지 않습니다. 아무것도.

뭐, 끝났다고 생각하는 것은 그 사람의 자유입니다. 그렇게까지 해서 '종말'을 경건하게 계속 믿는다면 그건 그것대로 괜찮습니다. 그 저열하고 나쁜 피로 물든 종말론에 계속 기도를 한다면 그것도 괜찮습니다. 열심을 손을 모아 계속 기도할 뿐만 아니라 스스로 솔선하여 혼자 멋대로 끝내 주십시오. 다만 다른 사람을 끌어들이지 않도록 하고요.

루트비히 비트겐슈타인이라는 20세기 최대의 철학자가 있습니다. 그는 제1차 세계대전의 참호 속에서 『논리철학 논고 *Tractatus Logico-Philosophicus*』를 썼습니다. 종이와 연필은 훌륭합니다. 전쟁이 일어나도, 전기가 없어도 20세기 최대의 책을 쓸 수 있으니까요. 그는 이 책에서 철학은 끝났다고 생각했습니다. 모든 철학의 문제는 해결되었다고 생각했습니다. 어떻게 한 걸까요? 그는 성실하니까 철학자를 그만둔 것입니다. 당연합니다. 철학이 끝났다면 철학자일 필요가 없습니다. 그리고 방대한 유산도 내던지고 초등학교 교사를 하거나 가정교사를 하며 살아갑니다. 철학에서 완전히 연을 끊어버린 겁니다. 그러나 그는 어느 날 갑자기 "철학은 끝나지 않았다. 아직 해결되지 않은 문제가 있었다"라고 깨닫고, 러셀의 명령을 받은 케인즈에 의해 케임브리지로 돌아오게 되었지요. 16년의 공백을 거친 그때 그의 나이는 이미 마흔이었습니다. 긴 우회로였습니다.

최근에는 문학이 끝났다, 예술이 끝났다고 소동을 벌이면서 문학에 종사하는 사람이 많은 것 같습니다. 문학 따위는 결국 경제 과정에 좌우되는 것일 수밖에 없다, 문학보다는 오히려 공학이다, 과학이다, 라고 말하면서 문예비평이나 소설을 써서 일당을 벌려는 작자들이 있습니다. 게다가 이들 대부분이 문학부 교수이거나 합니다. 문학부에 속한 학과를 나왔으면서 문학이나 철학 따위는 무력하니 '현실'에 영향을 미치지 않으면 안 된다는 소리를 지껄이면서 로비 활동을 하자고 말하는 사람도 있습니다. 가소롭기 짝이 없습니다.

사임 요구

철학이 끝났다고 한다면 철학과를 그만두었으면 합니다. 문학이 끝났다고 한다면 문학에 종사하는 걸 그만두었으면 좋겠습니다. 물론 문학부 교수도 그만두었으면 합니다. 종말론에 대한 우리의 정의에서 보면, 이 '끝'은 단순한 끝을 의미하지 않기 때문에 더 많은 사람이 그만두지 않으면 안 됩니다. '문학'에 대한 우리의 넓은 정의에서 보면, 책을 내는 것도, 사람들 앞에서 변설을 늘어놓는 일도 그만두지 않을 수 없겠네요. 뭐든지 결국은 경제라고 말한다면 처음부터 경제학자가 되면 좋았을 걸 그랬습니다. 처음부터 돈을 벌기 위해 회사라도 차렸더라면 좋았을 걸 그랬습니다. 자신이 살아 있는 동안 자신의 의견으로 정치를 좌우하고 싶다면 처음부터 관료나 정치가가 되면 좋았지 않았겠습니까? 정말 비겁한 수법입니다. 이런 사람들은 지금 당장 그만두지 않으면 안 됩니다. "아니, 그런 줄 알고 하고 있다"는 등의 변명을 듣는 건 이제 지 긋지긋합니다. 읽어버렸다면, 틀리지 않았다고 생각된다면, 그렇게 살지 않으면 안 됩니다. 그런 줄 알고 있다니요. 알고 있는 게 아닙니다. 사실은 모르고 있으니까 그렇게 살 수 없는 겁니다. 책을 읽을 수 없는 사람들이, 그 읽을 수 없음을 읽으려고 하지 않는 사람들이 무슨 말을 해도 소용없습니다. 그것은 지금까지 장황하게 증명해온 대로입니다.

아아, 이번에도 또 길어지고 말았네요. 여름이 되면 힘이 난다고 해도, 아무리 그렇다고 해도 너무 긴 것 같네요. 이 부분은 저로서도 매우 자세히 설명하기에 꽤 힘든 이야기였으니 관대하게 봐주기 바랍니다. 아직도 여전히 이야기가 부족합니다만, 이 정도로 해두기로 하겠습니다. 다음번이 벌써 마지막 밤이니 좀 듣기 쉽다고 할까, 역시 가볍게 들을 수 있는 이야기를 하기로 하겠습니다.

2010년 7월 15일

다섯째
밤

그리고

3 8 0 만

년 의

영 원

오늘도 아주 따가울 정도로 햇빛이 쨍쨍 내리쬐는 날이었습니다. 여름 감기나 백일해가 조용히 유행하고 있는 것 같기도 합니다. 해가 져도 열기가 가시지 않기 때문에 오히려 방심하는 경솔함이 있는지도 모르겠습니다. 여름밤의 미지근한 대기가 느릿느릿 움직이는 가운데 역에서 이곳까지 걸어왔습니다. 밖에는 아직도 유지매미가 부지런히 울고 있네요. 쓰르라미와 애매미를 통틀어 가을 매미, 즉 초가을 매미라 부른다고 합니다만, 그 소리가 아득히 들리기 시작하면 역으로 본격적인 여름이라는 느낌이 듭니다. 그 소리는 아직 들려오지 않습니다만—기대가 됩니다.

비닐로 만든 귀여운 풀인지도 모른다

자, 저번에는 중세 해석자 혁명에 대한 이야기를 했습니다. 그것은 근대라 불리는 시대를 절대적으로 도래하게 한 혁명이었습니다. 국가, 주권, 법, 정치뿐만 아니라 온갖 측면에서 우리의 세계를 '초기 설정'한 혁명이었습니다. 그 이후 이어진 혁명도 그 틀 안에 통째로 들어가는 듯한, 비할 데 없는 혁명이었습니다. 그것은 거대한, 너무나도 거대한 업적을 낳았습니다. 그러나 그뿐만이 아니었습니다. 그것은 정보혁명과 같은 뜻이며 그 외부로서 폭력을, 그리고 거기에서 새나오는 것으로서 주권 또는 국가라는 기묘한 잔여를 창출하여 예술의 혁명적인 힘은 잊히게 되었던 것입니다. 그 때문에 그것을 변혁하려는 노력도, 거울을 맞댄 것처럼 정보나 폭력이나 주권 탈취로 축소되어버렸습니다.

우리는 정보와 폭력의 바다에 오랫동안 빠져 있게 된 것입니다. 아무리 넓은 바다에 의해서도 다 씻겨 없어지지 않을 만큼 검붉은 나쁜 피로 가득 찬 바다 안에. 하지만 그건 어쩌면 여름 뜰에 자주 놓이는 비닐로 만든 귀여운 풀인지도 모릅니다. 그것을 광활하기 그지없는 바다라고 생각하는 것은, 우리가 아직 어린아이기 때문인지도 모릅니다. 이번에는 그런 이야기를 하겠습니다. 마지막이고 또 여름이니까요. 또한 가벼운 듯, 시원하게 말이지요.

확인합니다. 문학이 끝났다, 근대문학이 끝났다, 예술이 끝났다고 말할 뿐만 아니라 달리 할 말이 있을 텐데도 세계는 끝났다, 역사는 끝났다고 말하며 뭔가 말한 듯이 우쭐해져 있는 불쌍한 사람들이 끊이지 않습니다. 그리고 또 자신이 살고 있는 시대가 특권적인 시작이나 끝이고, 자기가 살고 있는 동안 역사상 결정적인 일이 일어나주지 않으면 곤란하다는 병든 사고의 형태가 있습니다. 이런 사고는 놀랄 만큼 유치한 것이며, 사실 가장 질이 나쁜 종말론이라는 것도 지적했습니다. 이렇게 완전하게 병든 사고의 형태가 터무늬없이 만연하고 있습니다. 그런 말을 하는 사람은 본 적이 없다, 그런 이야기는 들어본 적도 없다, 라고 말하는 사람의 삶에 평안과 기쁨 있으라. 유감스럽게도 비평이나 사상이나 문학을 칭하는 사람들은 이런 사고에 완전히 빠져 있습니다. 그것이 얼마나 놀랄 만한 참화를 초래하는 사고와 같은 형태인지에 대해서도 길게 이야기해왔습니다.

그러나 이런 종말론적인 사고, '현재'에서, '자신'의 삶에서 '모든 것'의 끝이 '하나'가 되기를 바라는 병든 사고는 사실 그들이 생각하는 것만큼 새롭지 않습니다. 새롭기는커녕 정말 맥이 빠질 만큼 반복되고 있는 것입니다. 유사 이래 줄기차게 말이지요. 조사하면 할수록 고구마 덩굴을 잡아당기면 고구마가 줄줄 딸려 나오는 것처럼 일일이 셀 틈이 없을 정도입니다. 그러므로 몇 가지 지적하는 것에 그치기로 하겠습니다.

세계는 늙었다 — 종말 환상의 긴 역사

게르만 민족의 대이동이 종식된 무렵이니까 5세기쯤일까요? 사람들이 입버릇처럼 하는 말로, 유럽인의 마음을 답답하게 압박하고 있던 두려운 말이 있었습니다. "세계는 늙었다$^{Mundus\ senescit}$." 로마의 영광은 사라졌고, 그렇다고 게르만은 문화를 담당할 힘이 없다. 그리스도교의 가르침은 쇠퇴하고 이제 우리는 지옥에 떨어지려 하고 있다. 이제 세계의 종말이 오려 한다. 그들의 신앙에서 보면, 이런 비탄은 진지한 것이었다는 걸 의심할 수가 없습니다. 하지만 아무리 그렇더라도 아직 5세기인데, 하는 말이 하고 싶어질 겁니다. 그런데 우리도 똑같은 패거리입니다. 그건 길게 이야기해온 대로, 이런 것은 아무래도 1000년 이상 지나도 변하지 않습니다. 실제로 "세계는 늙었다"라는 말은 중세에 이르기까지 오랫동안 사람들의 마음에 어두운 그림자를 드리우게 됩니다.

7세기에도 수도사 마르퀼프는 이 세계의 종말을, 어두운 비애를 담아 열심히 설파했습니다. 8세기에 『성 바르두전』이라는 책이 나오는데, 거기에서도 세상은 이제 끝이다, 더 이상의 변전은 없다, 결정적인 최후의 시대다, 라고 쓰여 있습니다. 다시 한번 확인해두는데, 열거하면 한이 없고 그것만으로 오늘 밤이 끝나버리기 때문에 대표적인 것, 극히 일부만 말하고 있는 것입니다.

아시겠지요. 1000년은 바로 밀레니엄, 최후의 심판인 '그날 그 시간'이었으니까요. 다들 야단법석이었습니다. 상세한 것은 말하지 않겠습니다만, 여러 지방의 백작이나 자작이 교회에 토지를 기증하는 기증문의 첫머리가 정색한 태도로 '세상의 끝이 가까워져'로 시작했습니다. 그런 것이 아주 많이 발견되었습니다. 어쨌든 정확히 1000년째니까요. 이제는 정말 끝이다, 끝이다, 했던 것이지요. 이런 사고가 자신이 살고 있는 동안에 종말이 찾아와주면 기쁘다는 왜곡된 '절대적 향락'에 취해 있을 뿐이라는 것은 몇 번이나 말했습니다. 더는 반복하지 않겠습니다. 하지만 아무리 그렇다고 해도 앞으로 1000년은 더 이어질 테니까 괜찮아, 하고 말하고 싶어집니다. 웃음을 터뜨리고 싶기도 합니다. 하지만 이건 웃을 일이 아닙니다.

2000년에 우리도 큰 소동에 흥겨워했으니까, 그들을 비웃을 수도 없습니다. 그런데 지금도 어쩐지 2012년이 어떻다는 둥 고쳐 계산하는 사람이 있습니다. 그런데 말이지요—이 '다시 계산하는 것'도 고대부터 줄곧 이루어지고 있습니다. 1000년에 세계의 종말이 온다, 고 흔히 생각하지 않습니까? 하지만 그게 달력을 잘못 헤아렸기 때문으로, 사실은 몇 년에 온다는 발언이 몇 번이고 반복해서 나오는 것입니다. 예컨대 1000년이 아니라 954년에 종말이 온다는 사람들이 나와 큰 소동이 벌어졌습니다. 그것은 미신이라고 설파하며 돌아다니는 양심적인 수도사가 있어 그런 내용의 책을 왕비에게 헌정하기도 합니다.

960년에는 은자 베르나르라 하는 수도사가 이제 곧 세상의 종말이 온다고 설교하며 돌아다녀 또 소동이 일어납니다. 960년에는 프랑스 로렌 지방에서 이 세상의 종말이 바야흐로 가까워졌다는 소문이 민중들 사이에서 삽시간에 퍼져나가기도 합니다. 1000년이 지나도 종말이 온다는 것을 포기하지 않고 다시 소곤소곤 계산하여 예루살렘에서는 이번에야말로 1009년에 세계가 멸망한다고 사람들은 믿고 있었습니다. 갈릴리 사람도 독자적으로 계산하여 1033년에 인류가 망한다고 굳게 믿었습니다. 사람들이 얼마나 혼란스러워했는지 상상할 수 있겠지요.

우리 주변에도 그런 사람이 있으니까요. 이제 너무 놀리면 불쌍

하니까 그만하기로 할까요. 거참, 매번 수고하십니다, 라고밖에 말할 수 없겠네요. 이는 역사학적인 근거도 뭐도 없으므로 가벼운 농담이라 생각하고 들어주었으면 합니다만, 12세기에 해석자 혁명이 일어났다는 건, 세계의 종말이 오지 않기 때문이었는지도 모르겠습니다. 어, 세계가 끝나지 않잖아, 어쩌면 2000년까지 살아가야 한단 말인가, 그럼 어떻게든 살아남는 방법을 생각하지 않으면 안 되겠는데, 하고 말이지요.

문학은 끝났다, 라고 사람들은 반복해서 말해왔다

문학 이야기로 돌아갈까요. 문학이 끝났다는 말도 고래부터 한없이 반복되고 있습니다. 이제 괜찮겠지요. 열거하는 건 그만두겠습니다. 한두 가지만 예로 들겠습니다. 위대한 극작가이자 시인인 실러조차 다음과 같은 편지를 썼습니다. 신인작가도 새로운 문학작품도 완전히 엉터리다, 모방이나 속악한 것뿐이다, 이제 문학은 죽었다, 고 말이지요. 괴테도 똑같은 말을 하는데, 하지만 뉘앙스가 약간 다를지도 모르겠습니다. 즉 이 세계는 속악함으로 흘러가버렸다, 나는 이제 좀처럼 돌아오지 않는 시대의 마지막 한 사람일 것이다, 라는 말을 했습니다. 괴테는 정확히 끝이라고는 말하지 않았네요. 하지만 실제로 괴테가 상당히 힘을 쏟은, 자신이 주관하여 펴낸 『프로필레엔*Propyläen*』(1798~1800)이라는 문예 잡지가 단 300부만 팔렸습니다. 괴테 같은 사람도 완전한 패배를 맛보았던 겁니다.

문학이 끝났다, 순문학은 끝났다, 근대문학이 끝났다, 하는 이야기는 수백 년, 수십 년이나 반복해서 말해오는 것입니다. 그렇게 말하는 사람만은 새롭다고 생각하겠지요. 자기도 새로운 것을 말하고 있다고 생각하겠지요. 유감입니다. 그런 것은 이제 지긋지긋합니다. 괴테나 실러의 시대는 우리의 입장에서 보면 문학의 황금시대였습니다. 그런데 그들조차 "문학은 끝났다"고 비관적인 말을 했습니다. 저는 좀 뭐랄까요—짜증이 납니다. 너희들은 횔덜린을 인정하지 않았잖아, 너무 냉담했잖아, 하고 말하고 싶어집니다. 분명히 실러는 편지를 무시하고 횔덜린에게 일자리를 소개해주지 않았으니까요. 그것도 원인이 되어 횔덜린은 미쳐버렸습니다. 정말 뭐가 '문학은 끝났다'느니 '새로운 재능이 없다'는 것인지.

그 후 독일 문학이나 독일 철학에서 누가 나왔는지 아시죠. 횔덜린, 헤겔, 셸링, 클라이스트, 노발리스, 하이네, 슈티프터, 니체, 릴케, 첼란…… 끝이 없습니다. 경탄할 만한 재능이 무수히 나왔습니다. 실러 정도의 남자조차 전혀 근거 없는 종언의 슬픔에 굴복했습니다. 그러므로 실러 흉내를 내도 된다는 이야기가 되는 걸까요? 그렇지 않습니다. 이제 됐지 않나요. 싫증 좀 냅시다. 우리에게는 이제 이 계속되는 걱정과 비탄의, 느린 소 같은 반추의 모습이 또렷이 보이니까요. 몇 번이고, 몇 번이고 음미할 거라면 좀 다른 것으로 하는 게 좋지 않겠습니까?

그리스 문학과 철학, 그 0.1퍼센트의 승리

좀 더 근본적인 것부터 생각해보기로 할까요? 연극을 중핵으로 하는 고전 그리스 문학, 그리고 초기에는 시로 쓰였던 고전 그리스 철학의 위대한 달성은 여러분도 잘 아실 거라고 생각합니다. 플라톤, 아리스토텔레스, 아이스킬로스, 소포클레스 등의 시대입니다. 그것은 읽고 또 붓을 잡는 것을 본령으로 하는 이슬람 문화에 의해 계승되어 유럽으로 건너가, 바로 현대 세계를 창출하는 사고의 초석이 되어갑니다. 그런데 그리스인들이 쓴 책 중에서 지금까지 남아 있는 것은 어느 정도일까요? 천 권 중 한 권입니다. 많이 잡아도 두 권을 넘지 않습니다. 즉 99.9퍼센트는 사라졌습니다. 사멸한 것입니다. 남은 것은 단 0.1퍼센트입니다. 아리스토텔레스가 쓴 것조차 거의 흩어져버렸습니다. 지금의 전집은 그가 쓴 것의 일부에 지나지 않습니다.

그렇다면 그리스 문학은 패배했을까요? 괴멸한 것일까요? 그들은 승부에 져서 훗날 아무것도 남지 않은 걸까요? 그들의 노력은 전혀 쓸데없는 것이었을까요? 그런 게 아닙니다. 그럴 리가 없습니다. 0.1퍼센트밖에 남지 않았다고 해도 99.9퍼센트의 사멸을 넘어 그리스 문화는 이슬람 문화를 키우고 유럽을 창출했으며, 우리 세계의 초석이 되었습니다. 그들은 승리했습니다. 이것은 준엄한 사실입니다. 몽상이 아닙니다.

문학이 탄생한 이래 90퍼센트는 '완전한 문맹'

기껏해야 최근 100년 정도밖에 생각하지 않기 때문에 아, 문학은 죽었다, 철학은 죽었다, 하는 잠꼬대 같은 말을 할 수 있는 겁니다. 그거야 아무래도 좋습니다. 앞에서 말한 것처럼 그런 말을 하는 사람도 함께 끝났다고 하면 될 뿐인 이야기입니다.

다만 확실히 알아두지 않으면 안 되는 것이 있습니다. 그것은 문자가 탄생한 지 아직 5000년밖에 안 되었다는 사실입니다. 그리고 그 5000년 동안 90퍼센트의 사람들이 완전한 문맹이었습니다. 문맹이라는 것도 여러 단계가 있습니다. 자신의 이름 정도는 쓸 수 있다거나 표지 정도는 읽을 수 있는 등 여러 수준의 문맹이 있습니다. 그러나 그 90퍼센트는 '완전한' 문맹입니다. 사인을 할 수 없으니 ×표를 해두는, 자신의 이름도 쓸 수 없는 완전한 문맹입니다. 이런 사실을 똑똑히 확인하고, 거기에서 다시 생각하지 않으면 안 됩니다. 천천히 갑시다. 이렇게 아주 밑바닥에서부터 생각하기 시작하면 오히려 멀리까지 갈 수 있습니다.

완전한 문맹인 여성 이야기

완전한 문맹이라는 것은 어떤 사태일까요? 저는 최근에 완전한 문맹인 재일한국인 할머니의 리포트를 읽었는데 아주 고통스러웠습니다. 전시나 전후의 혼란 속에서 한국어도 일본어도 읽을 수 없는 상태로 자란 사람이었습니다. 여러분, 해외에 나갔을 때 이상한 감각을 느끼는 경험을 하게 될 겁니다. 자신이 전혀 읽을 수 없는, 울퉁불퉁한 물질적인 위화감이 느껴지는 글자로 된 표지밖에 없는 거리를 헤맵니다. 그건 뭘까요? 기묘한 이물감과 부유감이 있습니다. 희미하지만 확실한 공포와 답답한 초조함이 가슴에 싹틉니다. 하지만 아직 우리에게는 돌아갈 곳이 있습니다. 자기 나라로 돌아가면 안심할 수 있으니까요.

그런데 그 할머니에게는 세계 어디에 가도 '이향異鄕'일 뿐입니다. 자신의 고향에 가서 생활해도 표지판은 읽을 수 없는 글자로 쓰여 있습니다. 고난의 말입니다. 주위 사람이 다들 문맹인 고대나 중세라면 또 모르겠으나 현재에 그렇다는 것은 좀 그렇습니다. 표를 살 수 없고, 전철을 탈 수 없고, 버스를 탈 수 없습니다. 글자가 쓰여 있어 두렵습니다. 무슨 의미인지 모르기 때문이지요. 자기가 사는 집 문에 페인트로 인종차별적인 낙서가 쓰여 있는데도 그 내용을 읽을 수 없었다는 것입니다. 누가 가르쳐줘서 비로소 알게 되었다고 합니다. 그때는 아직 소녀였다고 하는데, 그날부터 도로 표지판이나 시내의 간판이 모두 자신을 차별하는 말이 아닐까 하는 망상에 사로잡힙니다. 그러나 이는 정신적인 병리가 아닙니다. 그렇게 되는 것이 당연하겠지요.

식자의 역사, 그것은 직접적으로 발달한 것이 아니다

그런 문맹이 지금도 있다는 것입니다. 지금 일본은 99퍼센트 이상의 식자율을 보이고 있다고 합니다. 그러나 이 통계도 상당히 수상한데, 확실히 조사한 수치라고 부를 수 없는 모양입니다. 전문학교에서 가르치고 있는 후배의 이야기를 들으면, 예컨대 '가족'이라는 한자를 쓸 줄 모르는 아이가 많다고 합니다. 전문 수업인데도 한자 받아쓰기 퀴즈를 보지 않으면 안 됩니다. 제대로 조사하면 식자율은 더 낮아질 거라고 생각합니다.

즉 우리가 글자를 읽을 수 있다는 것 자체는 전혀 자명한 전제가 아닙니다. 문학의 위기 따위를 말하는 사람은 이런 것을 잊고 있습니다. 순문학이 5000부, 1만 부밖에 팔리지 않는다고 불평을 합니다만, 5000부나 팔리지 않는가, 하는 이야기입니다.

좀 더 순서에 따라 살펴보도록 하겠습니다. 고대부터 중세 그리고 근대를 향해 순조롭게 식자율은 상승해왔다고 생각하기 쉽지만, 결코 그렇지가 않습니다. 예컨대 고대 아테네는 식자율이 아주 높았습니다. 애초에 통계라는 사고가 없었으니까 몇 퍼센트인지는 알 수 없습니다. 하지만 "읽을 수 없는 놈은 체면이 서지 않는다"라는 낙서가 남아 있어 그것을 보고 광장에 모인 사람들이 다들 웃었다고 합니다. 식자율이 상당히 높았던 것이지요. 50퍼센트 정도라고 추정하는 학자도 있습니다. 50퍼센트라는 숫자가 얼마나 높은 것인지 나중에 자세히 말하기로 하겠습니다.

이 또한 역사적 사실입니다만 로마제국군 태반이 읽고 쓸 줄 알았습니다. 팻말 등 문자를 사용해 군사상의 정보나 명령이 이루어진 증거가 남아 있습니다. 이렇게 고대 세계는 식자율이 높았던 것이지요. 그런데 0.1퍼센트밖에 남지 않았다는 것입니다.

식자율이 극적으로 감소했다고 하는 것은 역시 게르만 민족이 침입해와 문화가 황폐해졌다는 점이 컸습니다. 소란 속에서 문화적인 기반이 붕괴되어갑니다─그래도 성 아우구스티누스는 읽었습니다. 그리고 10세기가 되자 이제 프랑크 왕국의 전 국토가 문맹입니다. 완전한 문맹입니다. 카를 대제도 오토 1세도 문맹이었습니다. 로마제국의 황제가 문맹이라는 것은 있을 수 없는 이야기입니다만, 그들은 모두 문맹이었습니다.

쭉 내려가 13세기 이야기입니다. 이미 중세 해석자 혁명은 일어났습니다. 그러므로 어떤 의미에서 근대가 시작되었다고 할 수 있습니다. 그런데도 문맹인 재판관이 있었다는 기록이 남아 있습니다. 게다가 당시 상당히 문화 수준이 높았다고 생각되는 베네치아에. 대체 어떻게 재판을 했을까 하는 생각도 듭니다. 15세기에 성직자조차 읽을 수만 있고 쓸 수 없는 사람이 태반을 차지했습니다. 고전, 고대의 붕괴라는 것이 유럽인에게 얼마나 충격이었나 하는 것입니다. 그것을 회복하기 위해 르네상스라 불리는 운동이 개시된 것인데, 그것은 정말 단적인 사실로서 식자의 문제였습니다. 글자를 읽을 수 있는 사람을 한 사람이라도 늘리지 않으면 안 된다는 것이었습니다.

인쇄술, 제지, 안경 ― 독서의 물질적 기반

알다시피 유럽에서는 이때 인쇄술이 시작됩니다. 이것은 개체로는 기능하지 않습니다. 복합적인 다양한 요인이 겹침으로써 성립했습니다. 우선 1276년 유럽 문화권에서 최초의 본격적인 제지공장이 이탈리아에 생깁니다만, 이 생산품은 완전한 사치품이었습니다. 일반화하는 것은 훨씬 나중의 일입니다.

모두 잊고 있습니다만, 1세기부터 3세기 무렵의 고대 로마 시대까지 유럽에서는 텍스트가 '무엇에' 쓰여 있었던 걸까요? 파피루스입니다. 게다가 그것은 두루마리였습니다. '책'의 형태가 된 것은 그 후의 일입니다. 파피루스는 대량 소비에 적합합니다만, 생산량의 감소나 수입 루트의 두절 등 다양한 요인으로 사용할 수 없게 됩니다. 그 대신에 양피지라는 게 발명됩니다. 그러나 양피지는 몹시 비쌌기 때문에 다시 물질적으로 뭔가를 읽을 수 없는 체제가 생깁니다.

종이가 일반화하는 것은 대략 15세기입니다. 동시에 인쇄술이 성립했습니다. 그리고 15세기에는 동시에 안경도 보급됩니다. 적어도 이미 독일의 주요 도시에는 안경점이 있었다는 기록이 남아 있습니다. 천천히 이러한 복합적인 요인이 중첩되어 ― 그렇습니다. 그 대혁명이 화려하게 피어날 토양이 정비되어가는 것입니다. 이미 말한 것처럼, 이렇게까지 했는데도 식자율이 거의 5퍼센트였으니까요. 큰일이겠지요.

문자를 읽을 수 없는 사람을 위한 책, '달력'

16세기 초엽까지 독일의 서적 종수는 40종입니다. 1년에 출판된 종수가 그렇습니다. 그러다가 루터 혁명으로 폭발적으로 늘어났습니다. 16세기 최대의 문학자 루터, 그는 1500년부터 1540년까지 독일 서적 전체의 3분의 1을 쓴 혁명가였습니다. 그것은 이미 이야기한 대로입니다. 그때부터 쭉 18세기까지 상당히 안정적으로 출판 종수가 늘어납니다. 그러나 아직도 압도적으로 글자를 읽을 수 없는, 읽을 수 있어도 글자만 있는 책은 읽을 수 없는 사람은 적지 않았습니다.

그렇다면 왜 출판 종수가 늘어났을까요? 무엇이 팔렸을까요? '달력'입니다. 글자를 읽을 수 없는, 글자를 읽을 수 있어도 책 같은 걸 통독할 수 없는, 그런 사람들을 위한 책이 달력이었습니다. 17세기 프랑스에서는 〈목동을 위한 날짜 안내, 대형 달력〉이라는 달력이 크게 히트하여 무려 30만 부나 팔렸습니다. 다른 달력도 15만 부에서 20만 부나 나갔습니다. 달력에는 무엇이 쓰여 있었을까요? 물론 달력이니까 날짜가 쓰여 있었습니다. 계절마다 주의할 사항도 쓰여 있었습니다. 씨를 뿌리는 계절입니다, 라고 말이지요.

달력, 수첩, 점 그리고 삽화가 들어간 책은 옛날부터 팔렸다

그 밖에는 예쁘거나 유쾌하거나 만화 같은 장식화가 차지했습니다. 속담이나 명문구, 요컨대 '말'이 쓰여 있었습니다. 아니,

말이라고 해도 무시해서는 안 됩니다. 하이데거나 벤야민이 절찬한 민중시인 헤벨도 달력 출판을 시작하고 거기에 자신의 시를 썼으니까요. 그의 달력은 한 도시만의 한정 발매인데도 확실히 3만 5000부를 팔았습니다. 당연히 유쾌한 점성술이나 꽃말도 쓰여 있었습니다. 그리고 성인력聖人曆이라는, 그날이 어떤 성인의 기념일인지도 쓰여 있었습니다. 그날이 무슨 날이라는 토막 지식도 쓰여 있었습니다.

글을 읽을 수 없다면 누군가에게 읽어달라고 했습니다. 18세기가 되어 이 달력이 개인화된 것이 수첩입니다. 즉 지금도 연말연시가 되면 문방구나 서점의 수첩 코너에 수많은 사람이 몰려들고, 그 수첩도 앞에서 말한 여러 가지로 디자인되어 있습니다. 그리고 다들 점을 보는 것을 좋아하여 점에 관한 책은 지금도 굉장히 잘 팔립니다. 수첩이나 점 관련 책은 옛날부터 잘 팔렸습니다. 그런 것도 요즘 시작된 일이 아닌 것이지요. 인간은 그렇게 쉽게 변하지 않습니다.

그런데 흥미로운 것은 대혁명을 일으킨 루터가 "민중에게 호소할 수 있도록 그림이 들어간 성서를 만들어야 한다"고 말했다는 점입니다. 그리고 실제로 그림이 들어간 성서가 출판됩니다. 달력에도 그림이 그려져 있다는 것은 지적했습니다만, 글자를 읽을 수 없는 사람도 책을 샀습니다. 즉 책은 읽는 것이 아니라 보는 것이기도 했던 것입니다. 지금보다 삽화가 많은 정도였습니다.

1476년에 출판된 독일어 · 라틴어 대역의 『울름판 이솝이야기』

는 무려 125매나 되는 목판화가 들어 있습니다. 삽화의 범주를 살짝 넘은 것이지요. 게다가 판을 거듭함에 따라 삽화는 점점 늘어납니다. 지금의 만화 같은 것이지요. 삽화 같은 비주얼적인 것과 결합함으로써 현재 봉착해 있는 출판 불황의 활로를 개척하고자 하는 사람이 있습니다만, 그것 역시 반복되어온 일입니다. 새로운 것이라고 생각하지 않아야 합니다.

혁명에 의한 독서열, 혁명의 실패에 의한 독서에서의 이탈

그리고 18세기가 됩니다. 이때 독서욕이 급격하게 증가합니다. 역시 독일의 이야기입니다만, 18세기 독일의 '서적' 생산은 40만 부에서 50만 부에 달해 17세기의 두 배 이상에 이릅니다. 또한 18세기 프랑스에서는 책의 평균 발행 부수가 초판 1000부에서 2000부입니다. 당시의 식자 상황을 생각하면 이건 상당히 많은 편입니다. 그리고 디드로의 『백과전서*Encyclopédie*』가 초판 4250부, 볼테르의 『풍속시론風俗試論』(1756)이 초판 7500부였는데, 이는 놀랄 만한 숫자입니다.

당시의 식자율이 낮았는데 왜 이런 책이 팔렸을까요? 또 하나, 이것과 관련된 의문이 있습니다. 그 후 19세기가 되면 출판 종수가 급락하는데, 그것은 또 왜일까요? 1805년에는 유럽에서 4081종이었던 서적의 출판 종수가 1813년까지 2233종으로 뚝뚝 떨어집니다. 대체 무엇 때문일까요? 혁명 때문입니다. 프랑스혁명 전야, 독서에 대한 열광이 일어납니다. 그리고 나폴레옹의 변절, 프랑스 황제에 대한 대관으로 프랑스혁명이 어떤 의미에서 좌절합니다. 굉장한 환멸이 퍼져 나가 책 같은 걸 읽어봤자 쓸데없지 않은가 하는 상황이 된 것입니다. 독서에서 멀어져간 것이지요.

혁명은 끝났다, 문학은 끝났다, 라고 쓰여 있는 책을 누가 읽겠는가

그러나 역으로 말하자면, 이 사실이야말로 혁명과 책을 읽는다는 것이 단단히 결부되어 있다는 것의 좋은 증거가 아닐까요? 왜 책이 읽히지 않느냐고 다들 말합니다만, 그건 당연합니다. 혁명은 끝났다, 문학은 끝났다, 라고 쓰여 있는 책을 누가 읽겠느냐는 겁니다. 명시적으로 쓰여 있지 않아도 그런 분위기를 풍기는 책을 누가 읽겠습니까? 책을 계속 읽는다는 것은 혁명을 불러들이는 것을 그만두지 않는다는 것입니다. 이제 이런 것은 여기까지 온 우리에게는 새삼스러운 일입니다.

17세기 프랑스, 코르네유나 라신 시대의 식자율

18세기의 독서열을 언급했습니다만, 그렇다고 해도 지금에 비하면 식자율이 훨씬 낮았습니다. 독일은 예외입니다. 조금 돌아가 다시 더듬어오겠습니다. 17세기라고 하면 코르네유나 라신, 라

파예트 부인의 시대입니다. 프랑스 문학의 한 융성기라는 것은 틀림없습니다. 하지만 1672년 파리의 식자율은 25퍼센트였습니다. 게다가 이 식자율이라는 게 '사인을 할 수 있는가의 여부'로 판정된 것이었습니다. 그러니 지금 열거한 저작자의 책을 읽을 수 있는 사람은 어느 정도였을까요? 글쎄요. 파리 전체에서 읽고 쓰는 것을 가르치는 초등학교 교사가 7명도 안 되었다는 사실로 대충 추측해볼 수 있습니다. 큰일이지요.

17세기 잉글랜드, 셰익스피어나 밀턴 시대의 식자율

17세기 잉글랜드의 성인 남자의 식자율은 30퍼센트 정도였습니다. 16세기 말부터 17세기 초에 활약한 잉글랜드의 극작가라고 하면 역시 셰익스피어입니다. 17세기에 그에 이어 군림한 이는 존 밀턴이나 벤 존슨이겠지요. 대체 누가 그걸 읽었을까요? 셰익스피어나 벤 존슨은 극작가기도 하기 때문에 글자 같은 건 읽을 수 없어도 되지 않느냐고 생각하나요? 아니, 배우 찾는 게 힘듭니다. 대본을 읽을 수 없으면 연기를 할 수 없으니까요. 당시에 여성을 무대에 올리는 것이 힘들었던 것은, 물론 풍속 단속이라는 이유도 있었습니다만, 그것보다는 단적으로 여성 교육이 이루어지지 않았기 때문입니다. 여성은 대본을 읽을 수 없었던 것입니다

학문이야말로 혁명의 선구이자 우리의 적이다

또 한 가지 지적해두겠습니다. 아주 옛날부터 책을 읽는다는 것은 수도사가 하는 일이었습니다. 또는 공부하여 출세하려는, 귀족계급보다는 하층계급 사람들이 말이지요. 귀족은 하지 않습니다. 지성과 교양을 겸비한 군자야말로 위대하다는 것은 그리스와 로마만의 아름다운 상식이었습니다. 그 이후에는 귀족이면 무학이고 난폭해도 된다, 오히려 그러는 편이 고귀하다고 생각되었습니다. 그들의 고귀함은 핏줄만이 보증합니다. 그러므로 그들에게 책을 읽거나 쓰는 것은 어쩐지 수상한 일이었습니다.

사실 1914년 제1차 세계대전이 시작된 해가 되어도 로베르토 미겔스라는 독일 귀족이 "학문이야말로 혁명의 선구이자 우리의 적이다"라고 단언했습니다. 바로 말 그대로입니다. 이 말에 여실히 드러난 대로, 책을 읽고 또 쓰는 것은 늘 혁명의 힘이 거처하는 곳이었습니다. 애초에 귀족이라는 것은 세속 권력입니다. 성스러운 교회법의 권력과는 처음부터 대립하는 것이었으니까요.

1850년, 문학의 황금시대 문맹률은 어떠했는가

본제는 여기서부터입니다. 오늘날의 통계학에서 봐도 올바른 식자율의 일제 조사가 이루어진 것은 1850년입니다. 19세기 중반이지요. 19세기 중반이라고 하면 '아아, 위대한 문학의 나날'입니다. 우리에게 지나간 문학의 황금시대입니다. 그렇다면 1850년의 성인 문맹률은 어느 정도였을까요? 참고로 여기서 성인 문맹률이라는 것은, 이를테면 문맹의 '최소한'을 의미합니다. 식자율에 포함되었다 하더라도 자신의 이름을 쓸 수 있고 표지판을 읽을 수 있으며 책의 표지 글자를 읽을 수 있는 정도의 사람으로, 꼭 책을 읽을 수 있는 사람이라고는 할 수 없습니다.

잉글랜드는 디킨스, 프랑스는 발자크, 플로베르, 보들레르

그런데 1850년의 잉글랜드는 어땠을까요? 가장 선진국이었습니다. 성인 문맹률은 30퍼센트였습니다. 1850년이라고 하면 디킨스가 『데이비드 코퍼필드David Copperfield』를 출판한 해입니다. 그렇다면 프랑스는 어떨까요? 40~45퍼센트였습니다. 어떤 책이 출판되었을까요? 우선 이해에는 발자크가 죽은 해입니다. 『골짜기의 백합Le Lys Dans la Vallee』이 1835년에 나왔습니다. 스탕달의 『파르므의 수도원La Chartreuse de Parme』이 1839년, 플로베르의 『보바리 부인Madame Bovary』이 1857년, 보들레르의 『악의 꽃Les Fleurs du Mal』의 초판도 1857년에 나왔습니다. 이탈리아의 문맹률은 70~75퍼센트였습니다. 에스파냐의 문맹률은 75퍼센트였습니다. 정말 우리의 세르반테스는 뭘 생각하고 있었을까 하는 느낌입니다.

러시아제국, 완전 문맹률 90퍼센트

좀 더 '근사'한 것은 러시아입니다. 1850년, 러시아제국의 문맹률은 어느 정도였을까요? 90퍼센트였습니다. 최신 연구에는 95퍼센트라고 하는 문헌도 있습니다. 게다가 러시아만 '완전 문맹'의 데이터입니다. 뭐, 백 보 양보해서 90퍼센트라고 합시다. 예컨대 당신에게 친구 열 명이 있는데 그중 한 명만이 자신이 보낸 편지를 읽을 수 있다는 뜻입니다. 그런 상황입니다. 게다가 어쨌든 '완전한' 문맹이 90퍼센트니 글자를 읽을 수 있는 그 친구 한 명도 책을 읽을 수 있는지는 아주 미심쩍습니다. 앞에서 말한 것처럼 달력을 읽을 수 있고 표지판을 읽을 수 있으며 자신의 이름을 쓸 수 있는 정도인지도 모릅니다. 절망적인 상황입니다. 밤중에 문득 창문을 멍하니 올려다보니 또다시 지브릴이 백합을 손에 들고 금색으로 빛나고 있을지도 모르는 정도입니다.

도스토옙스키의 투쟁

그렇다면 1850년 전후에 누가 무엇을 출판했을까요? 푸시킨이 1836년에 『대위의 딸』을 냈습니다. 고골리가 1842년에 『죽은 혼Mertvye Dushi』을 냅니다. 도스토옙스키가 1846년에 데뷔작 『가난한 사람들』을, 톨스토이가 1852년에 『유년 시대』를, 투르게네프가 1852년에 『사냥꾼의 수기Zapiski okhotnika』를 냅니다. 엉망진창입니다. 뭘까요, 이 사람들은. 어이가 없지요. 왜 이런 상황에서 이런 걸 연달아 쓸 수 있었을까요? 확인하고 넘어갑시다.

그 당시 러시아의 인구도 나와 있습니다. 최초의 러시아 인구 조사가 1851년에 이루어졌으니까요. 그것에 따르면 당시 러시아제국의 인구는 4000만 명이었습니다. 대충 양보하여 10퍼센트인 400만 명이 도스토옙스키를 읽을 수 있었다……, 고는 생각되지 않습니다. 400만 명밖에 자신의 사인을 할 수 없었다는 무리한 상황에서 『죄와 벌』 같은 작품들을 차례로 쓴 것입니다. 도대체 이 사람들은 무슨 생각을 했을까요? 단적으로 90퍼센트 이상의 사람들이 읽을 수 없었습니다. 러시아어로 문학 같은 걸 해봤자 소용없었던 것이지요. 이런 파멸적인 상황에서 어떻게 쓸 수 있었을까요?

러시아 문학의 승리

확실히 말하겠습니다. 바야흐로 문학은 위기를 맞고 있고, 근대문학은 죽었으며, 애초에 문학 같은 건 끝이라는 치사한 말을 한 번이라도 공언한 적이 있는 사람은 표도르 미하일로비치 도스토옙스키라는 성스러운 이름을 두 번 다시 입에 담지 않았으면 좋겠습니다. 불쾌합니다.

이 정도의 일을 가리켜 비로소 위기라고 하는 겁니다. 문학의 위기라고 떠들어대는 사람은 말하는 것이 미지근합니다. 내일 일어나면 일본인의 문맹률이 90퍼센트가 되어 있다면 어떻게 할까요? 지옥의 한마디겠지요. 실례지만 일본 작가의 90퍼센트 이상은 쓰는 걸 그만둘 것이라고 생각합니다. 의미가 없으니까요.

그렇다면 러시아 문학이 옛날 메이지 시대부터 일본 문학에 끼친 영향을 어떻게 생각할까요? 거기에서 얻은 힘으로 일본 문학이 얼마나 높은 수준에 도달했는지. 그러므로 그런 말을 하는 사람은 지금 당장 문학을 그만두면 됩니다. 논할 자격도 없습니다. 전혀요. 여러분은 도스토옙스키나 톨스토이가 소설을 썼던 시대를 황금시대라고 생각하고 있겠지요. 그에 비해 자신들은 팔리지 않는다, 문학이 놓인 환경이 좋지 않다, 시대가 다르니 어쩔 수 없다, 이것이 '현실'이다, 라고 생각하고 있을 겁니다. 어처구니없습니다. 그런 생각을 하는 것은 지금 들었던 모든 위대한 이름에 대한 모욕입니다. 훨씬 가혹한 상황이었으니까요. 그런 상황에서 살아남았으니까요.

그래도 창의와 여러 가지 궁리를 거듭하며 말을 계속 자아내왔으니까요. 터무니없는 노력을 언어에 쏟아부어왔으니까요. 왜일까요? 어떻게 그런 일을 할 수 있었을까요? 당연합니다. 문학이 살아남고, 예술이 살아남고, 혁명이 살아남는 것이 인류가 살아남는 일이기 때문입니다. 그 이외에는 없습니다. 왜 쓸까요? 왜 계속 쓰는 걸까요? 계속 쓸 수밖에 없지 않습니까? 달리 할 일이라도 있습니까?

문학이 살아남고, 예술이 살아남고, 혁명이 살아남다

도스토옙스키 등은 10퍼센트 이하에 승부를 걸어 승리한 것입니다. 우리는 그들의 소설을 번역본으로 읽을 수 있습니다. 그것이 자명한 것이라고 생각하고 있습니다. 전혀 자명한 게 아닙니다. 기적에 가까운 일입니다. 그리스인들이 99.9퍼센트 소멸한 가운데 0.1퍼센트에 승부를 걸어 승리한 것처럼 러시아인들도 이겼습니다. 우리의 싸움은 0.1퍼센트가 살아남는다면 이기는 싸움인 것입니다. 만약 우리의 적이 있다고 한다면 그들은 0.1퍼센트라도 놓치면 지는 겁니다. 즉 우리는 압도적으로 유리한 싸움을 하고 있는 셈입니다. 이것을 잊어서는 안 됩니다.

아시겠어요? 확실히 냉정함을 유지하지 않으면 안 됩니다. 저의 이전 저작의 제목은 『야전과 영원』이었습니다. 저의 몇몇 친구가 영원이라고 하면 낭만주의로 착각할지도 모른다고 충고해주었습니다. 하지만 어떻게 생각하든 그건 제가 알 바 아닙니다. 99.9퍼센트가 사라지는 것을 전제로 하고 영원이라고 말한 것이니까요. 95퍼센트는 완전한 문맹이라는 것을 전제로 하고 있습니다. 그 정도로 절망적인 상황이 당연하다는 걸 전제로 하고 영원이라고 말한 것입니다. 그래도 이겨왔고, 그래도 말은 빠져나와 우리 눈앞에 도달했습니다.

20만 년 전, 호모사피엔스의 탄생

아직 이곳은 좁습니다. 답답합니다. 천창을 활짝 열어놓고 그곳을 통해 좀 더 멀리까지 가봅시다. 문자가 발명된 지 5000년밖에 안 되었다고 말했습니다. 아마 저의 다음 책은 들뢰즈=가타리론이 될 것 같습니다. 거기서는 '문자는 기계다'라는 명제로 시작하겠지요. 그렇습니다. 문자야말로 인류가 개발한 놀랄 만한 기계고, 밤의 기계고, 혁명의 기계입니다. 이 문자에는 5000년의 역사가 있습니다. 4대 문명이 출현한 것도 바로 5000년 전입니다. 문자와 함께 4대 문명이 출현한 것입니다. 그러나 그 전에는 어땠을까요?

　최근 연구에 따르면 우리의 직접적인 조상인 호모사피엔스는 20만 년 전에 아프리카에서 탄생했다고 합니다. 네안데르탈인은 아무래도 별종으로 아종도 아닙니다. 사실 상식에 반하여 네안데르탈인보다 호모사피엔스가 먼저 탄생한 것입니다. 그 전에 호모하빌리스가 230만 년 전에 등장했고, 그것이 진화하여 100만 년 전에 호모 에렉투스가 된 뒤 절멸합니다. 이것도 역시 우리의 조상이 아니라 별종이라고 합니다. 즉 조몬인縄文人*이나 크로마뇽인 같은 호모사피엔스야말로 우리의 직접적인 조상입니다.

회화, 복식, 음악 — 7만 년 내지 3만 년의 역사

　우리 인류는 생겨난 지 20만 년이나 되었습니다. 문자를 발명한 지는 5000년이 되었습니다. 단 5000년, 이게 얼마나 짧을

* 일본 열도에 1만 수천 년 전부터 약 2000년 전까지 살았던 조몬식 토기를 사용하던 신석기인─옮긴이.

까요?

예컨대 세계에서 가장 오래된 기하학 문양은 남아프리카에서 발굴되었습니다. 이는 7만 5000년 전의 일입니다. 붉은 안료 성분의 벵갈라로 벽화처럼 그려져 있습니다. 아직은 회화라고는 말할 수 없습니다. 하지만 여기에는 분명히 일종의 상징화, 추상화 작용이 작동하고 있습니다. 완전히 동일한 장소에서 고둥으로 만든 비즈 목걸이가 발굴되었습니다. 그러므로 최초의 액세서리도 7만 5000년 전에 나왔다는 이야기가 됩니다.

확실히 회화라고 할 수 있는 것으로 가장 오래된 것은 나미비아에서 발굴되었습니다. 여러 가지로 추정할 수 있어 확실하지는 않지만, 최소한 3만 년 전의 것이 아닐까요? 즉 예술, 미술—굳이 여기서는 구별하지 않고 씁니다만, 이 두 가지 개념은 원래 구별하지 않으면 안 됩니다—이라는 것은 7만 5000년 전이나 3만 년 전, 어쨌든 방대한 역사가 있습니다.

그렇다면 음악은 어떨까요? 새 뼈로 만든 플루트가 3만 7000년 전의 유적에서 출토되었습니다. 그림보다 조금 더 오래되었을까요? 하지만 플루트니까요. 재질로 보아 남기 힘드니까 남지 않았을 뿐, 일반적으로 생각하면 타악기가 더 오래되었겠지요. 무척 안타깝게도 당시의 춤도 남지 않았습니다. 가장 오래된 예술은 아마 춤일 거라고 생각하지만 말입니다. 아울러 그 당시의 회화는 신과 가까운 것으로 생각되었던 야생동물을 그린 것이었습니다. 자신들이 춤추고 있는 그림 같은 건 아무래도 좋은 것이어서 그리지 않았습니다.

이와 관련하여 말하자면 소녀나 남성을 대상으로 한 그림이나 조각은 거의 남지 않았습니다. 왜냐고요? 아름답지 않으니까요. 아름답다고 생각하지 않았기 때문이겠지요. 다산을 나타내는 풍만한 몸매의 어머니밖에 그려져 있지 않습니다. 인간의 신체는 그것만 아름답다고 생각되었던 것이지요. 유명한 알타미라 유적의 벽화가 있습니다. 그런 고도의 미술이 결실을 맺은 것은 1만 8000년 전 무렵까지 내려갑니다.

농경, 목축, 자본의 축적에 의한 경제활동은
1만 년의 역사에 지나지 않는다

중요한 것이 또 하나 있는데, 그것은 묘입니다. 장례입니다. 호모사피엔스의 가장 오래된 묘는 3만 7000년 전입니다. 액세서리도 관도 나왔고, 화장터도 의례를 한 터도 나왔습니다. 요컨대 대체로 7만 5000년 전부터 3만 5000년 전까지 넓은 의미에서의 '예술art'이라 불리는 행위가 거의 다 나왔습니다. 농경, 목축, 부의 축적에서 오는 경제활동이라는, 이른바 정주定住에 의한 문명은 1만 2000년 전부터 9000년 전, 대체로 1만 년의 역사에 지나지 않습니다. 예술의 역사에 비하면 그 7분의 1의 역사밖에 안 됩니다.

문학이 발명된 지 고작 5000년밖에 되지 않았다

당시와 같은 단순한 것이라도 경제활동은 호모사피엔스 역사의 5~6퍼센트를 차지한 것에 지나지 않았습니다. 칼 폴라니가 말했습니다. 경제라는 개념 자체는 아리스토텔레스의 '오이코노미아 ^{oikonomia}'까지 거슬러 올라갑니다만, 아리스토텔레스가 말하는 오이코노미아는 대체로 현재의 시장경제가 아니며, 우리가 알고 있는 경제는 18세기에 발명된 것에 지나지 않는다고 말이지요. 주의해주십시오. 저는 경제 자체를 부정한 것이 아닙니다. 부정한다고 어떻게 되는 것도 아니잖아요. 단지 사실을 말할 뿐입니다.

문학은 이상할 정도로 젊은 예술이다

아시겠지요? 문자는 그것보다 젊습니다. 문자라는 게 실로 젊은 문화이고, 하물며 문학은 이상할 정도로 젊은 예술이라는 것입니다. 고작 5000년입니다. 그런데도 문자를 사용한 언어예술, 문학은 바야흐로 위기에 있다, 사라질 것이다, 아니 이미 사라졌다는 등 콧잔등에 땀방울을 빛내며 안달하듯 빠른 말투로, 그것도 문자로 쓰고 있잖아요. 화가라든가 음악가라든가 무용가가 비웃습니다. 창피하니까 그만두세요. 몇 번이고 말합니다. 그건 창피한 일입니다. 오늘도 창의와 궁리를 거듭하며 노래하거나 춤을 추거나 악기 연습을 하거나 옷이나 액세서리를 만들고 있는 사람이 있을 겁니다. 지금도 수없이. 아득히 7만 년, 3만 년의 역사를 잇고 있습니다. 그 사람들이 '노래는 끝났다', '음악은 끝났다' 하는 말을 합니까? '옷은 끝났다', '그림은 끝났다', '춤은 끝났다', '액세서리는 끝났다' 하는 말을 하던가요?

문학은 끝났다? 창피하니까 그런 말은 그만두라

그런 바보 같은 말을 하는 것은 문학뿐입니다. 이렇게 창피한 말은 하지 마시기 바랍니다. 예술의 종언을 고한 철학자 헤겔은 확실히 위대합니다. 저도 반복해서 읽는 저작자 중의 한 사람임을 부정하지 않겠습니다. 하지만 그런 건 제가 알 바 아닙니다.

5000년은 20만 년의 40분의 1, 여든 살 노인의 입장에서 보면 두 살배기 어린아이

기껏해야 유라시아 대륙의 한구석인 유럽 반도 같은 곳에 사는 놈들에게 듣고 싶지 않습니다. 우리의 문학은 이 세상에 생을 얻은 지 고작 5000년밖에 안 된 젊은 예술이고, 아직 천진난만한 어린아이인 것입니다. 5000년은 20만 년의 40분의 1입니다. 여든 살 노인의 입장에서 보면 두 살배기 어린아이에 불과합니다.

우리가 문자를 쓸 수 있게 된 것은 아주 최근의 일입니다. 문학, 이것은 은총입니다. 기적입니다. 흔해빠진, 몇 번이고 반복되어온, 그러나 한없는 쇠퇴를 빠져나온 인류 역사상 아름다운 꽃, 빛나는 섬광, 한순간의 기적인 것입니다.

우리가 문자를 쓸 수 있다는 것을 자명시해서는 안 됩니다. 고작 5000년밖에 안 되었다는 이유만이 아닙니다. 지금도 문맹이 많으니까요. 그것을 자명시하는 것은 일종의 차별에 가담하는 일입니다. 그런 것을 깨닫지 못하는 사람들의 우스갯소리를 들을 필요는 없습니다.

앞에서 농담으로 말했습니다. 할리우드 영화에서도 무엇이든지 세계의 존망을 걸고 싸워야만 흥이 나는 건 이상하다, 불감증이다, 라고요. 다들 어딘가에서 인류는 앞으로 1000년쯤 지나면 멸망하지 않을까 하는 생각을 하고 있지요. 1000년까지 버티지 못할 거라고 생각하고 있습니다. 그런 망상이나 꿈속에만 있으니까 눈앞에 있는 것이 보이지 않게 되는 겁니다. 무슨 말일까요?

고생물학에 따르면 세계의 종말은 이미 왔다, 그것도 다섯 번이나. 그래서?

전대미문의 이야기를 하겠습니다. 전대미문이지만 과학적인 사실입니다. 세계의 종말은 이미 있었습니다. 나중에 말하겠지만, 유감스럽게도 '지금은' 오지 않지만 말이지요. '대대적인 절멸'이 있었습니다. 다섯 번이나요. 어떤 고생물학자에게 물어도 이것은 반론의 여지가 없이 전원이 일치하는 것입니다. 오르도비스기, 데본기, 페름기(이첩기), 트라이아스기(삼첩기), 백악기. 이를 '빅

파이브'라고 합니다. 가장 최근이 백악기로, 65~70퍼센트의 '종'이 멸종했다고 합니다. 이를 개체로 말하면 85~90퍼센트가 절멸했다는 것입니다. 무슨 일이 일어났는지는 모릅니다. 운석설도 있고, 기후변동설도 있습니다. 그거야 뭐 아무래도 좋습니다. 가장 큰 절멸이라는 것이 페름기의 멸절로, 개체의 90~95퍼센트가 절멸했습니다. 세계의 종말은 이미 왔었습니다. 다섯 번이나요. 그래도 우리는 이렇게 살고 있습니다. 그 정도의 문제입니다. '그래서 뭐?' 하는 것으로, 그리 대단한 일도 아닙니다.

히로시마에 떨어진 원자폭탄의 천 배 되는 위력을 가진 운석이 15개나 떨어졌다, 아무도 죽지 않았다

간단히 계산해볼까요? 생물 '종'의 평균연령은 대체로 400만 년이라고 합니다. 그러면 1년간 자연사하는 종은 400만 종에 한 종 꼴입니다. 그리고 고생물학자의 계산에 따르면, 10만 년에 작은 멸절이라도 일어날 확률은 거의 제로입니다. 일어나지 않습니다. 5퍼센트의 생물을 일소하는 절멸에는 평균 100만 년이 걸린다고 합니다. 그리고 어쩐 일인지 다들 운석이 떨어져 세계가 망할 거라고 생각하고 있습니다. 하지만 지금까지 운석이 떨어져 사람이 죽은 일은 없습니다. 한 사람도 죽지 않았습니다.

1908년에 퉁구스카 운석이 러시아에 떨어졌습니다. 꽤 최근이지요. 대도시가 날아갈 정도의 대폭발이 있었습니다. 히로시마에 떨어진 원자폭탄의 약 천 배나 되는 위력입니다. 그런데 이런 규모의 운석이 날아오는 것은 통계적으로 300년에 한 번으로 추정되고 있습니다. 그러면 유사 이래 대충 이런 정도의 운석이 15개 넘게 지구에 떨어졌다는 이야기가 됩니다. 그러나 이 퉁구스카 운석밖에 알려져 있지 않습니다. 왜일까요? 간단합니다. 지구는 넓어서 거의 무인지대이기 때문입니다. 세계는 넓습니다. 더욱 넓습니다. 우리가 생각하는 것보다 세계는 훨씬 넓습니다.

한 문명을 파멸시키려면 우선 히로시마에 떨어진 원폭의 800만 배 정도의 파괴력이 있는 운석이 떨어져야 합니다. 여러분이 75세까지 산다고 하고, 그 정도의 운석이 떨어질 가능성은 400분의 1입니다. 그래도 '한 문명'이지요. 세계 통째로는 아닙니다. 예, 정말 시시한 수준의 확률론 문제로 계산해도 0.1퍼센트의 확률에 거는 편이 낫습니다. 그리스의 위대한 문학이 남을 가능성에 거는 편이 낫습니다. 그러므로 쓸데없는 불평만 해대지 말고 계속 씁시다.

세계는 멸망하지 않습니다, 유감스럽지만

아까도 말했습니다. 아무래도 사람들은 다들 앞으로 1000년 정도 지나면 인류가 멸망할 것으로 생각하고 있다고요. 어딘가에서 그냥 말이지요. 멸망하지 않습니다. 유감스럽지만요. 뭐, 알 수는 없습니다. 바라는 대로 멸망해줄지도 모릅니다. 조금은 기대를 갖게 하는 말이라도 해주는 게 나을까요? 지금 인류의 인구는

65억 명 정도입니다. 그런데 20만 년의 역사에서 살았던 인류는 통틀어 몇 명일까요? 100억 명이라는 설도 있습니다. 그러면 역사상 인류의 65퍼센트가 지금 살고 있는 셈입니다.

메뚜기의 '무리살이형'

인류라는 건 메뚜기가 한 번 대량 발생하는 것에 지나지 않은 건지도 모릅니다. 메뚜기는 흥미로운 곤충으로, 일반적인 메뚜기는 녹색이고 다리도 날개도 짧습니다. 그런데 대량으로 발생할 때의 메뚜기는 '무리살이형'이라 하여 갈색에 다리도 날개도 늘어나고 사나워지며 서로 잡아먹기 시작합니다. 절대 그런 일을 하지 않을 터인데도, 두 집단이 만나면 싸움이 시작됩니다. 서로 잡아먹기 시작합니다. 그러므로 우리는 한 번의 메뚜기 대량 발생에 지나지 않은 것인지도 모르고, 무리살이형이기 때문에 이렇게 비참한 전쟁을 반복하는지도 모르겠습니다. 그러므로 급속히 쇠퇴할지도 모르고, 멸망할지도 모릅니다. 그러나 최근에도 몇 번이나 대량 발생이 보고되었습니다만, 그래도 메뚜기라는 곤충이 모두 사라졌다는 이야기는 들려오지 않습니다. 곤란하겠네요.

블랑쇼의 위대함 — '종말'의 절대적 거부

당돌한 이야기입니다만, 사실 이것이 본론입니다. 전쟁 전이 발레리라면 전후 프랑스 최대의 비평가라 불리는 모리스 블랑쇼라는 사람이 있습니다. 그는 단적으로 "'나'는 죽을 줄을 모른다"라고 말했습니다. 왜일까요? 행동이라는 것은 뭔가를 계획하고 실행하며, 그리고 그것이 끝났다는 것을 확인해야 비로소 끝납니다. 결말을 지켜봐야 끝납니다. 그런데 죽는다는 행위는 그 결말을 확인할 수 없습니다. 자살하려고 해도 자신이 죽었다는 것을 확인할 자신이 소멸해갈 뿐입니다. 자신의 죽음은 미확정인 채로 말이지요.

이런 표현을 해볼까요? 자신의 사체를 본 적이 있는 사람은 없다, 자신이 죽은 것을 알고 있는 죽은 자는 없다, 누구나 자신이 죽었다는 것을 모른 채 완전히 사라지는 것입니다. 누구나 '죽음으로 끝내는 것'을 할 수 없습니다. 자세히 논한 일이 있으므로 더는 들어가지 않겠습니다. 그러나 이것은 철저한 하이데거 비판이고, 이미 말한 '죽음에 대한 공포', '죽음에 대한 선동'으로 '모든 것'의 죽음을 '하나'로 성취하려는, 죽음의 공포를 동기로 하는 병든 '종말론'적 사고에 대한 아주 진지한 저항입니다.

여담입니다만, 지금 말한 것은 블랑쇼라는 위대한 비평가가 한 말의 극히 일부입니다. 어쩐 일인지, 이런 것까지 부정신학이라느니 뭐라느니 트집을 잡으며 뭔가 말했다고 우쭐대는 사람이 있습니다. 내분이란 게 그렇게 즐거운 일일까요? 뭐랄까, 블랑쇼가 이렇게 무시당하는 것은 일본뿐입니다. 게다가 블랑쇼를 깔보는 듯한 말을 하는 프랑스어 교사들은 꼭 저작에서 블랑쇼를 표절하니다. 프랑스어를 읽을 수 있는 것은 자기뿐이라고 생각하는 걸까요? 푸코는 친구에게 보낸 편지에서 젊었을 때부터 블랑쇼가 되고 싶었다고 열정적으로 말했고, 들뢰즈는 죽음이나 언표 가능성과 가시성의 사고에 대해 블랑쇼를 아낌없이 칭찬했으며, 르장드르도 정치에 종사하는 학도인 블랑쇼를 읽지 않으면 안 된다고 웅변적으로 말했습니다. 데리다도, 벤슬라마도 진심으로 그를 존경하고 있습니다. 정면으로 대하지 말고 삐딱한 자세를 취하거나 그대로 빙글빙글 돌고 있어주세요. 저는 그다지 개의치 않습니다.

뭐 그런 비열한 사람들은 아무래도 좋습니다. 블랑쇼는 '사람은 죽을 수 없다'라는 이 사고를 더욱 확대하여 이렇게 말했습니다. "인류는 멸망한다. 하지만 인류는 멸망하지 않는다." 재미있습니다. 언젠가 인류도 멸망하겠지요. 하지만 일단 한 가지 말하고 싶은 것은, 인류가 멸망하여 슬픈가요? 두려운가요? 아니면 다들 죽으니까 즐거운가요? 슬퍼하는 '사람'이 없어지는 것이니까 인류가 멸망해도 슬프지 않습니다. 두렵지도 않습니다. 즐겁지도 않습니다. 죽음에 대한 공포를 선동하여 '모든 것'의 죽음을 '하나'로 하고자 하는 어리석은 사고는 멸망에 대한 공포, 죽음에 대한 공포와 뒤섞인 '절대적 향락'으로 연결되어 있다고 지적했습니다. 옴진리교도 나치도 그런 향락에 빠져 있었습니다. 하지만 단순하고 단적인 멸망이라는 것은 무섭지 않습니다. 그래서 누군가를 선동할 수 없습니다. 누구도 죽일 수 없습니다.

예를 들어 당신이 인류 최후의 한 사람이라고 합시다. 당신이 죽었을 때 인류는 멸망합니다. 하지만 이게 슬픈가요? 두려운가요? 세계가 이제 곧 멸망한다고 경망스럽고 우쭐거리는 어조로 말하는 사람들처럼 흥분할 수 있을까요? 그야 자신의 죽음이 슬픈 정도로는 슬플 겁니다. 하지만 그것은 인류가 멸망하기 때문에 슬프고 무섭다는 것과는 다르겠지요. 흥분할 수도 없겠지요. 당신은 인류 최후의 한 사람입니다. 하지만 당신은 자신의 죽음을 끝마칠 수 없습니다. 당신은 자신의 사체를 볼 수 없습니다. 자신의 죽음을 볼 수 없습니다. 그러므로 인류가 멸망하는 것을 당신은 볼 수 없습니다.

사실 인류 멸망의 판타지는 '인류가 멸망하는 장면을 보고 싶다'는 판타지인 것입니다. 하지만 그것은 불가능합니다. 세계 최후의 한 사람인 자신의 죽음을 확인할 수 없다는 것은, 인류가 죽었다고 말할 수 있는 사람이 아무도 없다는 뜻입니다. 즉 인류도 멸종할 수 없습니다. 인류는 죽을 수 없다는 것입니다. 슬퍼할 건 하나도 없습니다. 우쭐하고 흥분하여 아우성칠 것도 전혀 없습니다. 거기에는 어떤 해결도 없습니다. 아무것도 끝나지 않습니다. 이 단적인 죽음, 단적인 멸망을 수단으로 삼아 컬트 교단이 결성될 수는 없습니다. 블랑쇼는 이렇게 생각하기 때문에 절대적으로 '종말'을 거절했던 것입니다. 이 얼마나 격렬하고 근사한 거절의 의지인가요. 이 정도까지는 생각해야 비로소 사상이라는 이름에 걸맞다고 생각지 않으십니까?

생물 종의 평균수명은 400만 년

끝은 없습니다. 아무것도 끝나지 않습니다. 아무것도. 하지만 그렇게 말하는 것만으로는 부족합니다. 오늘 밤은 가벼운 이야기를 한다고 했으니까, 그렇네요─아무것도 끝나지 않는 영원이라는 것은 얼마나 계속될지 생각해볼까요? 현존하는 생물의 종수는 4000만 종 이상입니다. 그렇다면 과거, 지금까지 존재한 생물의 종수는 얼마나 될까요? 400억 종 이상이라 추정된다고 합니다. 그러므로 현시점에서 생존하고 있는 것은 0.1퍼센트이고, 99.9퍼센트는 멸종했습니다. 어쩐지 어딘가에서 들은 적이 있는 숫자네요. 조금 전에도 말했습니다만, 고생물학자의 통계에 따르면 생물 종의 평균수명은 대체로 400만 년입니다. 물론 평균입니다. 통계의 함정이라는 게 있으니까, 모르는 일입니다.

네 살 된 남자아이가 찾아와 '이제 끝났다'고 말한다면

하지만 가령 우리들 호모사피엔스가 400만 년 산다고 하면, 우리가 탄생한 지 20만 년이 되었으니 앞으로 380만 년 정도는 남아 있습니다. 400만 년에 20만 년이니까 20분의 1이네요. 여든 살 노인이라고 보면 네 살에 불과합니다. 네 살치고는 상당히 잘하고 있습니다. 흔히 농담으로 말합니다만, 네 살짜리 남자아이가 찾아와 "우리 세계는 끝났다, 역사는 끝났다, 이제 우리는 아무것도 바꿀 수 없다, 우리는 바로 파멸의 위기 한복판에 있다"라고 우쭐하여 빙글거리며 말했다면, 물론 물리적인 징계는 몹시 좋지 않은 일이겠지만, 웃으며 엉덩이를 살짝 꼬집어주지 않으면 교육상 좋지 않을 겁니다.

379만 년을 양보한다고 해도

물론 통계는 통계에 지나지 않습니다. 그러므로 380만 년을 산다는 건 보장할 수 없습니다. 그렇다면 백 보 양보하여, 그렇네요. 379만 년 양보한다고 해도 앞으로 1만 년은 남은 셈이네요. 농경문화가 시작되고 나서 지금까지에 이르는 시간이 남아 있습니다. 문자를 산출하고 나서 지금까지의 배 가까운 시간이 남았습니다.

그렇다면 그 1만 년간 우리의 루터, 무함마드, 하디자, 아우구스티누스, 테레지아, 도스토옙스키, 조이스, 베케트, 버지니아 울프, 그(녀)들 같은 사람들이 두 번 다시 나타나지 않는다고 생각할 이유가 있을까요? 어차피 1만 년이나 있으니까 예수도 부처도 다시 올지도 모릅니다. 아니, 부처는 두 번 다시 환생하지 않는다고 말했고, 진짜 예수가 온다면 세상은 끝나버리니까 좀 곤란하지만, 그들 정도의 사람이 나타날지도 모르는 일이겠지요. 그러므로 이렇게 됩니다—변혁은 이루어질 것입니다. 언젠가. 반드시. 그렇게 생각하면 안 되는 걸까요? 그렇게 생각하는 것이 왜 몽상일까요? 왜 이것이 몽상이라 불려야 하는 걸까요? 다시 한번 말하겠습니다. 꿈을 꾸고 있는 것은 어느 쪽일까요?

380만 년이 남아 있습니다. 이렇게 말하면 실망하는 사람이 있 겠지요. 그렇게 계속 살아가지 않으면 안 되는 건가, 내가 죽은 뒤 인류의 황금시대가 오는 게 아닐까, 하고요. 하지만 저는 그런 감정 을 잘 모르겠습니다. 들뢰즈처럼 쾌활하게 "철학이 끝났다고? 그건 첫 번째 황금시대가 끝났다는 것에 지나지 않아. 앞으로 두 번째 황 금시대가 찾아올 거야"라고 단언해도 되지 않을까요? 그렇다고 뭐 가 곤란하겠습니까?

당신은 행해진다! 어떤 때라도!

어쩌면 380만 년의 영원 속에서 자신의 삶은 아주 작은 좁 쌀 같은 것이어서 아무런 의미도 없는 게 아닐까, 라고 생각하는 걸 까요? 말하겠습니다. 아니, 그것은 절대 무의미하지 않습니다. 의미 가 없다고 말한다면 400만 년이라는 인류의 삶조차 우주의 방대한 생성 안에서는 무의미해져버립니다. 그것이 아무리 아름다운 한순 간의 섬광이라고 해도 불꽃처럼 덧없는 한여름 밤의 꿈이었다는 게 됩니다. 하지만─역시 이럴 때는 니체입니다. 그는 이런 말을 했습니다. 사람은 고뇌하며 말한다, 자신이 무엇을 해야 할지 모르 고, 자신의 인생에 의미가 있는지조차 모른다, 고 말이지요. 그러나 그것은 자신이 뭔가의 원인이고 행위의 주체라고 생각하는 사고의 오류에서 오는 거짓 문제에 지나지 않습니다. 당신은 뭔가를 하고 그것이 의미를 이루는 것이 아니다, 당신은 '행해지는 것'이다. "당신은 행해진다! 어떤 때라도!"라고 노래하듯이 그는 말합니다. 즉 우리는 우주의 거대한 생성의 '일부이고' 그 '의미인' 것입니다. 이 방대한 우주의 생성 안에서 이리하여 우리가 말을 얻을 수 있고, 그리고 그것을 자아내가는 것은 절대 무의미하지 않습니다. 그것은 의미를 이루는 것이 아닙니다. 그것 자체가 의미입니다.

왜 발표하지 않으면 안 되는 건가요

지금 문득 떠오른 것이 있습니다. 올해 들어 연달아 질문을 받았습니다. 무척 소박한, 하지만 실로 성실하고 괴로운 질문을요. 소설을 쓰고 있는 남학생과 역시 글을 쓰고 싶다는 여학생, 그리고 어느 여성 디자이너에게서 똑같은 질문을.

우리 문학에 끝은 없습니다. 우리의 예술은 끝나지 않습니다. 아무리 울며 외쳐도 끝나지 않습니다. 결코. 우리의 읽고 쓰고 노래하고 춤추고 그리고 말하는, 이 무한한 행동은 끝날 수 없습니다. 그자체가 우리의 의미고 인류가 살아남는 것 자체니까요. 거기까지는 괜찮습니다. 그러나 그(녀)들은 말합니다. "하지만 왜 발표하지 않으면 안 되는 건가요?"라고요. 물론 다른 사람에게 보여주거나 세상에 자신의 작품을 내놓고 판단을 받으면 부정당할지도 모릅니다. 어쩌면 부정당할 겁니다.

베케트도 젊었을 때 작품을 계속 거절당하기만 해서 몹시 침울해졌고 공포증까지 겪었습니다. 『몰로이*Molloy*』(1951), 「고도를 기다리며」(1952), 『말론 죽다*Malone meurt*』(1951), 『이름붙이기 어려운 것*L'Innommable*』(1953) 등의 압도적인 걸작들을 자신이 직접 들고 가는 게 두려워 쉬잔 데셰보 뒤메닐이라는 내연의 처에게 가져가게 했습니다. 비트겐슈타인의 『논리철학 논고』도 서너 군데의 출판사로부터 거절당했을 뿐인데도 그는 외곬으로만 생각합니다. 이제 나는 자살하겠다, 고 친구에게 편지를 썼습니다. 막스 베버도 괴로운 듯이, 학자라는 건 처녀작을 출판할 때 받은 굴욕을 평생 잊지 못하는 법이라고 말합니다. 푸코도 『성의 역사』를 내주겠다는 출판사를 찾지 못해 상당히 오랫동안 괴로워했으니까요. 당시 명 편집자로 나중에 역사가가 되는 필리프 아리에스의 형안烔眼에 의해 발탁될 때까지는 말이지요. 아슬아슬했습니다.

앞에서 말한 위대한 사람들이 자칫 사라졌을지도 몰랐던 것입니다. 어쨌든 그런 괴로운 심정이 그(녀)들에게 있었다는 것은 분명합니다. 저 역시 있었습니다. 하지만 그것보다는 소박하게, 자신이 한 일을 왜 발표하지 않으면 안 되는지 모르겠다고요? 그건 그 말 그대로입니다. 예술가에게 예술은 본질적으로 그 과정만이 중요합니다. 그것을 제작하고 있을 때, 자신의 몸도 마음도 함께 부서지고 변용해가는 과정만이 중요합니다. 그러므로 그것을 세상에 내놓고 평가를 받는다느니 다른 사람에게 인정받는다느니 하는 것은 그다음 문제입니다.

서양화가이자 조각가인 오카모토 다로가 말했습니다. 자신에게는 제작이야말로 모든 것이고, 만들어낸 것은 그 주변에 굴러다니는 돌멩이와 다르지 않다고요. 사카구치 안고도 똑같은 말을 했습니다. 그것은 그 말 그대로입니다.

하지만 말이죠. 폴 발레리가 말라르메의 마지막 제자로서 특권적인 데뷔를 한 뒤 갑자기 20년간 침묵합니다. 그 후 『젊은 파르크』라는 기념비적인 시를 발표하며 시단에 복귀합니다. 그때부터 문단뿐만이 아니라 유럽 전체 지성의 대표가 됩니다. 하지만 발레리라는 사람은 굉장히 부끄러움을 잘 타는 사람이었습니다. 자신의 책을 세상에 내놓는 것에 대해 부끄러움을 느끼기 쉬운 사람이었지요. 출판하고 싶다는 것은 단지 자신의 명예욕이나 금전욕에 지나지 않은 건지도 모른다며 아주 집요하게 자신을 의심한 사람이었습니다. 하물며 자신의 문필 활동이 가지는 의의조차 철저하게 계속 의심했습니다. 20세기 최대의 시인이자 비평가가 말이지요. 그가 마지막으로 발표한 텍스트에 이렇게 썼습니다. "오늘이라는 날을 다시 살면서 결코 너의 정신을 그 위엄 있는 말이 흐리게 하는 일이 없도록, 그런 걸 해서 뭐가 되겠는가, 라는 예의 그 말이."

그런 그가 20년의 공백을 거쳐 발표했을 때 왜 또 출판하려고 생각했느냐고 묻는 사람이 있었습니다. 그러자 그는 그런 사람이었으므로 "약하기 때문에"라고 답합니다. 하지만 그것이 과연 약한 걸까요?

발소리를 내지 않고는 배겨나지 못할 터다

명예욕을 위해서도 아니고 금전욕을 위해서도 아니라고 한다면, 왜 발표하지 않으면 안 되는 걸까요? 그것은 ─ 읽어버렸기 때문입니다. 좀 더 말해볼까요? 베케트나 첼란이나 헨리 밀러나 조이스나 버지니아 울프나…… 발레리가 없었다면 저는 여기에 없을 겁니다. 니체나 푸코나 르장드르나 들뢰즈나 라캉이 있어주어 다행입니다. 그들이 말해주지 않았다면 저는 대체 어떻게 해야 좋을지 몰랐을 겁니다. 무엇을 쓰면 좋을지 몰랐다는 것이 아니라 무엇을 하며 살아가야 좋을지 몰랐을 겁니다. 발터 벤야민이 말했습니다. "밤중에 계속 걸을 때 도움이 되는 것은 다리도 날개도 아닌 친구의 발소리다"라고요. 발소리를 들어버렸던 것입니다. 도움을 받아버린 것이지요. 그렇다면 누구의 도움이 될지도 모르고, 어쩌면 아무한테도 들리지 않을지도 모릅니다. 발소리를 내는 것조차 거부당할지도 모릅니다. 하지만 그래도 발소리를 내지 않고는 배겨나지 못할 터입니다. 들려주려고 하지 않으면 안 될 터입니다. 한 발짝이라도 좋으니까요.

그가 있어주어 다행이었다, 그가 거기에 있었다

그렇지요. 블랑쇼가 있어주어 다행이었던 겁니다. 그가 거기에 있었습니다. 좀 더 말해볼까요? 쇼펜하우어의 『의지와 표상으로서의 세계*Die Welt als Wille und Vorstellung*』(1819)가 초판으로 몇 부나 인쇄되었는지 아십니까? 700부입니다. 350부가 반품되어 태워졌습니다. 제2판에서 대폭 증보 개정합니다만, 그 또한 비슷비슷합니다. 그중의 한 권을 헌책방에서 우연히 산 사람이 스물한 살의 프리드리히 니체였는데, 그는 깊은 충격을 받아 「교육자로서의 쇼펜하우어」를 쓰게 됩니다. 그것으로 충분하겠지요.

프리드리히 니체의 승리

그렇다면 철학사상 견줄 것이 없는 걸작 『차라투스트라는 이렇게 말했다』의 최종부인 제4부가 몇 권이나 배포되었는지 아십니까? 출판사의 버림을 받아 자비로 40부를 찍었고 7부만 지인들에게 보냈습니다. 세계에서 단 7부입니다.

그렇다면 니체는 패배했을까요? 진 걸까요? 그럴 리 없습니다. 그런 건 인정할 수 없습니다. 그는 스물여섯 살 때 병에 걸려 대학을 그만두었고, 책을 냈으나 바그너 일파로부터 중상을 받아 전혀 팔리지 않고, 알려지지 않고, 인정받지 못하고, 보상받지도 못하고, 그리고 끝내 발광하여 오랫동안 정신병원에 유폐된 상태에서 죽었습니다. 자신의 명성이 올라간 것도 알지 못한 채. 그게 패배인 걸까요? 아무것도 되지 못한 걸까요? 모든 게 쓸데없는 것이었을까요? 그런 일은 없습니다. 있을 수 없습니다. 이것이 니체 자신이 말한 '미래의 문헌학'이라는 것입니다.

미래의 문헌학은 대천사의 문헌학이다

니체는 이런 의미의 말을 했습니다. 언젠가 이 세계에 변혁을 초래할 인간이 찾아올 것이다. 그 인간에게도 방황하는 밤이 있을 것이다. 그 밤에 문득 펼쳐본 책 한 줄의 미미한 도움으로 변혁이 가능해질지도 모른다. 그 하룻밤, 그 책 한 권, 그 한 줄로 혁명이 가능해질지도 모른다. 그렇다면 우리가 하는 일은 무의미하지 않다. 결코 무의미하지 않다. 그 극소의, 그러나 절대 제로가 되지 않는 가능성에 계속 거는 것. 그것이 우리 문헌학자의 긍지고 싸움이다, 라고요. 이것이 미래의 문헌학이라고 한다면 어떻게 될까요? 글쎄요. 읽을 수 있을 리도 없는 것을 '읽으라'고 하는 것, 읽을 수 없다는 무한한 소격을 소격인 그대로, 그래도 '읽는다'는 것을 행사하는 한순간의 기회를 부여하려는 것. 그것이 아무리 불가능해보여도, 아무리 극소의 기회라고 해도 말이지요. 이는 천사의 소명이라고 말했지요. 이리하여 대천사 지브릴은 어머니인 문맹의 고아를 방문했던 것이라고 말이지요. 그러므로 아무래도 이렇게 됩니다─미래의 문헌학이란 대천사의 문헌학이다, 라고요.

발소리가 들려온다, 그것이 들려온다

말은 그것을 빠져나옵니다. 발소리가 들려옵니다. 그것이 들려옵니다. 낮게, 알아듣기 힘들지만, 그러나 확고한 울림으로. 한밤중에. 그래요, 들려오고 말았으니까요.

말은 사라지지 않고 남았다

파울 첼란의 말을 인용하겠습니다.

다양한 상실의 한복판에서 손에 닿는 것으로, 가까이에 있는 것으로, 남은 것은 말뿐이었습니다. 말은 사라지지 않고 남았습니다. 그렇습니다. 모든 사건에도 불구하고. 그러나 그 말은 자기 자신의 대답 없음을, 가공할 만한 침묵을, 죽음을 초래하는 변설의 깊은 어둠 속을 빠져나오지 않으면 안 되었습니다. 그리고 말은 그것을 빠져나왔습니다.

그가 말하는 '모든 사건에도 불구하고'란 무엇을 가리키는지 저로선 상세히 설명할 수 없습니다. 꼭 조금이라도 조사해주었으면 하는 바람입니다. 우리가 말해온 것과 그것은 관계가 있습니다. 그것은 결정적인 '세계'의 붕괴였습니다. 파멸이었습니다. 하지만 그래도 '말은 사라지지 않고 남았습니다.'

용기를 잃어서는 안 된다, 많은 것이 아직 가능하다

남는 쪽에 걸지 않겠습니까? 그렇게 할 수밖에 없지 않나요? 읽어버렸으니까요. 들려와버렸기 때문에요. 괜찮습니다. 일반적인 일입니다. 누구나 그렇게 해온 것처럼, 우리가 말해온 그(녀)들도 그렇게 해온 것처럼, 그렇게 계속할 뿐이니까요. 아무것도 무섭지 않을 터입니다. 그래도 패배가 두렵습니까? 내기에 지는 것이 두렵습니까? 그렇다면 역시 최후에는 그를 등장시키지요. 프리드리히 니체의 『차라투스트라는 이렇게 말했다』의 제4부입니다. 여기서 말하는 '보다 높은 인간들'이란 니힐리즘에 도달하기까지 철저히 높은 인식 수준에 있어 차라투스트라의 말을 기대하는 사람들을 말한다고 설명해두기로 합시다. "그대들, 창조하는 자들이여, 보다 높은 인간들이여! 잉태한다는 것은 자신의 아이를 잉태한다는 뜻이다"라고 말한 조금 뒤입니다. 인용하겠습니다.

소심한 모습으로, 수줍게, 어색하게, 도약에 실패한 호랑이처럼, 보다 높은 인간들이여! 그대들이 몰래 옆길로 새는 것을 나는 자주 보았다. 그대들은 주사위를 잘못 던졌던 것이다.

그러나 도박자들이여! 그 실패가 무슨 상관이겠는가?

그대들은 도박자, 그리고 조소자로서의 마음가짐을 배우지 않았을 뿐이다. 우리는 늘 하나의 거대한 도박과 조소의 탁자에 앉아 있는 게 아닐까?

그리고 그대들이 비록 큰일에 실패했다 하더라도, 그렇다고 그대들 자신이 실패했다는 것일까? 그리고 그대들 자신이 실패했다 하더라도, 그렇다고—인간이 실패했다는 것일까? 그렇다면 좋다! 가자!

높은 종족에 속할수록, 완성하는 일은 드물다. 여기 있는 그대들, 보다 높은 인간들이여! 그대들 모두가 충분히 완성되지 않은 게 아닐까?

용기를 잃어서는 안 된다. 그게 무슨 상관이란 말이냐! 많은 것이 아직 가능하다. 그대들 자신에게 웃음을 퍼붓는 것을 배워라. 웃어야 마땅한 것처럼 웃는 것을 배워라!

그대들의 완성이 불충분하거나 반쯤밖에 완성하지 못했다고 하더라도 이상할 게 없다. 그대들, 반쯤 부서져버린 사람들이여! 그대들 내부에서 밀치락달치락하며 서로 밀치지 않는가—인간의 '미래'가?

인간이 도달할 수 있어야 할 가장 먼 것, 가장 깊은 것, 별처럼 높은 것, 거대한 힘, 그 모든 것이 그대들 항아리 안에서 서로 부딪치며 부글거리고 있지 않은가.

때로 항아리가 부서지는 일이 있어도 이상할 게 없다. 그대들 자신에게 웃음을 퍼붓는 것을 배워라. 웃어야 마땅한 것처럼 웃는 것을 배워라. 보다 높은 인간들이여, 실로 많은 것이 아직 가능하다.

380만 년의 영원이 우리를 기다리고 있다

이제 많은 말이 필요하지 않습니다. 부언해야 할 것은 아무것도 없습니다. 우리는 계속 걷겠지요. 결코—결코 나가떨어지지는 않겠지요. 많은 것이, 실로 많은 것이 아직 가능합니다. 380만 년의 영원이 우리를 기다리고 있으니까요.

자, 마지막 밤도 깊은 것 같습니다. 이제 별들도 반짝이고 여름이 왔습니다. 그러나 마지막 밤은 없습니다. 밤은 늘 시작입니다. 그 밤이 고요히 깊어가고, 훈훈하게 푸른 나무들에 달콤하고 짭짤해진 바람의 향기가 여기까지 스며드는 것 같습니다. 언젠가 다시 이곳으로 돌아오는 일이 있을지도 모르겠습니다.

깊어가는 이 전야 속으로

그렇습니다. 지금은 전야입니다. 이 전야가 깊어지는 가운데 우리도 사라지기로 합시다. 우리의 밤 속으로. 우리의 싸움 속으로. 우리의 승리하고 패배하는 환희 속으로.

2010년 7월 25일

발跋

『야전과 영원 ─ 푸코·라캉·르장드르』를 출판한 지 2년 가까이 지났다. 그사이 고마운 요청을 많이 거절해왔다. 입문서나 신서, 알기 쉬운 길잡이 같은 책을 출판하자는 이야기는 옹고집 정도가 아니라 오만하다는 비난을 면할 수 없는 방식으로 사절해왔다. 그에 상응한 응보를 받는다고 해도 양보할 수 없는 일이었다. 그 이유의 일단은 본문에서 저절로 밝혀졌으리라 생각한다.

하지만 하드코어인 채 영역을 넓히는 일은 가능하고, 그것 없이는 장면 전체에 기여하는 행동이라 부를 수 없다. 실제로 나도 오랜 시간에 걸쳐 그렇게 노력해왔으니까 ─ 라고, 올(2010) 2월 날이 새기 전 시부야의 바에서, 거의 두려움마저 느끼게 하는 진지함과 정열로 설득해준 사사키 시로 씨의 말이 나를 때려눕혔다. 그 결과가 이 책이다. 상세한 사정을 밝힌 그의 설득이 없었다면 이 책은 빛을 보지 못했을 것이다. 이 책이 그 말의 진지함에 필적할 만한 질을 담보하고 있는지 어쩐지 염려되기는 하지만, 이 자리를 빌려 진심으로 감사와 존경의 인사를 전하고 싶다.

또 이상의 이야기에 입각하여 기획을 세우고 스스로 청자를 떠맡고 나서준 가와데쇼보신샤의 아베 하루마사 씨와 함께 작업할 수 있었던 것은 더할 나위 없이 기뻤다. 이런 풋내기의 이야기를 오랫동안 조용히 들어주시는 끈기도, 중대한 국면에서의 결단과 행동의 신속함도 나에게는 놀라움 그 자체였다. 명편집자란 이런 사람이구나, 하고 깊이 감동할 뿐이었다. 이 자리를 빌려 새삼 감사의 마음을 전한다. 또한 이 인터뷰 현장에 입회해준 가와데쇼보신샤의 아사다 씨의 깊은 경청도 나에게는 고마운 격려였다. 그것도 여기에 밝혀둔다.

물론 감사의 뜻을 전하고 싶은 사람은 이 세 사람에 그치지 않는다. 『야전과 영원』에 반응해준 이가 사상이나 비평 주변의 입이 건 사람들이 아니라 현장에서 뭔가를 창조하고 끊임없이 운동하는 작가, 음악가, 미술가, 디자이너, 활동가 들이었다는 역력한 사실은 어느 위대한 작가의 표현을 빌리자면 "나의 등뼈에 철심을 넣고 내 피에 유황을 부어넣었다." 그(녀)들의 이름을 일일이 거론하는 것은 감히 피하기로 한다. 본문에서 은밀하지만 명백한 경애와 연대의 신호를 받았으면 하는 바람이다.

책 제목은 파울 첼란의 『빛의 강박 *Lichtzwang* 』(1970)에 실린 한 시구를 인용한 것이다.

2010년 늦여름 사사키 아타루

　　현재 일본 사상계에서 가장 주목받는 이는 단연 사사키 아타루다. 라캉, 르장드르, 푸코를 각각 논한 3부로 구성된 그의 데뷔작『야전과 영원』은 출판되자마자 학계의 주목을 받았고, 600페이지가 넘는 분량의 사상서임에도 많이 팔렸으며, 매력적인 문체가 화제가 되기도 했다. 데뷔작의 이런 폭발적인 반응은 1983년 아사다 아키라의『구조와 힘』, 1998년 아즈마 히로키의『존재론적, 우편적─자크 데리다에 대하여』이래의 일이라 한다. 그리하여 일약 '사상가'라는 이름까지 얻게 된 그가 데뷔작 이후 2년 만에 낸 것이 바로 이 책이다. 이 책 역시 사상이나 철학 전문가뿐만 아니라 일반 독자까지 얻으면서 좋은 반응을 얻고 있다.『야전과 영원』때도 그렇지만, 특이하게도 사사키 아타루의 책에 대한 언급에서 빠지지 않은 것이 그의 독특한 문체다.

　　혁명이란 폭력이 아니라 문학이다. 읽는 것과 쓰는 것, 그 자체가 혁명이라는 것이다. 그래서 혁명은 문학으로부터만 일어난다고 이 책에서 저자는 거듭 말한다. 여기서 그가 말하는 문학은 소설 같은 것이 아니라 더욱 넓은 의미다. 이때의 문학은 문자로 쓰인 모든 텍스트에다 춤이나 음악 등까지 포함한 것. 그래서 그가 그 위대한 '문학'의 담당자로 소환하는 이는 마르틴 루터, 무함마드, 니체, 도스토옙스키, 프로이트, 라캉, 버지니아 울프 등이다.

저자가 말하길, 이 책은 '책을 읽는 것'에 대한 책인데, 책을 읽는다는 것은 고쳐 읽는다는 것이고, 책을 고쳐 읽는다는 것은 고쳐 쓴다는 것이며, 책을 고쳐 쓴다는 것은 법을 고쳐 쓴다는 것이고, 법을 고쳐 쓴다는 것은 곧 혁명이다. 그리고 '읽고 쓰는' 대상이 종이에 쓰인 것에 한정된 것은 역사적으로 볼 때 극히 한정된 시공에서고 춤, 음악, 노래, 복식, 시, 회화, 영화 등 온갖 예술도 그 대상에 포함된다. 그러므로 이들도 혁명과 떼어놓기 힘든 관련성을 갖고 있고, 문학과 예술과 혁명은 끝을 모르며, 끝날 수도 없다는 것이다.

결코 이해할 수 없는 책을 읽는 것, 고쳐 읽는다는 목숨을 건 각오. 예컨대 대혁명 때의 루터는 철저하게 성서를 읽고 텍스트를 씀으로써 근대화를 진행시켰다. 그리고 그에 앞서 12세기의 중세 해석자 혁명에서는 교회에 의해 수세기 동안 잠자고 있던 『로마법 대전』이 발견되었고, 그것이 철저하게 읽힘으로써 새로운 교회법이 창출되었다. 그 시대의 교회는 단순한 종교가 아니라 사회 그 자체의 재구축을 의미했다. 그러므로 여기에 근대의 근원이 있고, 근대법, 근대국가, 주권, 실증주의, 근대자본주의, 정보 기술 등도 여기에 뿌리를 두고 있다는 것이다.

그러고 나서 저자는 현대의 종말론에 대한 비판으로 나아간다. 현대는 종교, 철학, 문학 등의 종언이 이야기되는데, 그것은 읽으려고 하지 않는 자의 변명일 뿐이라는 것이다. 지금도 문학은 살아 있다. 푸코가 말하는 규율 훈련(교육), 통치(노동)도 하나의 문학 형태=예술이고, 그러므로 그것들을 고쳐 읽음으로써 몇 번이고 혁명을 일으킬 수 있다는 것이다.

이 책에는 이런 말들이 술술 읽히는 문장으로, 게다가 열정적으로 쓰여 있다.

이 책과는 다소 인연이 있었던 모양이다. 어느 출판사의 검토 의뢰를 받고 이 책을, 사사키 아타루라는 사상가를 처음 알았다. 위에서처럼 책 소개야 할 수 있지만, 그렇다고 딱히 동의도 반박도 할 수 없는, 잘은 모르겠으나 그래도 어딘가 끌렸던 터라 적극 추천했다. 그러나 그 출판사는 출판을 포기했고, 다른 출판사에 추천했으나 그때는 이미 판권이 팔린 상태였다. 아쉽지만 포기할 수밖에 없었다. 그런데 몇 달 지나 이 출판사에서 번역 의뢰가 들어온 것이다. 사사키 아타루라는 이름을 기억하고 있었고, 그래서 흔쾌히 받아들였다.

무슨 말인지 잘 모르긴 해도 왠지 끌리는 책이 있다. 그 책의 핵심 내용이 아닌, 가볍게 흘러나온 몇몇 문장들에서, 그 책 전체에 대한 평가를 좌우할 만큼 와 닿는 부분이 있어서일 것이다. 굳이 내용이 아니더라도, 문체(일본인이 느끼는 문체는 모르겠고, 외국인인 내가 느끼는 문체)나 분위기, 혹은 행간에서 느껴지는(그때 내가 생각하던 어떤 것 때문에) 어떤 것에서도.

책을 볼 때 나는 대단히 편파적이다. 그 편애가 다른 많은, 내게 보이지 않았던 다른 많은 부분을 무시하게 할 만큼. 그러니 제대로 설명하지 못하고, '그냥 좋아' 또는 '그냥 싫어' 하는 말로 얼버무리기 일쑤다. 그렇지만, 아니 그래서인지 나는 객관적이고 중립적인 시각을 가장하고 떠들어대는 전문가라는 사람들이 싫다. 자기 생각을 이야기하면 됐지, 왜 그것이 객관적이며 종합적인 의견인 척하는지, 그래서 역겨울 때가 많다. 자료도 제대로 보지 않은 주제에. 그만큼 자신이 논리적이고 개방적이며 공정한 시각을 갖고 있음을 인정받고 싶은 것인지, 참.

나는 편식을 하고 편견에 빠져 있다는 것도 인정한다. 아니, 그럴 수밖에 없다고 생각한다. 좋고 싫은 것이 분명하니 싫은 것을 억지로 먹기가 힘들고, 공치사를 못하니 싫은 사람들과 아무렇지 않게 어울릴 수가 없다. 그냥 맛없고 재미없어서다.

심지어 세상에 공정한 것은 상대적이라고 생각하고, 편파적인 게 오히려 공정할 때가 있다고 생각한다. 공정하지 못한 세상이니 나는 편파적인 사람들이 좋다. 그런 세상에서도 공정한 척하는 사람들이 싫은 거다. 침묵한다면 또 모를까.

그래서 아감벤을 바보로 만들어버리는 저자의 편파적인 평가가 마음에 들었다. 어느 날 갑자기 아감벤을 알아야 대화에 낄 수 있는 분위기가 되었을 때, 이 저자의 단편적이고 편파적이기 그지없는 한마디는 아감벤에 대한 평가의 장에 공정성을 가져온다. 편파적인 세상에서의 공정함은 또 다른 편파밖에 없을 테니까.

모든 문제에 한마디씩 논평해야 하는 강박관념, 그 강박이 결국 그 사람을 잡아먹는 광경을 지켜보는 일은 씁쓸하다. 다양한 편파가 모여 있는 사회가 공정한 사회라고 생각한다. 그러니 편파적인 걸 인정하고 편해지려고 한다. 한 사람의 공정함이 아니라 편파적인 한 사람 한 사람이 모여 결국 균형을 찾아가는 것이 공정한 사회라고 생각한다. 공정한 사람들만 모여 있는 사회가 공정한 사회가 아닌 것이다. 한 사람 한 사람이 절대적인 공정함이라는 잣대에 매달린다면 편파적인 사회를, 공정하게 더 편파적인 사회로 만들 뿐이다.

나는 논리적인 걸 좋아하지만, 사실 매사를 감정적으로 판단한다. 정서적으로 판단한 후 그 판단의 근거를 논리적으로 설명하려 할 뿐이다. 좋고 싫은 것이 먼저다. 가끔은 기준이 달라지기도 한다. 여기에는 나도 조심한다. 비슷한 성격의 일을 저질러도 어떤 사람이 하면 실수고 어떤 사람이 하면 의도로 읽힌다. 세칭 진영론이다. 진영론에서 벗어날 생각은 없다. 나쁜 놈과 좋은 놈은 내 안에서 구분되어 있고, 좋은 놈이 어쩌다 한 나쁜 일과 나쁜 놈이 상습적으로 하다 들킨 나쁜 일을 보는 나의 평가는, 그 일의 성격이 같다고 해서 같아지지 않는다.

똑같은 일인데 어떤 사람이 하면 찬성하고 어떤 사람이 하면 반대하는 건 모순된 행동이거나 말 바꾸기가 아니다. 특히 그 일이 실제로 어떤 결과를 초래할지 판단하기 쉽지 않을 때는 더더욱. 찬성하는 건 그 일의 성격이 아니라 그 사람이 하니까 찬성할 수 있는 거다. 잘되면 다행이지만, 예상하지 못한 문제가 발생하더라도 그 문제를 개선해나갈 것이고, 그것도 안 되면 끝내 포기할 수도 있는 사람이라는 믿음이 있어서다. 그게 배반당하면 그 사람을 다시 보면 된다. 배반당할지도 모른다고 처음부터 그 믿음까지 회수할 필요는 없다.

그래서 분노가 읽히는 이가 좋다. 뭔가에 대한 분노가 느껴지지 않은 사람은 믿음이 가지 않는다. 공분이라면 더더욱. 그 분노의 방향이 문제이긴 해도. 분노의 표출은 자신을 해치는 일이기도 하고 구원에 이르는 출발점이기도 하다. 그게 없는 사람은 없겠으나, 그런 척하는 사람은 남의 분노를 먹고 사는 거나 마찬가지다.

책 읽기가 힘들어졌다. 재미가 없어서다. 소설보다 다운받아 보는 외국 드라마가 훨씬 재미있고, 현실 정치가 훨씬 박진감이 있으니, 굳이 책을 읽을 만큼 심심할 겨를이 없다. 번역하는 것은 글 쓰는 것보다 편하다. 나를 빼놓을 수 있으니까. 호구지책인 점도 있지만, (속으로) 욕하면서 또는 감탄하면서 남의 글을 번역하는 건 지루하긴 해도 즐거운 일이다. 지루한 건 결국 그것이 좋은 일이어서인지도.

사사키 아타루는 외계인 같다. 이상한 사람들이 지구를 온통 차지해버렸으니.

그의 책을 소개하게 된 것이 기쁘다.

2012년 4월 송태욱

잘라라, 기도하는 그 손을
—책과 혁명에 관한 다섯 밤의 기록

ⓒ 사사키 아타루, 2010

초판 1쇄 발행 2012년 5월 18일
개정판 1쇄 발행 2024년 4월 23일

지은이   사사키 아타루
옮긴이   송태욱
펴낸이   정은영
펴낸곳   (주)자음과모음

출판등록   2001년 11월 28일 제2001-000259호
주소   10881 경기도 파주시 회동길 325-20
전화   편집부 (02)324-2347, 경영지원부 (02)325-6047
팩스   편집부 (02)324-2348, 경영지원부 (02)2648-1311
이메일   inmun@jamobook.com

ISBN 978-89-544-5034-8 (03300)